谨以此书献给

陕西省考古研究院成立六十周年

本报告出版得到

陕西省文物保护专项补助经费资助

本报告系 2010 年度国家社会科学基金青年项目

（编号：10CKG004）成果

陕西省考古研究院田野考古报告　第78号

元代刘黑马家族墓发掘报告

陕西省考古研究院　编著

文物出版社

图书在版编目（CIP）数据

元代刘黑马家族墓发掘报告 ／ 陕西省考古研究院编著.
—— 北京 ：文物出版社，2018.10
ISBN 978-7-5010-5665-1

Ⅰ．①元… Ⅱ．①陕… Ⅲ．①元墓－发掘报告－长安区
Ⅳ．①K878.85

中国版本图书馆CIP数据核字（2018）第196986号

元代刘黑马家族墓发掘报告

编　　著：陕西省考古研究院

封面设计：秦　彧
责任编辑：秦　彧
责任印制：苏　林

出版发行：文 物 出 版 社
地　　址：北京市东直门内北小街2号楼
邮　　编：100007
网　　址：http://www.wenwu.com
邮　　箱：web@wenwu.com
制版印刷：北京雍艺和文印刷有限公司
经　　销：新华书店
开　　本：889mm×1194mm　1/16
印　　张：20
版　　次：2018年10月第1版
印　　次：2018年10月第1次印刷
书　　号：ISBN 978-7-5010-5665-1
定　　价：280.00元

A Report on the Excavation of the Liu Heima's Family Cemetery of Yuan Dynasty

by

Shaanxi Provincial Institute of Archaeology

Cultural Relics Press

内容提要

2009 年 3 月，为配合西安市曲江·观山悦住宅小区的基本建设，陕西省考古研究院与西安市长安区文物保护考古所联合对该项目用地内的古代遗迹进行了发掘，其中有 12 座蒙元时期墓葬，根据出土墓志可知，这组墓葬属于蒙元时期"汉人世侯"刘黑马家族。该墓群规模大、排列有序、形制基本完整、出土物数量多，反映了蒙元时期关中墓葬的区域特征，具有重要的学术研究价值。

本报告以刘黑马家族墓地出土墓志的 4 座墓葬为主，按墓主的家族位次排序，其他无明确纪年的 8 座墓葬按墓号依次进行介绍。

第一章概况，介绍了刘黑马家族墓地的位置与环境、刘黑马家族的历史背景，以及考古发掘经过、报告编写情况。第二至六章详细介绍墓葬形制、葬具葬式、出土器物等，其中第二章为刘黑马墓，第三章为刘元振及夫人郝柔合葬墓，第四章为刘元亨墓，第五章为刘天杰墓，第六章为无纪年墓及采集墓志残石，按照墓葬编号分九节。第七章结语，对陕西地区蒙元墓葬的发现与研究、刘黑马家族墓墓葬形制及其葬具使用情况、刘黑马家族墓随葬品的分类及特点展开讨论，并提出目前存在的问题及对下一步学术研究的展望。

Abstract

In March 2009, to coordinate the constructions of Qujiang Guanshanyue residential area in Xi'an, Shaanxi Provincial Archaeological Research Institute and Chang'an District Institute of Archaeology and Cultural Relics Protection carried out a joint excavation on the ruins at the site of the construction project, which led to the discovery of twelve tombs of Mongolian period and Yuan Dynasty. According to the unearthed epitaphs, this cemetery belonged to the family clan of Liu Heima, one of the Han Hereditary Marquises in Mongolian and Yuan times. The tombs in this cemetery are of large scale, orderly arranged with completely-conserved architectural structure and a number of burial objects. These tombs share the same characteristics with those found in Guanzhong area. Focused on four tombs with epitaphs in this cemetery, this report introduces the discovery according to the tomb occupants' status in the family clan. For those tombs without determined date, they are introduced according to the assigned tomb number.

The first chapter gives a summary of the location and environment of the cemetery, the historical background of Liu Heima's family clan as well as the excavating process and the preparation of this report. Chapters two to Chapter six introduce the finds from each of tomb, including the plan and architectural structure, burial furniture and posture of the dead as well as the unearthed artifacts. Chapter two to chapter five examine the four tombs with epitaphs. The second chapter features the tomb of Liu Heima. The third chapter specifies the joint-burial of Liu Yuanzhen and his wife Hao Rou. The fourth chapter reports the finds from the tomb of Liu Yuanheng. The fifth chapter focuses on the tomb of Liu Tianjie. The sixth chapter covers all the tombs without dates, which is divided into eight sections according to the assigned tomb number. In the seventh chapter or the epilogue, the author reviewed the discovery and research of tombs of Mongolian period and Yuan dynasty within Shaanxi Province and discussed the tomb structure, the categories, purpose and characteristics of burial goods. The author also put forward some existing problems in the current relevant scholarship and provided an outlook of the academic research in the future.

目　录

插图目录

彩版目录

第一章　概况

第一节　位置与环境

西安市位于北纬 33°42′～34°44′，东经 107°40′～109°49′ 的黄河流域黄土台原之上，平均海拔 400 米左右，南接秦岭山北麓，北越泾河、渭河，东至铜人原、白鹿原，西临沣水，地处渭、泾、洛诸河流下游冲积形成的关中平原中心，属于暖温带半湿润大陆性季风气候。其地理位置居"八百里秦川"腹地，土壤肥沃，物产丰饶，地质灾害较少，且为南北两山系环抱，关塞险要，形成自然屏障，历史文化长期延续，先后有西周、秦、西汉、北周、隋、唐等十三朝在此建都，宋元以降亦被作为王朝重镇，留下了数量众多、分布密集的古遗址及古墓葬。

元代刘黑马家族墓位于西安市长安区韦曲街道办夏殿村西（雁塔南路与杜陵东路交会十字东北角）（图一）。墓地所在位置地势高亢，沿东南向西北渐缓，海拔约 490 米，北纬 34°10′32.6″，东

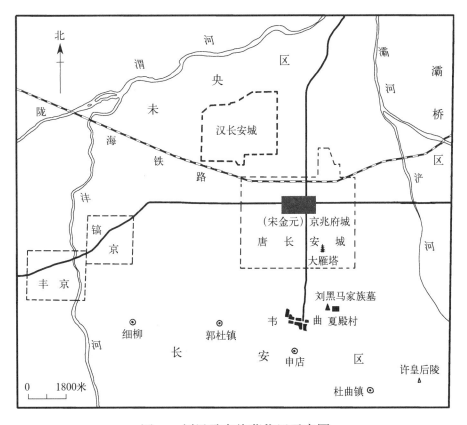

图一　刘黑马家族墓位置示意图

经 108°57′42.0″，属于长安凤栖原的范围。据该区域出土的墓志显示，"凤栖原"自北周历隋唐至金元明清，皆作为古代长安居民的重要埋葬地之一，古属京兆万年县（咸宁县）辖下。刘黑马家族墓群所在地曾被名之"原望乡""鸿顾乡""洪固乡"等，而夏殿村由来已久，在古代墓志中曾被记录为"三儒里""寿贵里""胄贵里""李永村""永宁村""贵胄里""下店"等，具有清晰的历史沿革。

2009 年 3 月，在配合西安民用航天产业基地内的曲江·观山悦项目建设中，经国家文物局批准，陕西省考古研究院与西安市长安区文物保护考古所联合组队对项目用地内的古代遗迹进行了考古发掘，至 2010 年 6 月先后发掘清理东汉至明清各代墓葬 50 余座，其中 12 座元墓规模大、排列有序且形制基本完整，据出土的 5 方（盒）墓志及采集的 2 方残志可知该墓群属于蒙元时期"汉人世侯"刘黑马家族。

第二节　历史背景

自五代以降，长安由全国政治中心的地位变为西北地区军事重镇和交通枢纽，五代、宋金沿用唐代"京兆府"建置。北宋时期，陕西地处宋、辽、西夏三国边界，熙宁五年（1072 年）分陕西为永兴军路、秦凤路，元丰元年（1078 年）又并为陕西路，元丰八年（1085 年）再次分为永兴军、秦凤两路；金改永兴军路为京兆府路，并撤销秦凤路，设立京兆、延安、庆阳与凤翔四府。在经历长期的蒙金战争后，蒙古军队在三峰山之战中取得重大胜利，金军主力全面崩溃，关中自 1232 年始被纳入大蒙古国的统治区，次年秋，原先驻节于山西的蒙古军将汉人田雄进入关中，任京兆府路都总管。1253 年，为抑制窝阔台一系诸王的势力，出身于拖雷系的蒙哥汗将关中地区分封为其弟忽必烈的藩邸封地，由忽必烈幕僚廉希宪、商挺等佐理地方。忽必烈继汗位后，于 1262 年置陕西四川行中书省，治所设于京兆府。至元九年（1272 年），忽必烈封第三子忙哥剌为安西王，于京兆府城内外设"陕西四川行中书省"及"安西王府"，至元十六年（1279 年）改"京兆府"为"安西路总管府"，后因第二代安西王阿难答谋反被杀而结束了藩省共治的局面，皇庆元年（1312 年）改"安西路"为"奉元路"，设陕西行省治所于城内。

此次发掘的 12 座元墓位于今西安市长安区韦曲夏殿村西的高亢之地，其中有墓志出土者共计 4 座，墓主分别为刘黑马、刘元振及夫人郝柔、刘元亨、刘天杰及妻马氏王氏，通过对出土墓志的释读与分析，可确定此片区域为刘黑马家族墓地。刘黑马的祖父刘伯林曾任金威宁防城千户，壬申年（1212 年）威宁遭蒙古军围城，刘伯林降蒙，后追随耶律秃花、木华黎等伐金，以军功获赐金虎符，其传载于《元史》，并附有刘黑马及刘元振、刘元礼事迹。

刘黑马是窝阔台汗初立汉军三万户之首，其家族中多名成员在山西、陕西、四川等地任职，是蒙元初期在蒙宋川蜀战争及对蜀地管理中重要的汉军世侯家族。刘黑马家族墓的发现是迄今为止陕西地区发现规模最大的一组元代家族墓葬，其地点明确、墓葬形制完整、纪年时间跨度较大、出土器物众多且具典型特征，对蒙元时期关中地区墓葬形制及其葬俗等问题的研究提供了丰富的材料。刘黑马、刘元振、刘天杰等祖孙三代人的墓志出土，志文记载了家族世系、婚姻结构及参与的重大历史事件等内容，可与《元史》等文献相互勘证，具有重要的文献研究价值。

第三节　发掘经过

　　曲江·观山悦住宅小区工程（工地编号 XB，以下简称观山悦工地）占地面积约 286.5 亩，位于西安市雁塔南路与杜陵东路交会十字东北角，行政区划介于长安区韦曲街办北里王村与夏殿村之间。2009 年 3～9 月，为配合该项目的建设，经国家文物局批准，陕西省考古研究院与西安市长安区文物保护考古所联合组队，并借调省局其他直属单位文物工作者共同开展工作，依照前期考古勘探资料对征地范围内的古墓葬进行了第一阶段的清理。观山悦工地上各时期古墓葬分布密集，时间久远，除历年来的盗掘破坏外，附近村落居民在日常生产生活中的取土施工等行为对该地区古墓葬造成的破坏也较为严重。本阶段共发掘古墓葬 42 座，其中以元代汉人世侯刘黑马家族墓为此次考古发掘的重要收获，出土有墓志、陶俑及工艺精美的金、玉饰件等，为研究元代陶塑技艺、金玉器等手工业加工工艺等方面提供了难得的实物资料。经考古发掘的刘黑马家族墓共计 12 座，另在其范围内及周边采集有元代陶片、瓷片、墓志残石等遗物，属于已遭盗掘及施工破坏的墓葬遗迹，通过墓志残石上"刘天与""刘君……字惟德"等文字，可辨识其亦属于刘黑马家族成员墓葬。

　　通过对刘黑马家族墓墓葬位置的观察与测量可知，12 座墓葬均坐北朝南，其中刘黑马墓位于葬地最高处的中心位置，其余墓葬以家族辈分逐层自北向南（地势由高向低）呈东西辐射的扇形，分列于刘黑马墓的左右，其第二层级从西向东依次分布有 M9、M16（刘元振墓）、M31（刘元亨墓）、M32，第三层级从西向东依次分布有 M15、M8、M25、M26、M27（刘天杰墓），第四层级则为 M19、M20（图二、三）。刘黑马家族墓葬均为土洞墓，墓室距地表埋藏深度大，墓道分为长斜坡台阶式与竖穴式，皆狭窄深邃、宽度仅容一人进入。为防止墓葬土壁坍塌，此次采取的发掘方法为：先清理墓道，对墓室进行大揭顶、从上向下逐层清理。

　　由于刘黑马家族墓为抢救性发掘，发掘工作是在机械取土 5 米下的工地基槽内进行，墓葬上部土层已被机械破坏，据对基槽周边地层的观察，该墓葬群所处区域从上至下可分为两层：

　　第①层：表土层，厚 0.25～0.30 米，呈黄褐色，土质较松散，包含物有丰富的植物根茎及少量近代砖瓦残片、草木灰等。

　　第②层：垆土层，厚 0.70～0.75 米，呈黑褐色，土质较紧密坚实，呈颗粒状，包含物有植物腐殖质、白色菌状丝，料礓石结核等；以下为黄色原生土。

　　墓葬均开口于表土层下，打破垆土层及生土。

第四节　资料整理及报告编写

　　2010 年 1 月 15 日《中国文物报》第四版刊登了《西安长安区发现元代汉人世侯刘黑马家族墓葬》，对此墓群的基本情况进行了揭露与介绍，该项考古发现入选国家文物局编写的《2009 中国重要考古发现》（文物出版社，2010 年）。同年 6 月，经国家社科基金学科评审组评审、全国哲学社会科学规划领导小组审批，以《西安长安区元代刘黑马家族墓地发掘报告》为题的报告整理工作获准立项为2010 年度国家社科基金青年项目，批准号 10CKG004，由时任陕西省考古研究院副研究员的李举纲主持，西安碑林博物馆馆员杨洁、陕西省考古研究院助理研究员袁明协作完成。按照课题计划，墓葬资料的修复、保护、整理及对陕西地区蒙元墓葬、碑石墓志等信息的梳理工作随即展开。在对报告

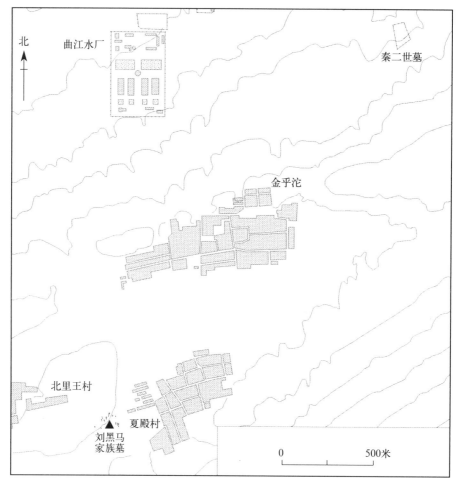

图二　元代刘黑马家族墓地发掘位置及分布范围示意图

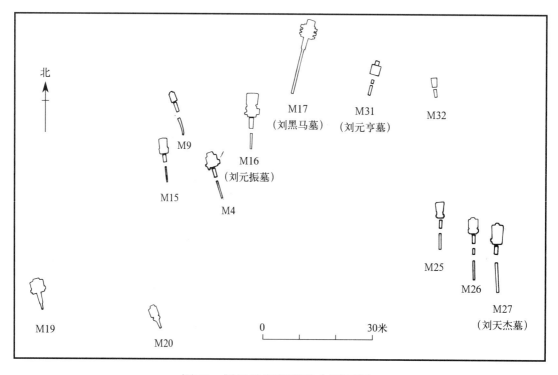

图三　刘黑马家族墓分布平面图

资料的整理过程中，修复陶俑、陶明器等计200余件（组），保护修复瓷器、有机材料的织物（帽子）、木器、金银饰件、玉石饰件、铜镜等文物30余件（组），清理并拓印铜钱76枚，清理并拓印墓志、石质器物等计10件（组），对刘元振墓（M16）出土的铜镜（M16：12）及其上包裹的纺织物进行了织物病害调查，并对其纺织工艺信息进行提取，通过红外光谱、扫描电子显微镜两种方法对纺织品进行科学鉴定并做出保存状态的评估，另对该墓出土的一件蜡质品进行取样，通过红外光谱分析及气相色谱质谱分析两种方法进行了鉴定。

2010年在陕西省"十一五"基本建设考古成就展上展出了该墓群出土的近30件陶俑及金、玉饰件，并在陕西省文物局主编的《留住文明——陕西"十一五"期间基本建设考古重要发现》（三秦出版社，2011年）一书中对墓葬的初步整理研究结果进行了概述。

获项目支持的研究成果有：

杨洁：《再读〈元耀州知州冯时泰墓志铭〉》，《碑林集刊》第十六辑，三秦出版社，2011年。

李举纲、杨洁:《陕西地区蒙元墓葬的发现与研究》，《陕西历史博物馆馆刊》第十八辑，三秦出版社，2011年12月。

杨洁：《陕西地区出土蒙元陶俑类型分析》，《文博》2013年第5期。

杨洁：《陕西关中蒙元墓葬出土陶俑的组合关系及相关问题》，《考古与文物》2015年第4期。

2012年8月，在中国元史研究会与南开大学历史学院共同举办的"元代国家与社会国际学术研讨会"，课题组成员对此墓地的考古发掘及资料整理工作进行了简要汇报，出土墓志引起与会学者们的广泛关注。此外，对刘黑马家族墓中出土陶俑及陶瓷质地随葬品的资料介绍《蒙元世相：蒙元汉人世侯刘黑马家族墓的考古发现》一文发表于《收藏》2012年第8期。

刘黑马家族墓的发掘工作由陕西省考古研究院、西安半坡博物馆、西安碑林博物馆及长安区文物保护考古所等文博专业人员共同完成，本报告以刘黑马家族墓中的纪年墓为先并按照年代顺序排列，其余墓葬按照发掘顺序依次进行编写。

第五节　墓葬分型

经科学发掘的刘黑马家族12座墓葬皆为洞室墓，墓室居北，墓道在南，其营造方式为：从地表直接向下挖出平面近长方形的竖井式墓道或斜坡式墓道，自其底部从北侧圹壁挖建洞室以作为墓室，根据预先设定合葬或单人葬以确定其墓室空间大小及平面形状，部分墓葬还在墓室中挖建多个大小不一的窟、龛以安放随葬器物。秦大树先生曾根据关中地区元墓的营造方式，将其与河南地区及甘肃地区划入同一小区，并指出关中元墓"墓葬的形式多样"，"墓内的壁面基本上都没有装饰，流行小龛和附室"[1]，以上几点都与本案所涉墓葬的形制特点一致。

此种营造方式中，按墓室数量可分2型，每型中依据墓道形制分式。

1. I型

5座。双室土洞墓。墓室呈前室穹窿顶、后室拱顶状。其大多数墓室后室的地面略高于前室，墓志、随葬器物等多放置于前室内，棺具位于后室。

---

[1]　秦大树：《宋元明考古》，文物出版社，2004年，第235、236页。

此型墓葬墓道为斜坡台阶式，呈现出狭长深邃的特征，从墓道宽度来判断使用功能，应仅适合人行，而墓道与封门之间的竖穴式天井，则用以下棺。根据墓室内开龛情况，分3亚型。

Ⅰa型　2座。前室侧壁开龛。

中统二年（1262年）刘黑马墓（M17）与至元十二年（1275年）刘元振墓（M16）墓室内部空间建造皆较为宽大，前室的东西两壁上修造有高、宽、进深不等的龛室，在其墓道入口端修建有坡度较大的生土台阶进入狭长的墓道底部，天井、前室、后室的生土地面逐层抬高，后室地面上铺设有青砖，其上陈设葬具。

Ⅰb型　2座。后室开设头龛。M25、M26两墓相邻，其形制相似，其中M26墓室内西侧棺具中随葬有一枚"泰定四年"金钱，据此推测该墓墓主下葬时间为泰定四年（1327年）。两墓墓道底部皆为生土台阶，并延伸至过洞内。天井底部地面略呈缓坡状。墓室前室空间明显缩小，两侧壁各开设有1个浅龛。墓室后室陈设葬具，其后壁上开设有1间小型龛室，龛底高于后室。

Ⅰc型　1座。无龛。M15墓道、过洞及墓室形制与M25、M26相近，但前室侧壁及后室后壁皆无龛室。M15后室内东西并置2具南北向木棺，前室中则呈东西向放置1具陶棺，此例中显系后室空间不足而对前室的占用。

2. Ⅱ型

7座。单室土洞墓。墓室顶部呈现出穹窿顶或拱顶。根据此类墓葬的墓道形制可分2式。

Ⅱ型A式　5座。斜坡台阶式墓道。该类型墓葬墓道及竖穴式天井的形制特征及使用功能与Ⅰ型相同。其中M8、M19及刘天杰墓（M27）在发掘时墓室顶部保存较好，确定为穹窿顶；M9墓室为拱顶。

刘元亨墓（M31）位于刘黑马墓（M17）东南方向，其墓道形制与至元十二年（1275年）刘元振墓较为相似，过洞、天井及甬道底部皆呈坡度9°的缓坡状，其墓室顶部已坍塌，形制不详，墓室平面呈方形，生土地面上铺设青砖，其北壁开设有一间拱顶土洞式的壁龛，龛底略高于墓室地面，其上亦铺设青砖。

天历二年（1329年）下葬的刘天杰墓（M27）位于整个家族墓地的东南角，与M25、M26紧邻并呈现出有序排列。其墓室平面近长方形，顶部呈穹窿状，西壁南部与北壁中部各设一间壁龛，龛底与墓室地面平齐。

M8位于刘元振墓西南，墓道、过洞底部皆为生土台阶，天井底部呈14°的缓坡状，甬道与墓室及墓室四壁所开设的龛室底部平齐，墓室平面近方形，除北壁所设壁龛修造平整外，在东、西壁的南端及南壁西端所修的三间小龛皆壁面粗糙，似临时扩增而成。墓室穹顶中部开凿圆形藻井，与曲江孟村元墓（M8）[1]墓室前室及大德十年（1306年）王世英墓[2]墓室后室顶部藻井的修造方式相似。墓室北半部生土地面上铺设有青砖。

M9位于M8西北，其墓道、过洞、天井形制皆与M8相近，但墓室空间较小，平面呈长方形，仅使用青砖铺设中间大部分的地面以放置棺枢，仅在其中部偏西的位置上发现1具南北向的木棺朽痕，东侧留有空间。墓室北壁及东、西壁北端较高的位置各开设一间小龛，其内放置有随葬陶器及陶家

[1]　陕西省考古研究所：《西安市曲江乡孟村元墓清理简报》，《考古与文物》2006年第2期。
[2]　西安市文物保护考古所：《西安南郊元代王世英墓清理简报》，《文物》2008年第6期。

畜模型。

M19 位于整个家族墓地的西南角，与其余墓葬相对距离较远。该墓因发现于深约 5 米左右的基槽下，其墓道、过洞及天井的上半部分皆已不存，其墓道、过洞底部为生土台阶，天井底部呈 13°的缓坡状。甬道、墓室地面平齐，墓室北壁及东、西壁南端各开设有一间平顶浅龛，底部与墓室地面平齐。

Ⅱ型B式　2座。竖穴式墓道。

M20 墓室为穹窿顶，空间较大。其甬道及墓室地面略高于墓道，发掘时顶部已坍塌，从甬道两壁起拱的高度（距离地面 0.80 米处）来看，较为低矮，东西两壁各开 1 浅龛。墓室北壁还开有 1 间龛室，龛底与后室地面平齐。

M32 发掘时确认为拱顶，其墓葬形制与张弘毅继室刘氏墓（M5）[1] 相近，北壁壁龛底部略高于墓室地面。墓室中部铺设青砖，该墓未发现被盗扰的迹象。

---

[1]　西安市文物保护考古研究院：《西安曲江元代张达夫及其夫人墓发掘简报》，《文物》2013年第8期。

第二章　刘黑马墓（M17）

一　墓葬形制

该墓编号为 M17，位于墓群最北部的中心位置，其东邻 M31、墓道西南方为 M16。该墓系斜坡式台阶墓道前后室土洞墓，由墓道、天井、封门、甬道和前后墓室、壁龛等部分组成，平面呈不规则铲形，墓道位于墓室之南，方向 172°。水平残长 20.70、最深处约 3.20 米（不含下挖 5 米的基槽深度，下同）（图四；彩版一，1）。

1. 墓道

位于天井南端，平面略呈梯形，水平残长 7.54、上口残宽南宽 0.60、北宽 0.88 米，南部底部为生土台阶，水平残长 2.40 米，每层台阶横长度与墓道等宽，层宽约 0.30、层高约 0.40 米；自台阶北底部较平，略为缓坡，水平残长 9.14 米，坡度 4°；壁面较直，平面光滑，填土为较硬的深褐色五花土，未经夯打。

2. 天井

位于墓道与过洞中间，平面略呈梯形，上口长 2.40、南宽 0.88、北宽 1.36 米，底为斜坡，坡度 8°。在天井北部西侧发现椭圆形盗洞 1 个，顺天井竖直而下至封门上部，打破生土壁进入墓室。

3. 甬道

位于墓室南端，平面呈长方形，拱顶平底，从底部向上砖砌壁面 1.00 米高，其上起券；进深约 0.64、宽 1.56、高约 1.35 米；甬道南北端外侧砖砌门券及生土壁面上均涂饰有一层 3 厘米厚的白灰面。

4. 封门

位于甬道南端入口处，设有两道：第一道为长方形青石封门，高约 1.23、宽约 0.93、厚约 0.18 米；石门竖立封堵于砖封门外，背面粗糙，在该石门背面凿有上下 2 个圆形孔臼，孔径 0.15、进深 0.16 米。石门与砖封门相接的内面原有墨线勾画的对立人物图像，已漫漶不清仅存模糊的轮廓。第二道为灰色条砖封门，位于石封门后。砖封门砌法为：先用 17 块条砖纵向侧立平砌一层，其次上层再用 17 块纵向竖立平砌一层，第三层用条砖横向错缝平砌，共 22 层，每层用砖 2 块半。条砖规格为：长 30、宽 14、厚 4 厘米（彩版一，2～4）。

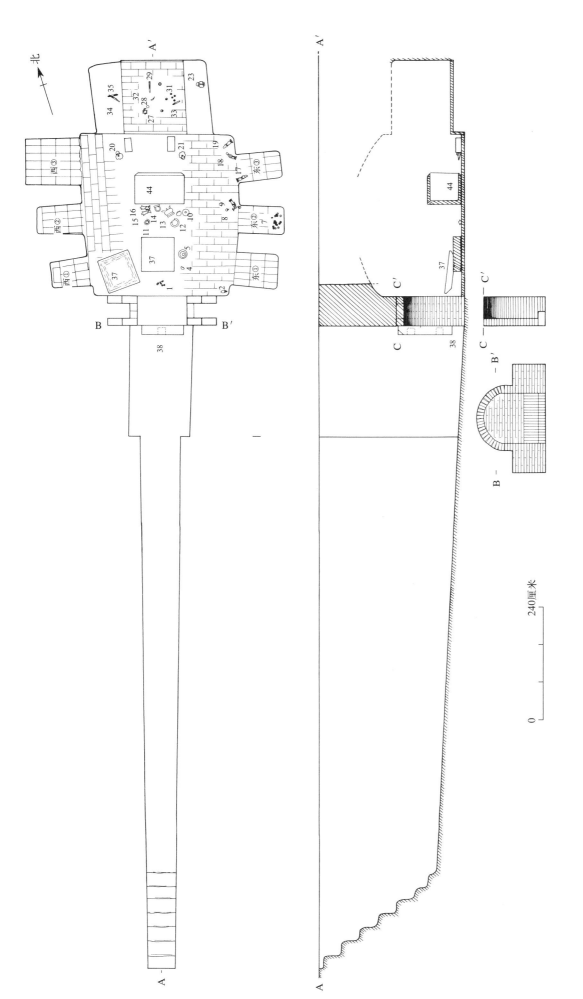

图四　M17刘黑马墓葬平、剖面图

1、7.铜钱　2.铜牛　4、12.刻花陶盘　5.陶盂　8.铁环　9、18.髽头男侍俑　10.瓷碗　11.小瓷盂　13.陶盏　14.陶盒　15、16.陶烛台　17.双辫棒瓶男侍俑　19.双辫棒盂男侍俑
20、21、23.铁门环　27.金饰　28.玛瑙饰　29.玉环　31.料珠　32.铜针　33.银如意簪　34.玉折股钗　35.玉如意簪　37.墓志石　38.封门石　44.石函

5.墓室

分为前、后室。

前室：平面略呈梯形。土洞穹窿顶，砖铺地，铺砌较杂乱，砖大小形制不一。墓顶已毁塌，高度不详，墓底南北进深3.50、南宽3.00、北宽3.36米。前室东西壁各有3个小龛，龛底用条砖丁铺通缝，底部略高出墓室底0.10米，龛内平面大小不一，高度为0.76～0.94米。进深为0.80～1.40、宽0.60～1.00、内宽0.44～0.55米；前室中部偏南放置墓志1盒，详备其墓主为刘黑马；中部偏北

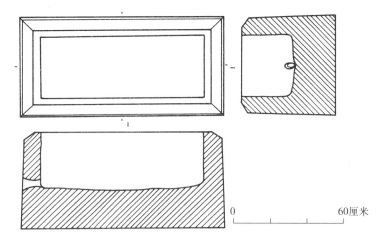

图五　石函M17：44

放置长方形石函1件（M17：44），函壁一头靠近底部开孔，外侧孔径7.0厘米，石函上口长180.0、上口宽51.0、高51.0、底长111.0、底宽54.0厘米，函深约30.0、函壁厚约10.0、底厚约20.0厘米（图五；彩版二，1、2）。前室北部与后室连接处东西放置两摞墓砖，靠近后室棺床边沿。

后室：平面略呈四边形。土洞，顶部坍塌不详，推测为拱顶。后室地面在高出前室地面约0.24米的生土台中部用一层墓砖平铺通缝铺设地面形成棺床，在生土台边沿及棺床北、东、西三处边部残留有白灰装饰痕迹。棺木朽痕遗迹尚可辨识，但被扰乱破坏严重，不见人骨残存，原放置位置及葬式不详（彩版二，3），仅在墓室中采集到数件人骨残片（彩版二，4），及两段残木片（彩版二，5），皆具有明显焚烧痕迹。

另外，在前室中部、与后室相接的北侧中部及后室西北角位置各发现有天然河石一块。在后室地面上还发现有残留的水银痕迹（彩版二，6、7）。

二　出土遗物

该墓曾被盗扰，今仅存随葬器物计42件（组），主要有陶俑、陶器、金银器、玉器、铜器、铁器、镇墓石、墓志石等，其中陶明器多出土于墓室前室及壁龛内（彩版三，1、2）。而金银、玉珠饰件等随葬物品集中出土于墓室后室（彩版三，3）。

（一）陶俑

共4件。

男侍俑

4件。均为泥质手塑，烧成温度低，陶色灰褐，质地酥软。其中1件出土时已碎为泥渣，未能修复，其余3件分2型。

Ⅰ型　1件。

标本M17：9，笼发裹巾垂脑后，外穿方领窄袖衫，下摆前端自腰带下分左右撩起，掖于两胯

后侧的腰带内，露出底衬夹袍，夹袍内层又着对襟曳地长衫，露靴，直立于长方形踏板上。其面部饱满，圆眼，呈现神情肃重的表情，抱手拱于胸下，有圆孔，原似执有物。高28.5厘米（图六；彩版四，1左、2左）。

Ⅱ型　2件。前额髽发，后脑结两辫垂至腰间，外穿方领窄袖衫，腰间束窄带，露双铊尾于后，内着对襟曳地长衫，露靴，直立于长方形踏板上。其面部饱满，细长眼，呈现神情矜重的表情，双手拱于胸前，上托梅花纹方巾。

标本 M17：17，手托梅花纹方巾上捧小口圆肚梅瓶。高28.0厘米（图七，1；彩版四，1中、2中）。

标本 M17：19，手托梅花纹方巾上捧唾盂。高27.4厘米（图七，2；彩版四，1右、2右）。

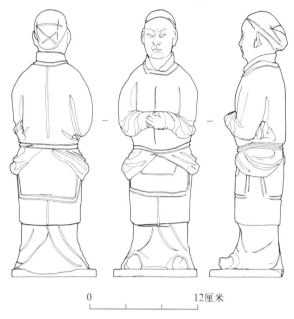

图六　男侍俑M17：9

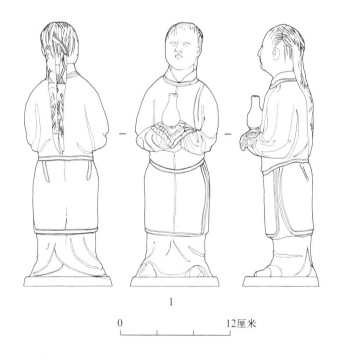

1

2

图七　男侍俑
1、2.M17：17、19

（二）陶器

共19件。均为泥质黑灰陶。包括碗1件、小盏1件、盏托2件、刻花托碟4件、盂1件、执壶温盏1套（2件）、匜1件、盒1件、烛台2件、鼎式香炉1件、器盖3件等，另发现茧形壶残片等若干。

1.陶碗

1件。

标本 M17：10，敞口，圆唇，斜弧腹，圈足。高6.4、口径15.6、底径6.1厘米（图八，1；彩版五，1）。

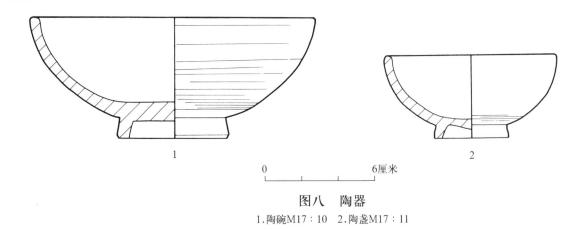

图八　陶器

1.陶碗M17：10　2.陶盏M17：11

2．陶盏

1件。

标本M17：11，直口，圆唇，斜弧腹内收，小圈足。通高4.5、口径8.3、底径3.9厘米（图八，2；彩版五，2右上）。

3．陶盏托

2件。

标本M17：3-1，浅盘托，周缘略上折，托口直口微敛，圆唇，底部圈足微收。通高4.2、口径6.3、托盘径11.1、底径5.2厘米（图九，1；彩版五，2右下）。

标本M17：3-2，浅盘托，托口敛口，圆唇，底部圈足微收。通高3.5、口径6.2、托盘径11.0、底径5.4厘米（图九，2；彩版五，2左）。

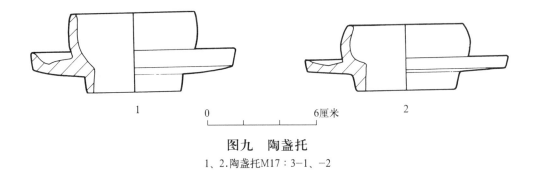

图九　陶盏托

1、2.陶盏托M17：3-1、-2

4．刻花陶盘

4件。形制相同，敞口，平折沿，沿内凸棱，浅腹，矮圈足，内底线刻纹饰。

标本M17：4，刻饰人身鱼尾化生，游戏于莲花、莲叶之中。通高3.4、口径17.7、底径7.9厘米（图一〇，1；彩版五，3）。

标本M17：12，刻饰莲花、莲蓬、莲叶图案。通高2.8、口径16.7、底径7.2厘米（图一〇，2；彩版五，4）。

标本M17：43-1，残缺，刻饰双鸭嬉水、水草、浮云图案。通高2.9、口径15.5、底径7.0厘米（彩版五，5）。

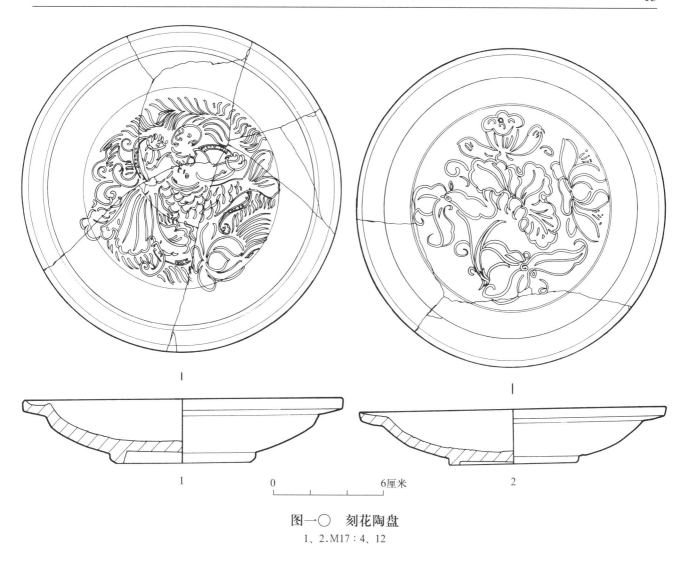

图一〇　刻花陶盘

1、2.M17：4、12

标本 M17：43-2，残缺严重，仅见刻饰水波纹。通高 3.0、口径 16.7、底径 7.0 厘米（彩版五，6）。

5. 陶盂

1 件。

标本 M17：5，敞口，圆唇，束颈，溜肩，鼓腹内收，圜底微内凹，肩部饰两周凹弦纹。通高 9.4、口径 12.8、底径 5.4 厘米（图一一，1；彩版六，1）。

6.陶执壶、温盏组合

1 套 2 件。

执壶 M17：6-1，口微敞，圆唇，直领，高束颈，溜肩，垂腹，圈足，肩部贴塑捏制的桥形执柄及细长流，流口微残；壶肩部饰两周刻划凹弦纹。通高 18.0、口径 5.2、底径 6.8 厘米（图一一，2；彩版六，2）。

温盏 M17：6-2，直口，圆唇，直壁外饰两周阴弦纹，圜底内凹。通高 6.3、口径 12.2、底径 5.2 厘米（图一一，3；彩版六，2）。

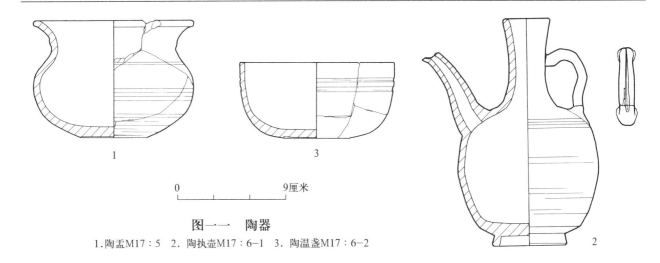

图一一　陶器

1.陶盂 M17：5　2.陶执壶 M17：6-1　3.陶温盏 M17：6-2

7.陶茧形壶

1 件。

标本 M17：41，残缺严重，仅存若干残片，茧形壶身，圈足。残高 14.8、器宽 21.5 厘米（图一二，1；彩版六，3）。

8．陶匜

1 件。

标本 M17：39，口部微敛，深腹，圜底钵状；口部外侧贴流，流下饰两周弦纹；有圆孔联通流与匜体。通高 6.8、匜体高 6.2、口径 11.4、流宽 1.5～2.4、流孔径 0.7 厘米（图一二，2；彩版六，4）。

9.陶盒

1 件。

标本 M17：14，盒盖面微鼓，边饰两道刻划阴弦纹。子母口，直身饰 7 道凹弦纹，下腹斜折内收，矮圈足。通高 7.4、腹径 10.0、盒身口径 8.5、底径 6.1、盖高 3.0、盖径 10.2 厘米（图一二，3）。

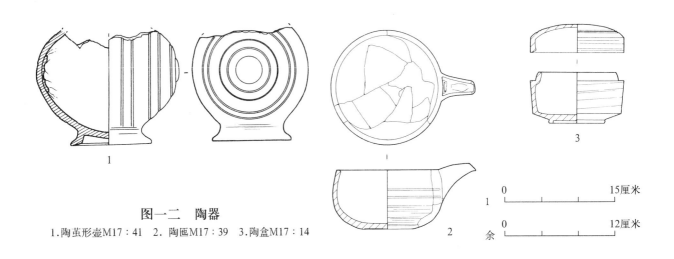

图一二　陶器

1.陶茧形壶 M17：41　2.陶匜 M17：39　3.陶盒 M17：14

10．陶器盖

3件。形制略相同。

标本M17：42-1，盖中低圈足纽，浅盘状，大圆口，尖圆唇。通高3.7、盖径14、纽径5.0厘米（图一三，1）。

标本M17：42-3，盖中低圈足纽，盘状，直圆口，圆唇。通高3.3、盖径14.3、纽径5.5厘米（图一三，2）。

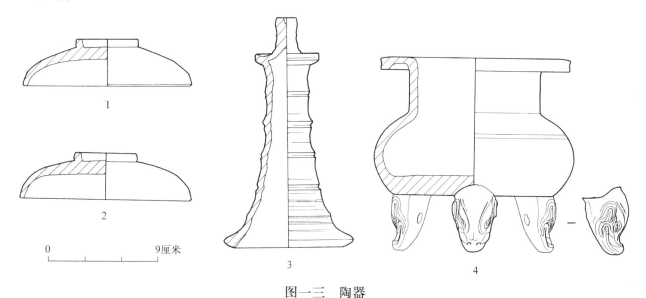

图一三　陶器

1、2.陶器盖M17：42-1、-3　3.陶烛台M17：15　4.陶香炉M17：13

11．陶烛台

2件。形制相同。

标本M17：15，上部有小碟状烛盘，其中部凸起一圆柱状高台烛插。烛台柄部饰五周竹节凹弦纹，上细下粗中空，底部外撇呈喇叭状。高18.5、盘径5.1、底径10.7厘米（图一三，3；彩版六，5）。

12．陶香炉

1件。

标本M17：13，三足鼎式，直口，平沿，方唇，矮领，溜肩，扁鼓腹，肩上饰两周线刻弦纹，圜底较平，下贴三个刻划兽首形足，兽吻为足尖，足部微外撇。高14.8、口径15.4、足高4.4厘米（图一三，4；彩版六，6）。

（三）玉石料器

共6件（组）。

1.玉如意簪

1件。

标本 M17：34,白玉质地。簪头似挖耳,簪体扁圆。长 14.2 厘米（图一四,1;彩版七,1）。

2.玉折股钗

1 件。

标本 M17：35,白玉质地。两股,钗末端圆润,分两股,股头较尖。钗长 11.2、末端宽 1.0、钗腿径 0.4 厘米（图一四,2;彩版七,2）。

3.白玛瑙巾环

1 件。

标本 M17：29,白玛瑙质地。外径 1.3、孔径 0.5、壁厚 0.2 厘米（图一四,3;彩版七,3）。

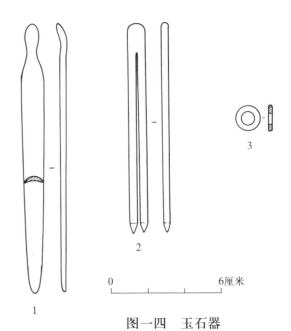

图一四　玉石器

1.玉如意簪 M17：34　2.玉折股钗 M17：35　3.白玛瑙巾环 M17：29

4.玛瑙饰

2 件。

标本 M17：28,形似觿状。长 3.5 厘米（图一五,1;彩版七,4）。

5.珠饰

9 件。

标本 M17：25, 由 5 粒白色玛瑙珠（2 大、3 小）、2 粒南红玛瑙（1 珠形、1 扁圆形）、1 粒鼓形缠丝玛瑙及 1 粒略残的扁圆形松石组成。其中白色玛瑙珠（大）径 1.1 厘米,白色玛瑙珠（小）径 0.8 厘米,珠形南红玛瑙径 1.1 厘米,扁圆形南红玛瑙径 1.1、厚 0.7 厘米,鼓形缠丝玛瑙径 0.8、高 1.2 厘米,松石高 1.4、厚 0.6 厘米（图一五,2;彩版七,5）。

6.料珠

1 组（约 46 粒）。

标本 M17：31,色呈黑褐色,形状扁圆,质轻。直径 0.6、厚 0.4 厘米,孔径 0.15 厘米（图一五,3）。

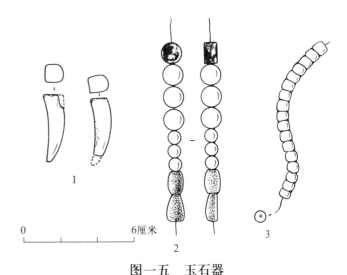

图一五　玉石器

1.玛瑙饰件 M17：28　2.珠饰 M17：25　3.料珠 M17：31

（四）金银器

共4件（组）。

1.金花饰

2件（图一六，1；彩版七，6）。

标本M17：27-1，呈八角花瓣形饰片，中心有三个等距三角分布的小孔，外径2.6厘米。

标本M17：27-2，呈八瓣形饰片，其上以中心小孔为圆心，向外均匀分布着两周小孔，内周七孔，外周八孔，外径1.6厘米。

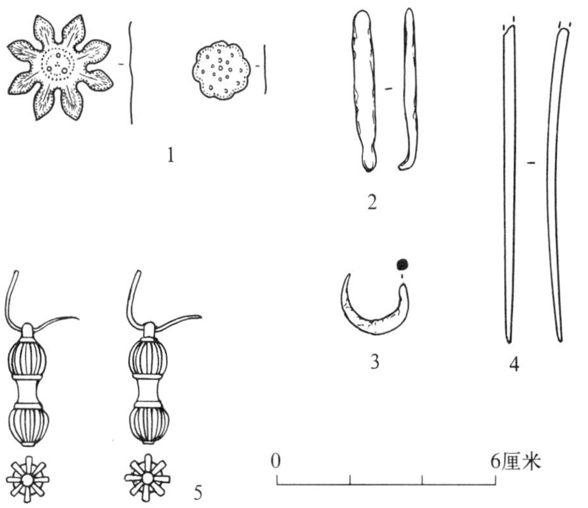

2.银如意簪

1件。

标本M17：33，簪头似挖耳，残。残长4.25厘米（图一六，2）。

3.银耳环

1件。

标本M17：36，残，截面略呈圆形。截面径0.3厘米（图一六，3）。

4.金币

2枚。

标本M17：26，仿方孔圆钱样式，钱体轻薄，锤鍱而成，边缘较粗糙，钱文正书"天下太平"，直读。钱径2.45～2.5、厚0.06厘米（彩版七，7）。

（五）铜器

共4件（组）。

1.铜牛

1件。

标本M17：2，出土于墓室前室东南角。呈站立状，无角，垂耳，体肥硕，颈部出褶，后股间垂尾，形象较写实。牛体分左右范合铸，腹内空芯，四足与底座面连接，底座足外撇。在牛首、脊柱及底座面皆清晰可见合范缝。通高8.0、牛身长8.8、牛高5.7、底座高2.3厘米（图一七；彩版七，8）。

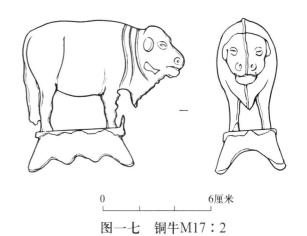

图一六　金银器与铜器

1.金花饰M17：27　2.银如意簪M17：33　3.银耳环M17：36
4.铜针M17：32　5.铜耳环M17：30

图一七　铜牛M17：2

2.铜针

1件。

标本 M17：32，残长 8.5 厘米（图一六，4）。

3.铜耳环

2件。

标本 M17：30，呈九钴金刚杵造型。残长 4.7 厘米（图一六，5；彩版八，1）。

4.铜钱

44 枚。分别出土于三处，共有 15 种钱文，分 22 式。标本详细信息见表一。

标本 M17：1，共计 10 枚，出土于墓室口中部。钱文有"皇宋通宝""景德元宝""绍圣元宝""天圣元宝""元祐通宝""治平元宝"6 种。

标本 M17：7，共计 30 枚，出土于②号东龛内。钱文有"皇宋通宝""嘉祐通宝""绍圣元宝""天圣元宝""熙宁元宝""元丰通宝""元符通宝""元祐通宝""政和通宝""治平元宝"10 种。

标本 M17：40，共计 4 枚，出土于③号西龛北端龛口位置。钱文有"皇宋通宝""景德元宝""乾元重宝"3 种。

（六）铁器

4 件（组）。出土时位于墓室后室及前室北侧。

1.铁板

1件。出土于墓室后室东北角。

标本 M17：24，薄片状，长方形，边缘锻造整齐，上翘，呈弧状，上似有朱书痕。长 35.4、宽 24.3、厚 0.2 厘米（图一八，1；彩版八，2、3）。

2.铁铺环

4件。形制相同，棺具附属物。

标本 M17：20，底座呈葵花形，宽边缘，中部凸起呈帽状，中心有一方孔，内插销扣，穿有圆环，圆环断面呈菱形。葵花底座径 16.5、环径 11.7 厘米（图一八，2；彩版八，4）。

3.小铁环

3件。形制相同，棺具附属物。

标本 M17：8，环为圆形，断面为长方形，套有长条形铁插扣。环径 3.1 ～ 3.2 厘米（图一八，3；彩版八，5上）。

4.铁棺钉

若干，残断。

表一　M17（刘黑马墓）出土铜钱登记表

（单位：厘米，重量：克）

样式	标本号	钱文	记号	廓径	钱径	穿宽	廓宽	廓厚	肉厚	字体	读法	重量	年代	数量	备注	拓片
1	M17：40	乾元重宝	"元"字左挑	2.50	2.00	0.70	0.30	0.10	0.05	隶	直读	3.90	唐	1	唐乾元年间由官方铸造发行，民间俗称"乾元大钱"	
2	M17：1	景德元宝		2.40	1.80	0.54	0.35	0.10	0.05	楷	旋读	3.50	宋	1	宋真宗景德（1004～1007年）	
3	M17：40	景德元宝	"德"字省去一横	2.41	1.80	0.57	0.30	0.10	0.05	楷	旋读	3.10	宋	1	宋真宗景德（1004～1007年）	
4	M17：7	天圣元宝		2.50	2.01	0.70	0.28	0.11	0.05	楷	旋读	2.90	宋	1	宋仁宗天圣元年（1023年）	
5	M17：1	天圣元宝		2.45	2.00	0.56	0.22	0.10	0.04	篆	旋读	3.60	宋	1	宋仁宗天圣元年（1023年）	

序号	6	7	8	9	10	11
年代	宋仁宗宝元元年至皇祐末年（1039～1053年），非年号钱	宋仁宗宝元元年至皇祐末年（1039～1053年），非年号钱	宋仁宗宝元元年至皇祐末年（1039～1053年），非年号钱	宋仁宗宝元元年至皇祐末年（1039～1053年），非年号钱	宋仁宗嘉祐（1056～1063年）	宋英宗治平（1064～1067年）
数量	2	1	1	1	1	1
朝代	宋	宋	宋	宋	宋	宋
读法／直径	直读 3.40	直读 3.20	直读 4.00	直读 3.50	直读 2.80	旋读 3.60
书体	楷	楷	楷	篆	篆	篆
	0.04	0.10	0.06	0.04	0.04	0.08
	0.10	0.10	0.10	0.10	0.10	0.12
	0.20	0.20	0.30	0.28	0.25	0.30
	0.70	0.75	0.72	0.70	0.78	0.60
	2.02	1.95	1.95	2.00	1.90	1.80
	2.50	2.46	2.50	2.52	2.40	2.40
备注				"皇"字两侧各有1孔，人为		
钱文	皇宋通宝	皇宋通宝	皇宋通宝	皇宋通宝	嘉祐通宝	治平元宝
标本号	M17：1	M17：7	M17：40	M17：7	M17：7	M17：1

序号	拓片	时代	数量	朝代	直径	读法	书体							备注	钱名	标本号
12		宋英宗治平（1064～1067年）	1	宋	3.40	旋读	篆	0.08	0.16	0.23	0.55	1.90	2.33		治平元宝	M17：7
13		宋神宗熙宁（1068～1077年）	1	宋	3.90	旋读	楷	0.08	0.13	0.30	0.60	1.88	2.41		熙宁元宝	M17：7
14		宋神宗熙宁（1068～1077年）	1	宋	4.80	旋读	篆	0.10	0.16	0.20	0.50	1.90	2.30	背双范	熙宁元宝	M17：7
15		宋神宗元丰（1078～1085年）	1	宋	3.90	旋读	篆	0.04	0.11	0.35	0.60	1.80	2.50		元丰通宝	M17：7
16		宋神宗元丰（1078～1085年）	2	宋	3.20	旋读	行	0.08	0.10	0.28	0.70	1.90	2.42	边有铸迹	元丰通宝	M17：7
17		宋哲宗元祐（1086～1093年），司马光手书	1	宋	4.40	旋读	篆	0.10	0.15	0.30	0.62	1.85	2.40		元祐通宝	M17：1

序号	编号	钱文							书体	读法	重量	朝代	数量	年代
18	M17：7	元祐通宝		2.45	1.90	0.59	0.30	0.10	0.05	行	旋读	3.60	宋	1	宋哲宗元祐(1086~1093年)，苏轼手书
19	M17：7	绍圣元宝		2.40	1.90	0.60	0.28	0.16	0.10	篆	旋读	4.70	宋	1	宋哲宗绍圣元年(1094年)
20	M17：1	绍圣元宝		2.40	1.76	0.50	0.30	0.10	0.04	行	旋读	3.00	宋	1	宋哲宗绍圣元年(1094年)
21	M17：7	元符通宝		2.40	1.70	0.60	0.31	0.12	0.10	篆	旋读	3.30	宋	1	宋哲宗元符(1098~1100年)
22	M17：7	政和通宝		2.45	2.10	0.50	0.20	0.11	0.05	篆	直读	2.70	宋	1	宋徽宗政和(1111~1117年)

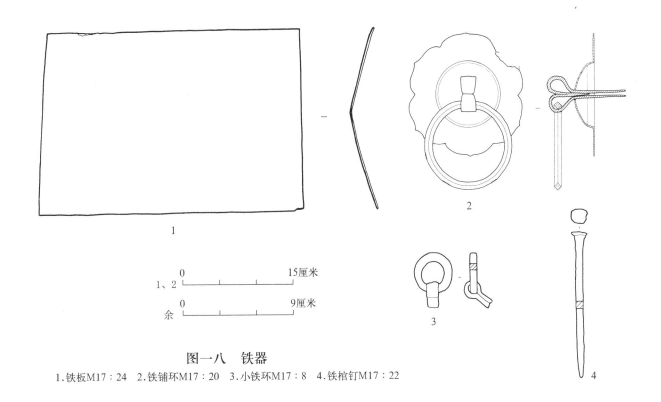

图一八　铁器

1.铁板M17：24　2.铁铺环M17：20　3.小铁环M17：8　4.铁棺钉M17：22

标本 M17：22，截面略呈方形。长 11.8、钉头径约 1.5 厘米（图一八，4；彩版八，5 下）。

（七）镇墓石

镇墓石

3 块。天然河石，形状皆不规则，表面粗粝，青黄杂色，有大小之别。分别出土于前室中部、与后室相接的北侧中部及后室西北角位置。

标本 M17：采 1，残断。高 5.5、宽 6.75、厚 4.75 厘米（图一九，1；彩版八，5 左）。

标本 M17：采 2，高 4.7、宽 4.0、厚 3.2 厘米（图一九，2；彩版八，5 中）。

标本 M17：采 3，高 8.0、宽 8.5、厚 5.0 厘米（图一九，3；彩版八，5 右）。

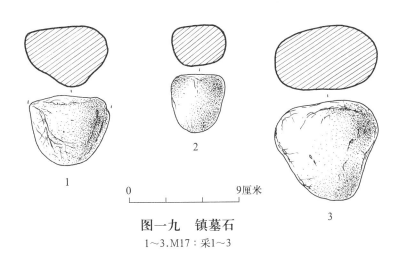

图一九　镇墓石

1～3.M17：采1～3

（八）墓志石

墓志石

1合。置于墓室前室中部，墓室封门内。出土时志盖翻倒向上放置于志石旁。墓志青石质。志盖盝顶，底边长76.5、宽74.0、厚13.0厘米，顶面原应有6字，2行，行3字，皆已被凿毁，字迹不辨。四刹阴线刻卷云四神纹，分别为右青龙、左白虎、下朱雀、上玄武。志石长方形，长69.5、宽65.5、厚18.5厘米，雕凿较粗糙，志石面阴刻楷书31行，行满36字，共计888字。志石面略有残损。从墓志盖四刹的形制纹饰判断，是取用唐代墓志石做为石料改制而成（图二〇、二一）。墓志录文如下：

0 　　　　　　　　15厘米

图二〇　墓志盖拓片

0   12厘米

图二一 墓志石拓片

大朝故宣差都總管萬戶成都路經略使劉公墓誌銘並引 /

驪山駱天驤撰並書，長安戴仲祿刊。 /

公諱黑馬，本耶律德光之後。金朝改耶律爲移剌，又改移剌爲劉姓，失其家譜，難考其詳。自祖 /

伯林居西京威寧縣，以爲威寧人。父諱時，隱德不仕。母康氏，生公天資英毅，賦性寬厚。大安末， /

天兵大入，所向城邑，無不崩潰。祖知天時，遂率衆以身歸 /

大朝，授西京留守、天下兵馬副元帥。公甫十四，隨祖從軍南下，諸州郡九獲四百餘城。所至，公 /

常登陷陣，祖歎曰：當來必襲我職。壬午歲，祖薨，公奉 /

詔承祖職，征河東南北路、山東、陝西，道漢川，拔興元，徑擣襄鄧，以取河南。己丑□歲，/

宣賜虎符，授山西兩路、太原、平陽等路萬戶。庚子歲，入 /

現 [此字誤刻，本為"覲"字]，授都總管萬戶，俾專意征蜀，拔成都，定五十餘城。公專以寬慈爲務，癸卯歲，應州郭誌全叛，/

捕獲八十戶，計家五百餘口。公曰：彼皆脅從者，無辜而死。悉皆放去。中統元年，奉 /

旨令長子元振襲授都總管萬戶職事，授公成都路經略使。公自入蜀，摩撫凋殘，恩涵澤濡，闔 /

境蘇息，斯不亦勇者之仁乎。關河響動，懷赴如歸，宋將賽存孝者，聞公之仁，引兵來歸。中統二 /

年冬十二月二十一日以疾薨，享年六十有三。聞訃之日，官僚士庶，識與不識，無不悲悼。昔人 /

有言曰：活千人者，子孫必封。計公平昔之所全活者，不可勝數。又聞有陰德者，必有陽報。公自 /

破河南後，見俘虜人口在人之轂中，苦楚凌虐有不忍者，公遂奏於朝：方今山西等處州郡，經過軍馬無人起立，可將河南駈掠新民充編戶起立，/

上從之。隨軍拘刷河南被虜人萬餘口，悉皆爲良民。故今之子孫詵詵又各有其職，蓋積陰德 /

之所致也。公娶夫人賈氏，三從有備，四德無虧，每以仁慈、寬厚、惠愛爲念，號曰賢德夫人。又娶 /

魏氏、張氏、完顏氏、蒲察氏、孟氏、高氏、薛氏。子男十四人：長曰元振，襲父職；次曰元貞，不仕；次曰 /

元正，管人匠達魯花赤；次曰元禮，都總管奧魯萬戶；次曰元濟，成都府路總管；次曰元德，山西 /

等路管民總管；次曰琰，山西西路奧魯萬戶；次曰元亨，山西東西兩路征行千戶；次俱幼。女十 /

六人，俱適名族。孫男二十人，孫女十六人。以中統三年三月十六日葬於京兆府咸寧縣洪固 /

鄉永寧村之鳳棲原，從卜食也。襄事有日，夫人賈氏請僕誌其墓，僕以晚學後進禮不敢當，辭 /

之再三，固不獲已，謹按其狀，撮實而爲之銘。銘曰：/

源深流遠，善積福延。公侯子孫，必復其先。猗歟劉公，將門之裔。/

年當齠齔，孝行俱備。弱冠襲職，天資清廉。所行惟勤，凡事以謙。/

履鋒陷陣，如彪如虎。所當者破，惟公之武。攻城戰野，能救其人。/

稟資厚重，惟公之仁。盡忠於國，克孝於家。傳之清白，不奢不華。/

無忝其先，而有衆子。諸孫詵詵，方濟其美。萬年之邑，洪固之鄉。/

鳳棲之原，永寧之岡。終南在前，涇渭居後。納銘幽堂，庶傳永久。/

刘黑马墓志中明确记述了以下几点：

第一，自附为契丹耶律德光之后，因家谱失传，难考其详，而以其祖父刘伯林所居西京威宁（今山西大同）为籍贯。

第二，其父刘时、母康氏失载于史传，墓志中明确记载，可考补。

第三，刘黑马随其祖父刘伯林征战略述，及其授职经历。

第四，提及与宋将"赛存孝"刘整归附蒙元的关系。

第五，刘黑马妻贾氏（正室）、魏氏、张氏、完颜氏、蒲察氏、孟氏、高氏、薛氏；子男十四人：刘元振（袭职）、刘元贞（不仕）、刘元正（管人匠达鲁花赤）、刘元礼（都总管奥鲁万户）、刘元济（成都府路总管）、刘元德（山西等路管民总管）、刘（元）琰（山西西路奥鲁万户）、刘元亨（山西东西两路征行千户）等；女十六人；孙男二十人；孙女十六人。

第六，刘黑马卒年、葬年及葬地名称明确：卒于中统二年（1261年）冬十二月二十一日，中统三年（1262年）三月十六日葬于京兆府咸宁县洪固乡永宁村凤栖原。

第七，刘黑马墓志志文为元代《类编长安志》的作者、京兆路总管府府学教授骆天骧撰并书。

据《元史·刘黑马传》："黑马，名嶷，字孟方。始生时，家有白马产黑驹，故以为小字，后遂以小字行"。墓志中直接称其为"黑马"，而不提及其名字。

据《元史·刘黑马传》："子十二人，元振、元礼显"。墓志中明确记载其子男十四人，可补充史传阙误。

史传中有关刘黑马为万户的记述前后抵牾，元史学者已认识到这一问题并撰文探讨[1]，认为己丑始立万户较可信，并引《元史·史天泽传》为证："己丑，太宗即位，议立三万户，分统汉兵。天泽适入觐，命为真定、河间、大名、东平、济南五路万户"。此文源出自王恽《中书左丞相忠武史公家传》："太宗即位，公入觐。朝议方选三大元帅分统汉地兵，上素闻公贤，以仗麾公及刘黑马、萧札剌居右，诏为万户，其居左者悉为千夫长，遂以真定、河间、大名、东平、济南五诸侯兵隶焉。"[2]太宗设置汉军万户，同耶律楚材主张军民分职的建议有关："郡宜置长吏牧民，设万户总军，使势均力敌，以遏骄横。"[3]据墓志，前辈学者所争议的问题迎刃而解，刘黑马于壬午岁在刘伯林卒后仅奉诏承袭了其祖父的职官，即西京留守、天下兵马副元帅；己丑岁才被授山西两路、太原、平阳等路万户。关于改授"都总管万户"的时间，墓志为"庚子"，史传为"辛丑"，相差仅为一年。

另外，据黄时鉴先生研究认为，1229年窝阔台即位后始立汉军三万户：刘黑马、史天泽、萧札剌；1232年三峰山战役后增立四万户：塔不已儿、严实、张柔、张荣，合前三万户为七万户。他还指出：汉军万户的设置并不是出于对汉人世侯实力地位的认可，而是为了征金战事的需要。无论是1229年始立三万户，还是1232年增设四万户，都是如此。随着战事的发展，万户的设置不断增多，至1241年又有八万户的记载。

---

[1] 黄时鉴：《关于汉军万户设置的若干问题》，《元史论丛》第二辑，中华书局，1983年。

[2] 见苏天爵：《元朝名臣事略》卷七《丞相史忠武王》所引，《秋涧先生大全文集》卷四八所载该《家传》，文少略，意亦同。但王磐所撰《中书右丞相史公神道碑》中，此处文意已略有变动，见《元文类》卷五八。

[3] 《元史》卷一四六《耶律楚材传》，中华书局，1976年。

第三章 刘元振及夫人郝柔合葬墓（M16）

一 墓葬形制

该墓编号为 M16，系斜坡式台阶墓道前后室土洞墓，由墓道、过洞、天井、封门、甬道和前后墓室、壁龛等部分组成，平面呈不规则铲形，墓道位于墓室之南，方向 182°。水平残长 14.92、最深处约 4.60 米（不含下挖 5 米的基槽深度，下同）（图二二；彩版九，1）。

1. 墓道

位于过洞南端，平面略呈梯形，水平残长 4.16、上口残宽南宽 0.52、北宽 0.62 米，底部为台阶，水平残长 2.40 米，每层台阶横长度与墓道等宽，层宽为 0.28 ～ 0.46、层高约 0.30 米；壁面较直，平面光滑，填土为较硬的深褐色五花土，未经夯打。

2. 过洞

位于天井南端，平面略呈长方形，长 1.26、宽 0.40 米，底部用两级台阶连接斜坡，南部斜坡坡度为 25°，北部斜坡坡度为 13°，过洞南高 2.00、北高 2.52 米，顶部略呈拱顶。

3. 天井

位于过洞与甬道中间，平面呈梯形，上口长 2.30、南宽 1.00、北宽 1.20 米，底为斜坡，坡度 13°。在天井北侧发现椭圆形盗洞 1 个，顺天井竖直而下至封门上部，打破砖封门进入墓室。在天井底部填土中发现被盗掘遗弃的陶兽腿部残片。

4. 甬道

位于墓室南端，平面呈梯形，进深约 0.74、南宽 1.20、北宽 1.28 米。拱顶平底，洞高约 1.48 米。

5. 封门

位于甬道南端入口处，砖封门，底部用土垫起与甬道地面平齐，上用砖竖铺垒砌，门厚度与砖宽度相等，封门顶部近起券处用砖平铺两层，其上已被盗墓者破坏。封门南侧用青石质墓志石 1 方（M16∶149）竖立封堵门外，志石两面刻字，一面为志盖，面南而立，一面为志文，面北而立，墓志边长 0.94、厚 0.14 米。墓志记载墓主为刘元振。封门高 1.83、宽 1.30、厚 0.36 米。其近顶部西侧已被盗墓者破坏，封门砖残存高度 1.68 米，砖长 36、宽 18、厚 6 厘米。

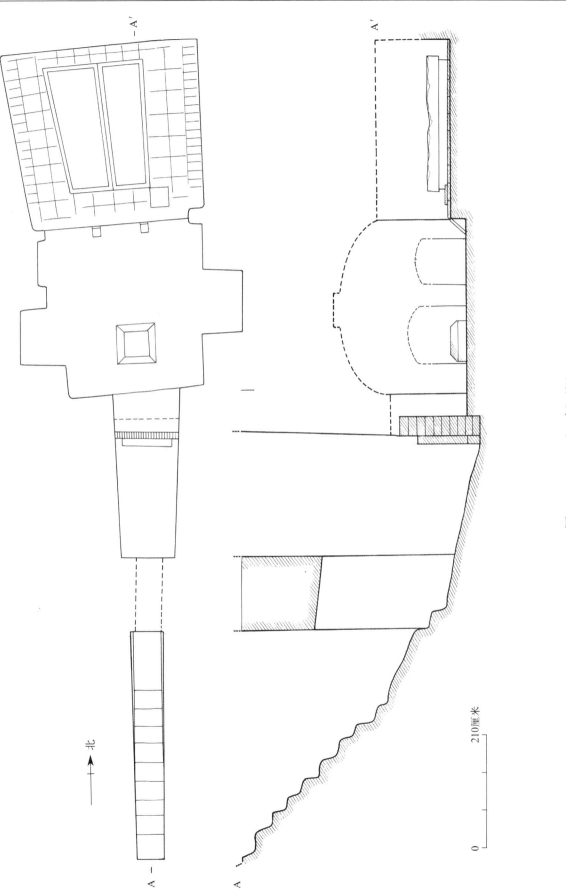

图二二　M16平、剖面图

6.墓室

分为前、后室（彩版九，2）。

前室：平面略呈梯形。土洞穹窿顶，在前室南端靠近过洞口处发现一圆形现代盗洞。墓底长3.22、南宽2.48、北宽3.00米，穹窿顶上部坍塌破坏，高度不详。前室东壁中部及西壁偏南各有1小龛，底部与墓室底平齐，高度皆为1.20米（彩版一〇，1）。东龛进深0.76、宽1.16米（彩版一〇，2）。西龛进深0.80、宽1.06米（彩版一〇，3）。在前室西壁北部墙壁略向外扩形成一开放式浅龛，宽0.84、进深0.16米，高度不详。前室中部偏南放置墓志1盒（M16：54）。前室北部与后室连接处斜竖两块墓砖，担靠在后室棺床边沿上（彩版一〇，1）。

后室：平面略呈梯形。土洞，顶部因塌陷，形制不详，推测为拱顶。后室地面高出前室0.36米，在0.30米的生土台上用一层墓砖平铺设地面，形成棺床，长条砖紧贴墓室墙壁围成一周，中间为方砖铺设；长条砖长30、宽16、厚6厘米；方砖边长40、厚6厘米。棺床上南北向东西并置两个木棺，棺板已朽，部分炭化（彩版一一，1），棺内壁饰有织物（彩版一一，2）。西棺棺底残留有水银痕迹（彩版一一，3），是从1件龟纽陶簠盖（M16：56）下渗出的，此器物出土时表面附着有织物残迹。西棺西北角残存1面铜具柄镜（M16：14）（彩版一二，1）。东棺内北部残留一件铜盒（M16：13），残损锈蚀严重，棺内中部残存1面铜镜（M16：12），镜面朝下（彩版一二，2）。镜面表层残留有织物痕迹（彩版一二，3）。两棺有被早期盗扰的迹象，棺盖置于棺旁，人骨均已朽坏无存，原放置位置及葬式不详（彩版一二，4），仅在墓室内采集到上颌骨（连齿）残片1件（彩版一二，5）。

二　出土遗物

该墓曾被盗扰，经考古发掘出土遗物计149件（组），主要有陶俑及家畜模型、陶器、瓷器、铜器、铁器、墓志石等，分布于前、后室及小龛内（图二三；见彩版一〇，1）。

（一）陶俑及家畜模型

共75件（组）。出土于墓室前室及东、西龛内，类型多样，主要分为骑马俑、牵马组合、牵驼组合、车马组合、男俑、女俑、家畜模型等。陶质陶色有差别，主要分两种，其一质地较酥，色较灰，其上残留有彩绘白底；其二陶色灰黑，质地较细密。

1. 男仪仗俑

已修复36件。根据陶质、陶色、造型分2组。

A组　10件。陶俑形体较高大，额下蓄须，宽肩窄腰腹上微隆，作直身微前倾状，两腿分立于长方形踏板上。皆头戴巾帻，外罩团领窄袖袍，左肩有扣襻，腰间用革带束两周，分别束于上腹部及腰部，革带上装饰有花式带板，腰部后侧露双铊尾，外罩袍下摆缠裹于腰间，露出内着交领窄袖短袍及裤，裤脚以带系扎于小腿，足着鞋袜（彩版一三，1）。以其姿势分3型。

Ⅰ型　4件。互为镜面对称。分2亚型。

Ⅰa型　1件。

标本M16：16，左臂曲肘托物于腰侧，物残佚；右手隐于袖内，略弯曲后垂。通高33.5、踏板

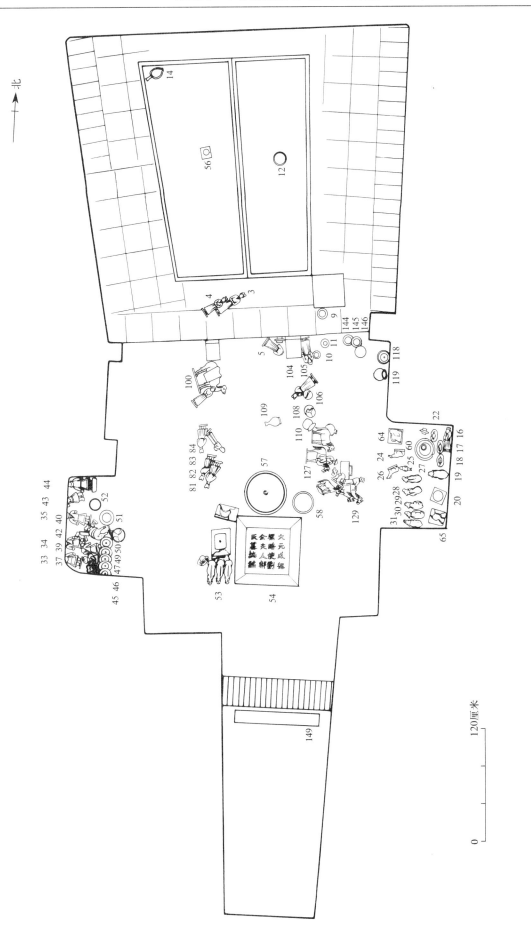

图二三　M16随葬器物分布平面图

3～5、17、22.女侍俑　9.陶器盖　10、11.陶盏托　12、14.铜镜　16.陶狗　25.陶鸡　27.陶羊　28、30.陶牛　29、31.陶猪　40.陶鞍马　45～47.陶猪　49.陶仓盖　50.陶仓　51、64、118.陶壮组合　53、129.陶车马组合　54.郝柔墓志　56.陶珠顶　146.陶脊头　144、145.陶骑马俑　119.陶香炉　110.陶瓶　109.陶匝　108.陶盒　106.陶圆簋　65.大瓷盆　57.大瓷盆　58.　26.陶狗　37、39、42.陶盒　52.陶灶组合方簋盖　龟组方簋盖　45、46、　18、81～84、104、105.男侍俑　19、100.色目人牵驼俑组合　20.陶罐　24.陶　33～35、37、39、42～44.男侍卫俑　52、60.陶盆　149.刘元振墓志

图二四　A组男仪仗俑
1. Ⅰa型M16：16　2. Ⅰb型M16：33

长 13.8、宽约 11.0、厚约 1.2 厘米（图二四，1）。

Ⅰb型　3件。

标本 M16：33，右臂曲肘托物于腰侧，物残佚；左手隐于袖内，略弯曲后垂。通高 34.0、踏板长 13.3、宽约 9.5、厚约 1.0 厘米（图二四，2；彩版一三，2、3）。

Ⅱ型　4件。互为镜面对称。分 2 亚型。

Ⅱa型　2件。

标本 M16：36，左臂曲肘执物扛于肩上，物残佚；右手隐于袖内，略弯曲后垂。通高 32.5、踏板长 14.0、宽约 10.0、厚约 1.0 厘米（图二五，1；彩版一三，1 前左）。

Ⅱb型　2件。

标本 M16：44，右臂曲肘执物扛于肩上，物残佚；左手隐于袖内，略弯曲后垂。通高 33.0、踏板长 13.8、宽约 10.5、厚约 1.0 厘米（图二五，2；彩版一三，1 前右）。

Ⅲ型　2件。互为镜面对称。分 2 亚型。

Ⅲa型　1件。

标本 M16：37，左臂曲肘挟物于腋下，物卷为筒状（残），用途不详；右手隐于袖内，略弯曲后垂。通高 33.8、踏板长 13.0、宽约 10.0、厚约 1.0 厘米（图二六，1；彩版一三，4 右）。

Ⅲb型　1件。

标本 M16：39，右臂曲肘挟物于腋下，物卷为筒状，用途不详；左手隐于袖内，略弯曲后垂。通高 33.8、踏板长 13.0、宽约 10.0、厚约 1.0 厘米（图二六，2；彩版一三，4 左）。

图二五　A组男仪仗俑

1. Ⅱa型M16：36　2. Ⅱb型M16：44

　　B组　共26件。较之A组形体略小，但质地较为精良、陶皮表面光滑，在制作工艺方面则更突出其"模件化"拼装的特点。皆两足分立于长方形踏板上，身着方领窄袖短衣，罩于对领及膝短袍上，短衣下摆缠裹于腰后；腰间用革带束两周，分别束于上腹部及腰部，腰部后侧革带上装饰有回纹形的带板，其下左后侧露单铊尾；下着裤，束于鞋袜内，并用带系扎于小腿。按其帽式可分3种，其

图二六　A组男仪仗俑

1.Ⅲa型M16∶37　2.Ⅲb型M16∶39

中头戴巾帻者计19件；头裹巾结角于顶者计3件；头戴前檐帽、帽后垂缨、帽下露婆焦发式、脑后两侧垂辫者计2件；此外，头部佚失、帽式不详者2件（彩版一四，1、2）。以其姿势分10型。

　　Ⅰ型　1件。

　　标本M16∶113，右臂曲肘执杖于身侧，杖分制，插于拳孔内；左手隐于袖内，略弯曲后垂。

通高33.0、杖长19.5、踏板长12.5、宽约7.0、厚约1.0厘米（图二七，1；彩版一五，3）。

Ⅱ型　1件。

标本M16：130，左臂曲肘手拎提梁罐；右手隐于袖内，略弯曲后垂。陶俑通高33、踏板长12.0、宽约7.1、厚约1.0厘米（图二七，2）。

Ⅲ型　1件。

标本M16：73，头部残佚。右臂曲肘手拎圆盆；左手隐于袖内，略弯曲后垂；身略左倾。残高27.0、踏板长12.0、宽约7.1、厚约1.0厘米（图二八，1）。

Ⅳ型　1件。

标本M16：128，左臂曲肘手拎绳索；右手隐于袖内，略弯曲后垂。通高32.7、踏板长12.3、宽约7.5、厚约1.0厘米（图二八，2）。

Ⅴ型　1件。

标本M16：111，双臂曲肘后握于肩部，呈掮杌状。陶俑通高33.0、踏板长12.6、宽约7.1、厚约1.0厘米。陶方杌M16：96，四方形，四沿下有卷云边饰。杌面长宽7.6、高7.6厘米，一腿已残（图二九，1、2；彩版一五，1）。

Ⅵ型　5件。互为镜面对称。分2亚型。

Ⅵa型　2件。

标本M16：87，左臂曲肘握拳于肩侧，做掮物状，身略左倾；右手隐于袖内，略弯曲后垂。通

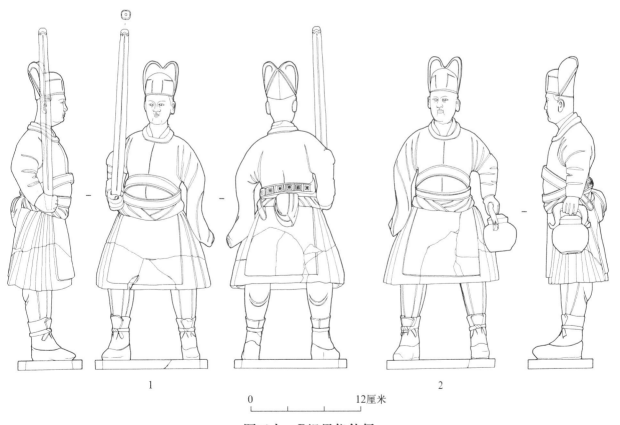

图二七　B组男仪仗俑

1. Ⅰ型M16：113　2. Ⅱ型M16：130

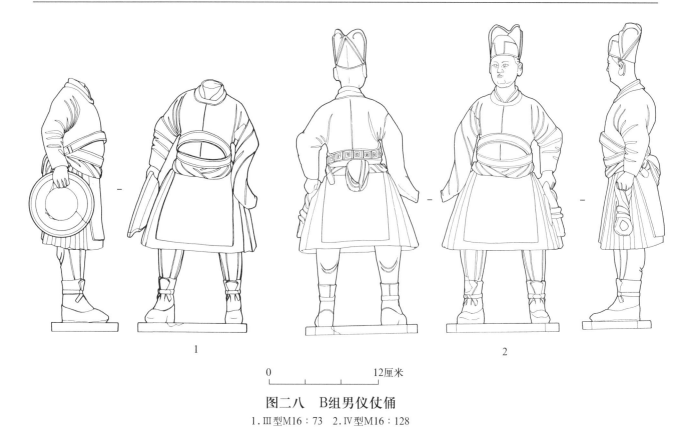

0　　　　　　　　12厘米

图二八　B组男仪仗俑

1. Ⅲ型M16：73　2. Ⅳ型M16：128

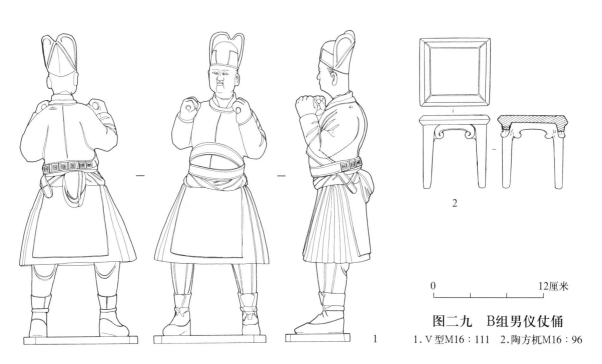

0　　　　　　　　12厘米

图二九　B组男仪仗俑

1. Ⅴ型M16：111　2. 陶方机M16：96

高34.0、踏板长12.3、宽约7.1、厚约1.0厘米（图三〇，1；彩版一五，2）。

Ⅵb型　3件。

标本M16：88，右臂曲肘握拳于肩侧，做揣物状；左手隐于袖内，略弯曲后垂。通高34.1、踏
板长12.5、宽约7.1、厚约1.0厘米（图三〇，2）。

Ⅶ型　10 件。互为镜面对称。分 2 亚型。

Ⅶa 型　5 件。

标本 M16：74，左臂曲肘握拳于腰侧，做持物状；右手隐于袖内，略弯曲后垂。通高 33.5、踏

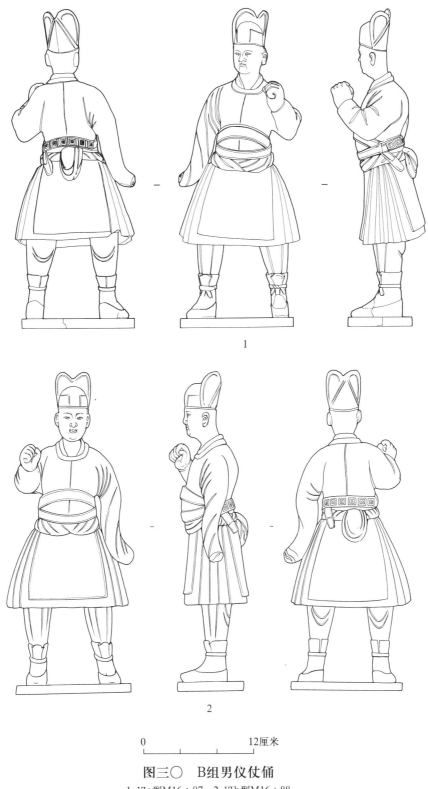

1

2

0　　　　　　　　　　　12厘米

图三〇　B组男仪仗俑

1. Ⅵa型M16：87　2. Ⅵb型M16：88

板长 12.5、宽约 7.5、厚约 1.0 厘米（图三一，1）。

　　Ⅶ b 型　6 件。其中 5 件为头戴巾帻者，1 件为头裹巾结角于顶者。

　　标本 M16 : 68，右臂曲肘握拳于腰侧，做持物状；左手隐于袖内，略弯曲后垂。通高 33.5、踏板长 12.0、宽约 7.0、厚约 1.0 厘米（图三一，2）。

　　标本 M16 : 76，头裹巾结角于顶，右手曲肘握拳置于腰侧做执物状，左手隐于袖内略弯曲后垂。通高 31.5、踏板长 12.0、宽约 8.0、厚约 0.7 厘米（图三一，3；彩版一五，4）。

　　Ⅷ型　2 件。互为镜面对称。分 2 亚型。

0　　　　　　　　　　　12厘米

图三一　B组男仪仗俑

1. Ⅶa型 M16 : 74　2、3 Ⅶb型 M16 : 68、76

Ⅷa型　1件。头部、左小臂、左腿上部、右脚及部分踏板已残佚。

标本 M16：105，右臂微曲向身侧前伸握拳，做持物状；左大臂做下垂状。残高 26.0、踏板残长 4.0、宽约 8.5、厚约 1.0 厘米（图三二，1）。

Ⅷb型　1件。头裹巾结角于顶者。

标本 M16：75，头部微向左转，左手臂微曲向身侧前伸握拳呈牵引状，右手隐于袖内，略弯曲后垂。通高 30.2、踏板长 12.2、宽约 7.6、厚约 0.8 厘米（图三二，2；彩版一五，5）。

Ⅸ型　1件。头裹巾结角于顶者。

标本 M16：104，头部微向右转，右臂微曲向身侧前伸握拳呈牵引状（已残断），左臂曲肘挟毡

图三二　B组男仪仗俑

1.Ⅷa型M16：105　2.Ⅷb型M16：75　3.Ⅸ型M16：104

卷于腋下、左手持握毡头。通高30.7、踏板长12.5、宽约7.6、厚约1.0厘米（图三二，3）。

Ⅹ型　2件。皆为头戴前檐帽、帽后垂缨，帽下露婆焦发式、脑后两侧垂辫者。互为镜面对称。分2亚型。

Ⅹa型　1件。

标本M16：92，右手微曲肘握拳置于髋侧做执物状，左手隐于袖内略弯曲后垂。通高31.5、踏板长12.0、宽约8.5、厚约1.0厘米（图三三，1）。

Ⅹb型　1件。

标本M16：93，左手微曲肘握拳置于髋侧做执物状，右手隐于袖内略弯曲后垂。通高32.5、踏板长12.4、宽约8.4、厚约1.0厘米（图三三，2）。

2. 男僮仆俑

身着右衽交领窄袖长袍，袍下着长裤覆于鞋面，直身，两腿分立于长方形踏板上。共3件，分2型。

Ⅰ型　2件。

标本M16：79，头戴前檐帽，帽后垂缨，婆焦发式，脑后两侧垂双辫，双手笼袖拱于胸前，左腕上搭巾，腰束窄带，垂双铊尾于腰后。通高28.5、踏板长9.0、宽约9.5、厚约1.2厘米（图三四，1；彩版一五，6）。

Ⅱ型　1件。

标本M16：80，头裹巾，双手笼袖拱于胸前，左腋下挟刀，腰束窄带，垂双铊尾于腰后，前系护围。通高28.0、踏板长9.0、宽约14.3、厚约1.0厘米（图三四，2）。

1

2

0 ┣━━━━━┫ 12厘米

图三三　B组男仪仗俑
1. Ⅹa型M16：92　2. Ⅹb型M16：93

图三四　男僮仆俑
1. Ⅰ型 M16：79　2. Ⅱ型 M16：80

3. 女侍俑

按陶质、陶色、造型分2组。

A组　共4件。长圆脸，身穿左衽交领半臂短袄，内着窄袖衫，胸前勒带饰，袄下露软带，下着长裙，微露尖头履，直身立于长方形踏板上（彩版一六，1）。分2型。

Ⅰ型　2件。

标本M16：17，头微向左侧，梳双鬟髻于脑后；双手笼于袖内位于胸前。通高25.5、踏板长11.0、宽约7.7、厚约1.0厘米（图三五，1）。

Ⅱ型　2件。

标本M16：32，头微向左侧，梳盘龙髻；双手笼于袖内位于腹前。通高27.0、踏板长11.0、宽约8.0、厚约1.0厘米（图三五，2）。

B组　共5件。长圆脸，身穿左衽交领窄袖短襦，胸前结带饰，襦下露软带，下着长裙，微露尖头履，直身立于长方形踏板上（彩版一六，2）。分3型。

Ⅰ型　1件。

标本M16：3，头梳盘龙髻，面微向右侧，双手抱拳笼于袖内位于胸前，左腕部搭巾。通高28.8、踏板长10.5、宽约7.5、厚约1.0厘米（图三六，1）。

Ⅱ型　2件。互为镜面对称。分2亚型。

Ⅱa型　1件。

标本M16：4，头梳盘龙髻，面微向左侧，右手握拳曲肘于胸前，左手握拳屈肘于腹前，双手做执物状，物佚。通高29.0、踏板长10.0、宽约6.4、厚约1.0厘米（图三七，1）。

Ⅱb型　1件。

标本M16：5，头部佚（残），左手握拳曲肘于胸前，右手握拳屈肘于腹前，双手做执物状，物佚。

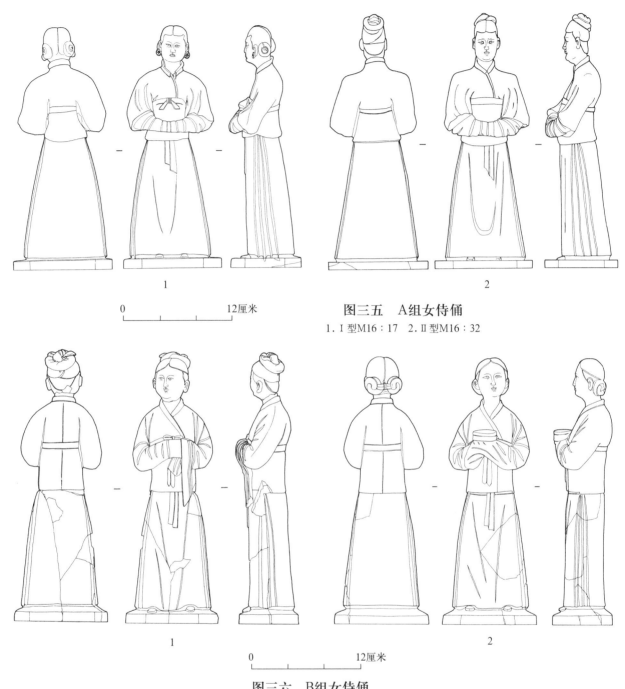

图三五　A组女侍俑
1. I 型 M16∶17　2. II 型 M16∶32

0 ——————— 12厘米

图三六　B组女侍俑
1. I 型 M16∶3　2. III 型 M16∶70

残高 24.0、踏板长 10.0、宽约 6.4、厚约 1.0 厘米（图三七，2）。

III 型　2 件。

标本 M16∶70，头微向左侧，梳双鬟髻于脑后；双手笼于袖内捧盒位于胸前。通高 28.4、踏板长 10.5、宽约 6.5、厚约 1.0 厘米（图三六，2）。

4. 骑马俑

共 2 件。陶男俑为婆焦发式，脑后两侧垂"不郎儿"，头戴钹笠帽，帽后垂缨，身穿右衽交领窄

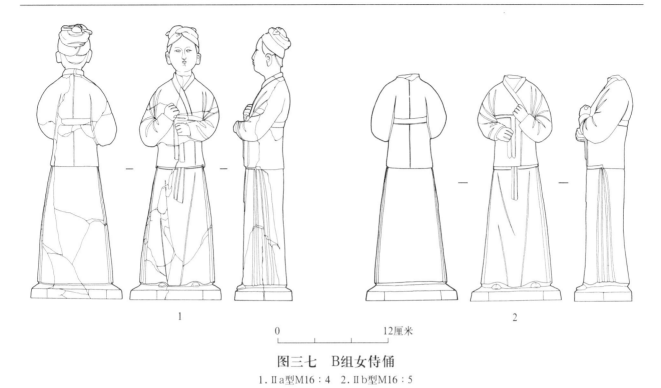

图三七　B组女侍俑
1. Ⅱa型M16:4　2. Ⅱb型M16:5

袖辫线袄，腰束革带，足着靴，踏于马镫内，身体微前倾，双手作执缰状，呈骑坐姿塑于马鞍上；陶马披鬃束尾，模塑出鞍鞯、障泥、络头、勒、攀胸、鞦、鞘、镫，呈走动姿立于踏板上。

标本M16:127，陶俑面向右，左手曲肘握拳举于身前，右肘微向外握拳置于右髋侧，系包囊于腰后，陶马右腿向前呈走动姿。通高37.5、通长32.0、踏板厚0.75厘米（图三八，1）。

标本M16:77，陶俑面向左，右手曲肘握拳举于身前，左肘微向外握拳置于左髋侧，从右肩至左腰挎背长方形匣囊于背，陶马左腿向前呈走动姿。通高37.5、通长32.0、踏板厚0.75厘米（图三八，2）。

5.鞍马组合

共计4组。按其陶质陶色及造型不同，可分2型。

Ⅰ型　陶质较粗，陶色灰褐，共计2组，互呈镜面对称。陶俑头戴瓦楞帽，双手笼于袖内拱于腹前，宽肩窄腰，腰束绦环革带，腹部微鼓，身着右衽交领窄袖长袍，袍下着长裤覆于鞋面，直身，两腿分立于长方形踏板上；鞍马额前分鬃并有鼓突，披鬃束尾，头大臀小，体瘦羸弱，贴塑出鞍鞯、障泥、络头、鞦、鞘、镫，并塑有缰绳挂于鞍上。

标本M16:132，鞍马扭头左后视，身体前倾。通高29.0、通长29.0、踏板长20.0、宽11.0、厚1.0厘米。牵马男俑M16:18，通高27.0、踏板残长9.0、宽约8.0、厚约0.8厘米（图三九，1、2；彩版一七，1）。

标本M16:40，鞍马扭头右后视，身体前倾。通高29.0、通长29.0、踏板长20.0、宽11.0、厚1.0厘米。牵马男俑M16:38，通高27.0、踏板残长9.0、宽约8.0、厚约0.8厘米。

Ⅱ型　陶质细密，陶色灰黑，共计2组。每组由牵马男俑1件与鞍马1件组成，陶俑头戴后檐帽，帽后垂缨，帽下露婆焦发式，脑后两侧垂辫，身穿右衽交领窄袖长袍，腰束窄带，垂

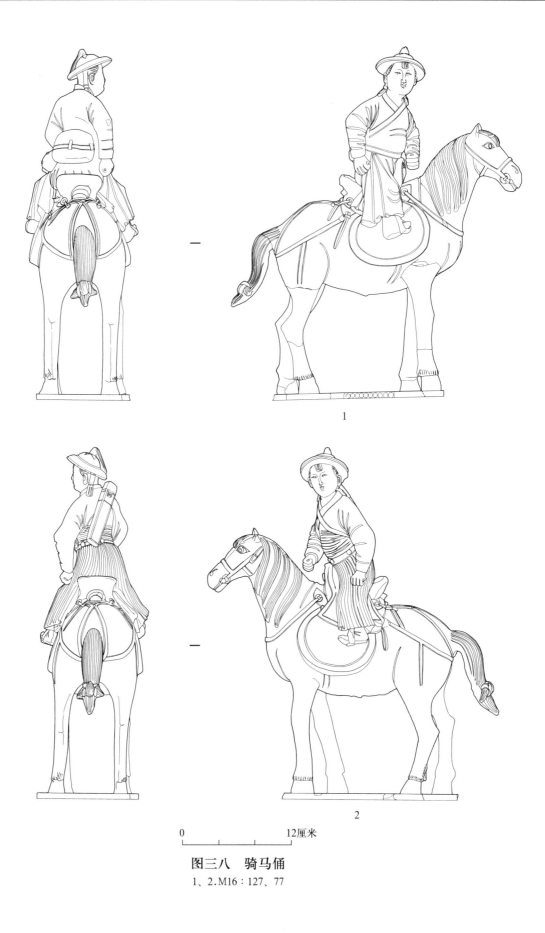

1

2

图三八　骑马俑
1、2.M16∶127、77

图三九　Ⅰ型鞍马组合M16：18、132

双铊尾于腰后，袍下着长裤覆于鞋面，双手呈牵引状，站姿立于长方形踏板上；鞍马额前分鬃，披鬃束尾，头小臀肥，膘肥体壮，模塑出鞍鞯、障泥、络头、勒、鞦、鞘、镫，有攀胸，呈站姿或走动状立于踏板上。

标本 M16：97，牵马男俑头略右转，右臂微抬握拳于身侧，左手曲肘握拳举于胸前。通高29.0、踏板长9.0、宽约7.5、厚约1.5厘米。鞍马通高29.0、通长30.5、踏板厚0.75厘米（图四〇；彩版一七，2）。

标本 M16：98，牵马男俑面向前方，姿势与标本 M16：97 呈镜面对称，通高29.0、踏板长9.0、宽约7.5、厚约1.5厘米。鞍马左腿向前，通高29.0、通长32.5、踏板厚0.75厘米（图四一；彩版一七, 3）。

0 ———————————— 12厘米

图四〇　Ⅱ型鞍马组合M16：97

6.色目人牵驼俑组合

共3组。每组由色目男俑1件及骆驼1件组成。根据陶质陶色及形制分2型。

Ⅰ型　1组。

标本M16：19，色目人，头缠巾，身穿右衽交领窄袖袍，腰束带，下着裤，足蹬络缝靴；络腮胡须、宽肩窄腰，腹部鼓突；头部微右扬，右臂曲肘握拳中空似攥物平抬于身前，左手微曲肘握拳中空置于左腹侧，双手做牵引状；直身微前倾，两腿分立于长方形踏板上。通高26.5、踏板长13.0、宽约10.0、厚约1.0厘米。双峰骆驼，前峰右耷，后峰左耷，驼尾左摆贴于臀上；驼鼻中原插有鼻销，已残断。骆驼呈抬头正视前方状，体瘦腿长，身微前倾，具动态，四足立于长方形踏板上。通高33.5、通长26.5、踏板长19.5、宽10.6、厚1.0厘米（图四二）。

Ⅱ型　共2组，造型互呈镜面对称。色目人，头戴前檐帽，帽后垂缨，身穿右衽交领窄袖长袍，腰束窄带，足蹬络缝靴；深目高鼻，络腮胡须，脑后垂单辫；直身微前倾，两腿分立于长方形踏板上。骆驼背上覆载有毡毯，驼尾右摆贴于臀上，骆驼呈抬头正视前方状，四足

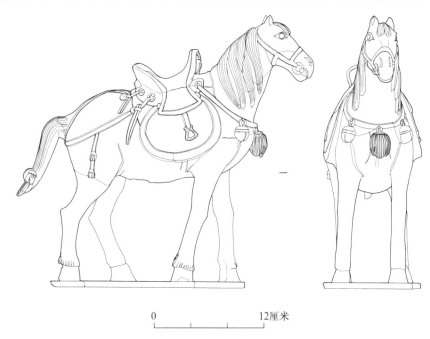

0 ———————————— 12厘米

图四一　Ⅱ型鞍马组合M16：98

0　　　　　　　　12厘米

图四二　Ⅰ型色目人牵驼俑组合M16：19

立于长方形踏板上。

标本 M16：112，色目男俑头部偏向左扬起向上斜视，右手曲肘握拳于胸前，左手曲肘握拳置于腹上，双手呈牵引状。通高 26.3、踏板长 8.0、宽约 6.5、厚约 1.0 厘米。骆驼通高 30.5、通长 27.0、踏板长 19.5、宽 11.5、厚 0.5 厘米（图四三；彩版一七，4）。

7. 驭马车组合

共 2 组。每组由驭车俑 1 件、辕马 1 件、稍马 3 件及车具 1 件组成。驭车俑头梳婆焦发式，脑后两侧垂辫，戴前檐帽，帽后垂缨，身穿右衽交领窄袖长袍，腰束窄带，垂双铊尾于腰后，袍下着

0 ———————— 12厘米

图四三　Ⅱ型色目人牵驼俑组合M16：112

长裤覆于鞋面；辕马披鬃垂尾，模塑出辕具，有络头、攀胸、鞦、鞘，站姿立于踏板上；稍马披鬃垂尾，模塑出络头，裸背，站姿立于踏板上；车具模型由车身、辕、轮分制组合，车盖平面呈长方形，顶部略呈穹窿状，上插饰顶珠，前端出檐较长，四周流苏下垂，车厢三面有壁，上部为仿木竖向窗棂格，其下两侧有弧形防泥板，车辕断面呈圆形，前后两头有龙首装饰，车轮周边凸起，中间浮雕凸起的辐条，轴中间穿圆孔，推测原有木轴连接。

　　标本M16：129，驭车男俑头略右转，右臂微抬握拳于身侧，左手曲肘握拳举于胸前，双手呈牵引状，站姿立于长方形踏板上。通高28.0、踏板长9.0、宽约8.2、厚约1.2厘米。辕马通高22.0、通长23.5、踏板厚0.5厘米。稍马通高21.5、通长23.5、踏板厚0.5厘米。车具全长43.0、车厢宽20.0、通高35.0、轮径14.0厘米（图四四、四五；彩版一八，1、2）。

图四四　驭马车组合M16：129
1.稍马　2.辕马　3.驭手俑

8.载物马

马身配鞯、勒、络头、攀胸、鞧、鞘，披鬃束尾；四足呈立姿站于踏板上。

标本 M16：123，马首略向右转，鞯上载虎皮裹囊，虎皮头右尾左，其上捆扎有四方盔状匣盒。通高28.0、通长31.5、踏板厚0.7厘米（图四六）。

标本 M16：125，马首略向右转，鞯上捆载虎皮裹囊，虎皮头右尾左，其上捆扎有马扎。通高28.0、通长31.5、踏板厚0.7厘米（图四七）。

9.陶配件

另有陶配件若干，零散出土于陶俑身周围，应为陶俑所持物件。

陶剑　2件。

标本 M16：141，桃心形剑首中部有穿孔，扁圆形剑茎，长扁状剑格，剑身无鞘，中有脊，断面呈菱形，一侧刻划较为细致，一侧仅具其形。通长17.6厘米（图四八，1；彩版一八，3右1）。

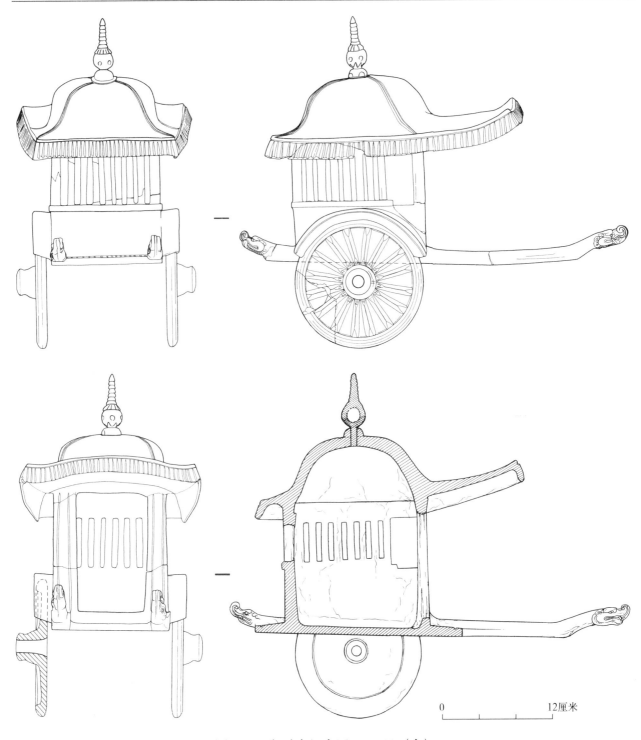

图四五　驭马车组合M16：129（车）

陶伞　1件。

标本 M16：139，伞身收拢，双层，中空，柄佚，顶部有柿蒂形饰，中间有一孔。通高13.9厘米（图四八，2；彩版一八，3左1）。

陶骨朵　2件。

一头有孔，不中通；杖已佚。标本 M16：144，呈立瓜状，身为六瓣。通高2.4、径2.4、孔径0.4

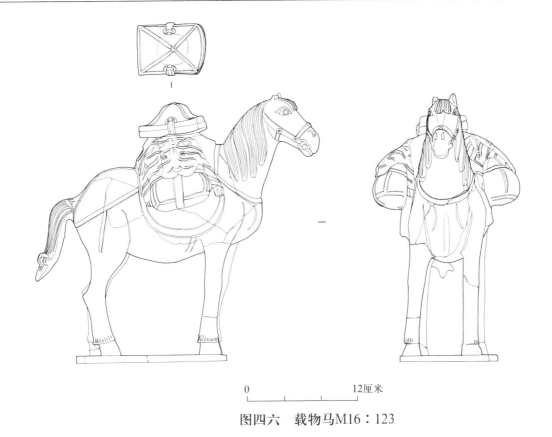

图四六　载物马M16：123

厘米（图四九，1；彩版一八，3中）。标本M16：145，呈缠丝状。通高2.4、径2.5、孔径0.3厘米（图四九，2；彩版一八，3右2）。

陶板　2件。用途不详。一端呈长条形板状，其上近底端处有小穿孔，另一端呈双尖角状，其上开圆孔。

标本M16：143，长22.0、一端宽2.2～2.5、厚0.6、另一端宽4.5、厚0.8、圆孔径2.0厘米（彩版一八，4）。

陶杖　1件。

标本M16：140，长杖状，首端呈圆头，下呈皱褶半蓬状。通长14.5厘米（图四九，3；彩版一八，3左2）。

10．陶牛

2件。卧姿，昂首，略向右侧，角上弯，尾右卷贴于臀右，四体弯曲卧于长方形底座上。

标本M16：28，通高11.0、通长19.0、底座长15.0、宽约6.7、厚约0.7厘米（图五○；彩版一九，1）。

图四七　载物马M16：125

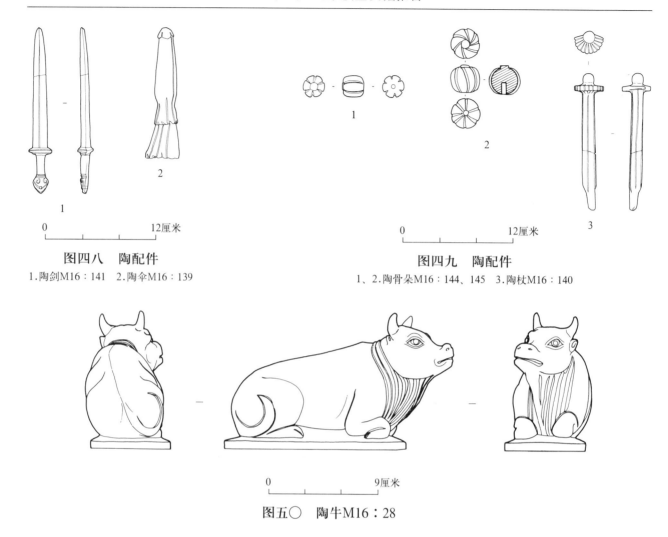

图四八　陶配件
1.陶剑M16：141　2.陶伞M16：139

图四九　陶配件
1、2.陶骨朵M16：144、145　3.陶杖M16：140

图五〇　陶牛M16：28

11．陶羊

2件。卧姿，昂首，盘角，扁尾下垂，四体弯曲卧于长方形底座上。

标本M16：21，通高15.1、通长15.3、底座长11.6、宽约5.6、厚约2.0厘米（图五一；彩版一九，2）。

12．陶猪

2件。卧姿，头抬起略向右，目上视，耳后贴于两侧，长吻前伸，獠牙外露，鬃毛高竖，短尾弯向右侧，四体弯曲卧于长方形底座上。

标本M16：31，通高8.7、通长16.7、底座长14.0、宽约7.4、厚约0.7厘米（图五二；彩版一九，3）。

13．陶狗

3件。分2型。

Ⅰ型　1件。陶色偏灰褐，陶质略粗；卧姿昂首伸颈头偏向右侧，双耳折起，短尾弯向右侧，四体弯曲卧于底座上。

标本M16：62，通高9.0、通长16.0、底座长16.0、宽约10.0、厚约0.5厘米（图五三，1；彩版一九，4）。

图五一 陶羊M16：21

图五二 陶猪M16：31

图五三 陶狗
1. I 型M16：62 2. II 型M16：26

Ⅱ型　2件。卧姿昂首伸颈，双耳下垂，有颈圈，体细长，长尾弯向左侧，屈腿弓腰卧于长方形底座上。

标本 M16：26，通高8.5、通长16.7、底座长13.0、宽约4.2、厚约1.5厘米（图五三，2）。

14. 陶鸡

2件。分2型。

Ⅰ型　1件。

标本 M16：25，立姿，头冠高扬，翘尾，尾羽向下弯曲，立于圆形底座上。通高13.5、长13.7、底座厚0.5厘米（图五四，1）。

图五四　陶鸡
1. Ⅰ型M16：25　2. Ⅱ型M16：48

Ⅱ型　1件。

标本 M16：48，栖姿，头冠高扬，翘尾，尾羽向下弯曲，栖立于圆形高台座上。通高20.1、通长14.3、台座高7.5、台座底径11.5厘米（图五四，2；彩版一九，5）。

15. 墓龙

2件。蹲立姿，前肢直立，后肢蹲于底座上，曲颈弓身翘尾，头部髯毛飞扬，龙鼻前翘，露齿。

标本 M16：121，通高18.4、通长24.8、底座长14.0、宽约8.0、厚约0.8厘米（图五五；彩版一九，6）。

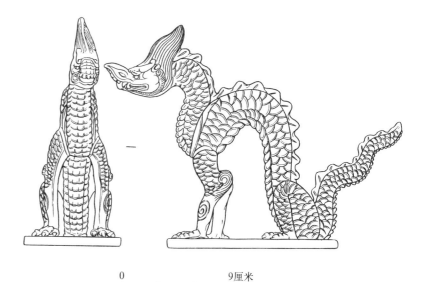

图五五　陶墓龙M16：121

（二）陶器

出土于墓室中，出土时大部分已残碎，经修复统计有55件（组），均为泥质黑灰陶。包括簋2件、簠2件、香炉5件、碗3件、盏4件、盏托9件、长盘1件、碟3件、盆3件、勺3件、梅瓶2件、玉壶春瓶3件、匜1件、罐1件、盒1件、器盖2件、烛台2件、仓5组、灶3组。

1.陶簋

2件。分2型。

Ⅰ型　1件。

标本M16：58，出土于前室中东部（墓志之北），龟纽圆盖，簋身圆柱体，直壁，内方外圆，平底，圈足微外撇。通高28.2、罐深20.0、罐外口圆径14.9、内口方径7.0、壁厚0.9、底径13.8、足径10.7、足高2.0厘米（图五六，1；彩版二〇，1右）。

Ⅱ型　1件。

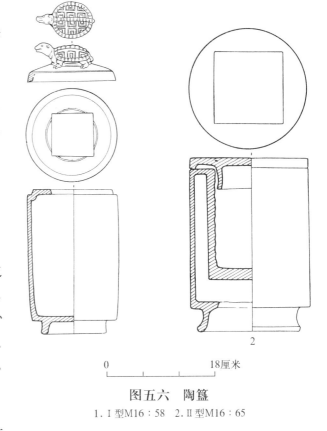

图五六　陶簋
1.Ⅰ型M16：58　2.Ⅱ型M16：65

标本M16：65，出土于东龛东南角，平顶圆盖，簋身圆柱体，双层直壁，内方外圆，平底，圈足微外撇。通高27.2、罐深16.0、罐外口圆径19.0、内口方径11.2、外壁厚0.8、内壁厚1.5、体厚4.2、底径19.6、足径16.6、足高3.7厘米（图五六，2；彩版二〇，2左）。

2.陶簠

2件。分2型。

Ⅰ型　1件。

标本M16：56，出土时残片散落于后室西棺的位置，残片下方发现有少量水银散落于土中。龟纽方形盝顶盖，龟首残（已修复），簠身方柱体，直壁，内圆外方，平底，圈足微外撇。通高28.0、罐深19.5、罐外口方径11.4、内口圆径7.0、壁厚1.0、底径11.4、足径10.0、足高2.1厘米（图五七，1；彩版二〇，1左）。

Ⅱ型　1件。

标本M16：20，出土于东龛东南角。平顶方盖，簠身方柱体，双层直壁，内圆外方，平底，圈足微外撇。通高28.0、罐深18.2、罐外口方径15.6、内口圆径10.5、外壁厚1.0、内壁厚1.0、体厚3、底径15.2、足径16.0、足高4.0厘米（图五七，2；彩版二〇，2右）。

3.陶香炉

5件。分2型。

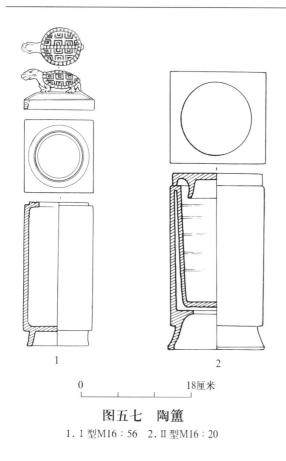

图五七　陶簋

1. Ⅰ型M16：56　2. Ⅱ型M16：20

Ⅰ型　1件。

标本 M16：11,出土于前室东北角。直口微敞,尖圆唇,圆腹斜收,圜底,圈足。通高2.3、口径5.2、圈足径1.8厘米（图五九，2）。

Ⅱ型　1件。

标本 M16：107,出土于前室北部。敞口,尖圆唇,斜腹下收,圜底,圈足。通高2.5、口径6.5、圈足径2.3厘米（图五九，3）。

Ⅲ型　1件。

Ⅰ型　1件。

标本 M16：110, 出土于前室北部。平沿边缘凸起一圈方唇, 矮领, 溜肩, 扁鼓腹, 圜底较平, 下贴三足, 足部微内收。通高 11.5、口径 11.6、沿宽 1.6、腹径 12.2、足高 3.0 厘米（图五八，1;彩版二〇，4）。

Ⅱ型　4件。

标本 M16：55, 出土于前室中部。方唇, 子母口, 外对称贴附方桥形双耳, 大口深腹斜收, 平底, 贴附三足, 足尖微外撇。通高 13.5、口径 13.5、耳高 4.5、底径 8.8、足高 2.0 厘米（图五八，2;彩版二〇，3 右）。

4. 陶碗

3 件。通体可见拉坯痕。

标本 M16：115, 出土于前室东北部。直口,方圆唇,圆腹斜收,矮圈足。通高 5.3、口径 13.2、足径 4.5 厘米（图五九，1）。

5. 陶小盏

4 件。通体可见拉坯痕。分 4 型。

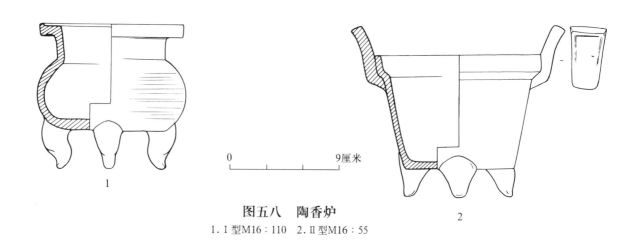

图五八　陶香炉

1. Ⅰ型M16：110　2. Ⅱ型M16：55

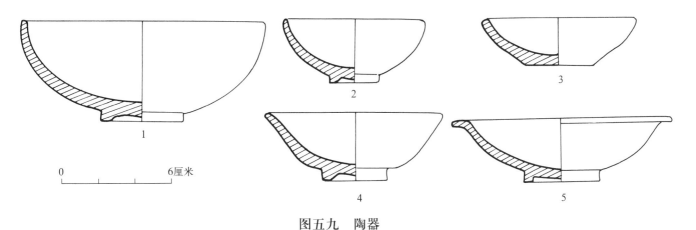

图五九　陶器

1.陶碗M16：115　2~4.陶小盏：2.Ⅰ型M16：11　3.Ⅱ型M16：107　4.Ⅲ型M16：137　5.Ⅳ型M16：9

标本M16：137，出土于前室。敞口，方圆唇，浅腹斜收，小平底。通高1.7、口径5.7、底径2.5厘米（图五九，4）。

Ⅳ型　1件。

标本M16：9，出土于后室。敞口，平沿，方圆唇，浅腹斜收，圜底，矮圈足。通高3.3、口径12.1、圈足径4.2厘米（图五九，5）。

6. 陶盏托

9件。通体可见拉坯痕迹。分3型。

Ⅰ型　3件。

标本M16：117，出土于前室东北部。浅盘托，托口微敛，尖圆唇，底部圈足微外撇。通高5.5、口径6.5、托盘径11.4、足径5.0厘米（图六〇，1）。

Ⅱ型　2件。

标本M16：63，出土于东龛东北角。浅盘托，周缘略上弧，托口直口，圆唇，底部圈足微收。通高5.5、口径6.7、托盘径13.0、足径7.5厘米（图六〇，2）。

Ⅲ型　4件。

标本M16：23，出土于东龛北部。浅盘托，周缘微上弧，托口直口，方圆唇，底部圈足。通高6.0、口径7.5、托盘径12.5、足径6.3厘米（图六〇，3）。

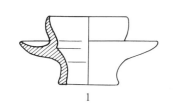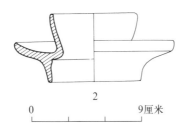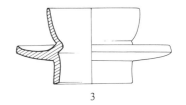

图六〇　陶盏托

1.Ⅰ型M16：117　2.Ⅱ型M16：63　3.Ⅲ型M16：23

7. 陶长盘

1 件。

标本 M16：6，出土于后室东南部，仿金银器四曲长盘造型。平沿，浅腹，盘底刻"郭家造"。通高 1.5、口沿长径 24.5、短径 11.0、底部长径 19.6、短径 6.1 厘米（图六一；彩版二〇，5、6）。

8. 陶碟

5 件。分 3 型。

Ⅰ型　3 件。

标本 M16：120，出土于前室中北部。敞口，折平沿，方圆唇，浅腹斜折收，矮圈足。通高 2.6、口径 13.0、足径 4.0 厘米（图六二，1；彩版二一，1）。

Ⅱ型　1 件。通体可见拉坯痕。

标本 M16：138，出土于后室。敞口，折沿，立唇，浅腹斜折收，矮圈足。通高 2.6、口径 12.6、足径 4.0 厘米（图六二，2）。

Ⅲ型　1 件。

标本 M16：66，出土于西龛南部。直口微内收，尖圆唇，浅腹，矮圈足，底部中间有脐状突起。通高 2.8、口径 12.7、足径 4.2 厘米（图六二，3）。

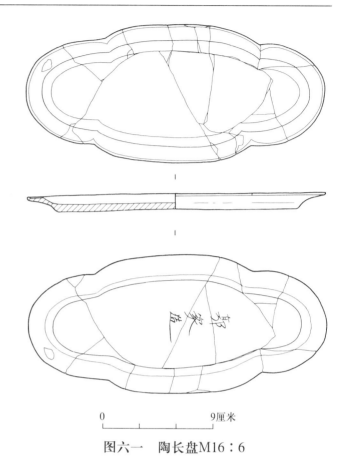

图六一　陶长盘 M16：6

9. 陶盆

3 件。通体可见拉坯痕。分 3 型。

Ⅰ型　1 件。

标本 M16：67，出土于西龛东部。撇口，小折沿，深腹微鼓斜下收，平底，矮圈足。通高 5.4、口径 16.2、足径 7.0 厘米（图六三，1；彩版二一，2）。

Ⅱ型　1 件。

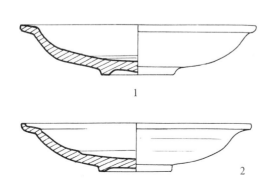

图六二　陶碟

1. Ⅰ型 M16：120　2. Ⅱ型 M16：138　3. Ⅲ型 M16：66

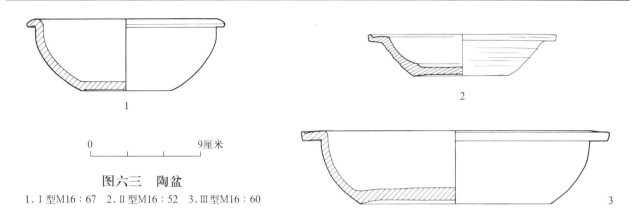

图六三　陶盆
1. Ⅰ型 M16∶67　2. Ⅱ型 M16∶52　3. Ⅲ型 M16∶60

标本 M16∶52，出土于西龛东部。折平沿，方唇，浅腹斜收，平底微凹。通高 3.3、口径 15.0、底径 8.0 厘米（图六三，2）。

Ⅲ型　1件。

标本 M16∶60，出土于东龛中北部。折平沿，浅腹斜收，平底微凹。通高 5.6、口沿径 25.3、沿宽 1.8、底径 16.0 厘米（图六三，3）。

10. 陶勺

3件。分2型。

Ⅰ型　2件。

标本 M16∶147，出土于墓室前室。细长柄，柄部横断面呈扁圆形，浅斗。通长 11.4、柄长 7.3、斗深 1.2 厘米（图六四，1；彩版二一，3）。

Ⅱ型　1件。

标本 M16∶148，出土于墓室前室。粗柄，柄部横断面呈六边形，深斗。通长 15.3、柄长 11.7、斗深 2.0 厘米（图六四，2）。

11. 陶梅瓶

2件。瓶身通体可见拉坯痕。分2型。

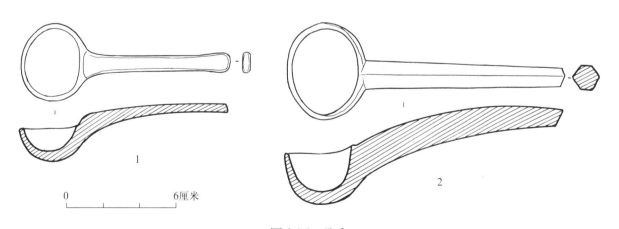

图六四　陶勺
1. Ⅰ型 M16∶147　2. Ⅱ型 M16∶148

Ⅰ型　1件。

标本 M16：126，出土于前室中北部。小直口，尖圆唇，矮领上凸起一周圆棱，圆肩微耸，斜腹下收，小平底，矮圈足。通高 16.5、口径 2.6、足径 5.1 厘米（图六五，1；彩版二一，4中）。

Ⅱ型　1件。

标本 M16：131，出土于前室中北部。大直口，方唇，矮直领，圆肩微耸，斜腹下收，小平底，矮圈足。通高 16.0、口径 5.9、足径 5.8 厘米（图六五，2；彩版二一，4右）。

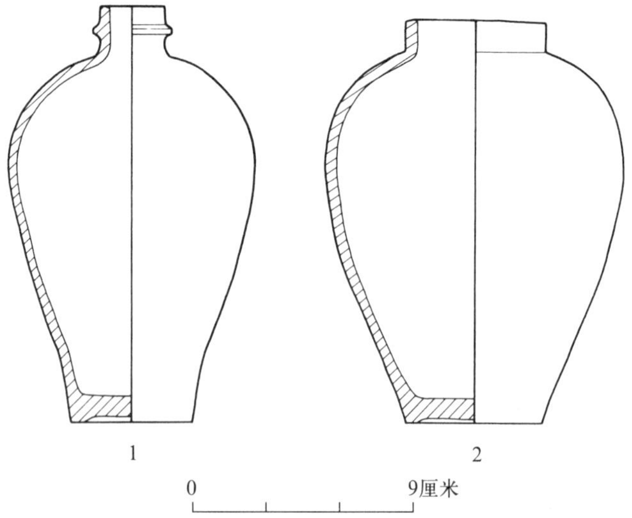

12．陶玉壶春瓶

3件。瓶身通体可见拉坯痕。分 2 型。

Ⅰ型　2件。

标本 M16：109，出土于前室北部。敞口，圆唇，长束颈，溜肩，圆腹，高圈足。通高 21.0、口径 7.0、足径 6.7 厘米（图六六，1；彩版二一，5左）。

Ⅱ型　1件。

标本 M16：122，出土于前室北部。敞口，圆唇，长束颈，溜肩，圆腹，腹部重心较下，圈足。通高 18.5、口径 5.5、足径 5.0 厘米（图六六，2；彩版二一，6）。

13．陶匜

1件。

标本 M16：108，出土于前室北部。匜身可见拉坯痕。呈瓢形，口部微敛，浅腹弧壁，圜底，口沿外伸出短流。通高 3.7、口径 10.3、流口宽 1.5、流长 6.0 厘米（图六七，1；彩版二二，1）。

14．陶罐

1件。

标本 M16：119，出土于前室东北部。通体可见拉坯痕。直口微外撇，方唇，束颈，矮领，圆肩，斜腹下收，平底，矮圈足。通高 16.0、口径 7.5、足径 6.1 厘米（图六七，2；彩版二一，4左）。

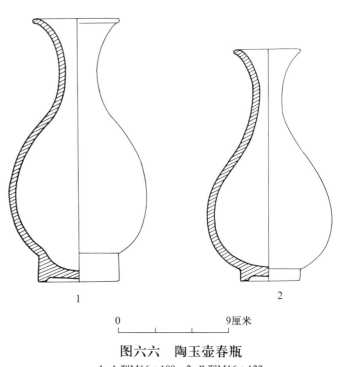

图六五　陶梅瓶
1. Ⅰ型M16：126　2. Ⅱ型M16：131

0　　　　　　　　9厘米

图六六　陶玉壶春瓶
1. Ⅰ型M16：109　2. Ⅱ型M16：122

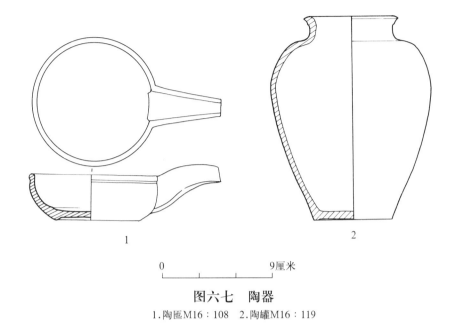

图六七　陶器

1.陶匜M16：108　2.陶罐M16：119

15．陶盒

1件。

标本 M16：106，出土于前室北部。通体可见拉坯痕。圆形，盒盖面微鼓略呈弧形，顶部边饰一道刻划阴弦纹；子母口微敛，斜壁浅腹，矮圈足。通高5.6、盒身口径8.4、足径5.5、盖高2.2、盖径10.2 厘米（图六八，1；彩版二二，2）。

16．陶烛台

2件。形制相同。通体可见拉坯痕（彩版二二，3）。

标本 M16：95，出土于前室中北部。上部有碟状烛盘，其中部凸起一圆柱状高台烛插。烛台柄

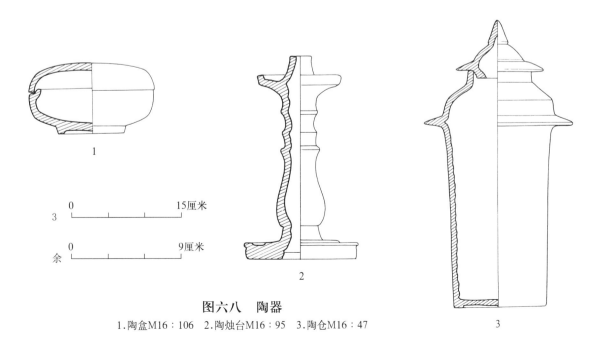

图六八　陶器

1.陶盒M16：106　2.陶烛台M16：95　3.陶仓M16：47

上部饰两周竹节凹弦纹，下部略垂鼓似瓶身，中空，底部为圆盘状。通高 16.2、上盘径 6.9、底径 9.3厘米（图六八，2）。

17．陶仓

5 件。通体可见拉坯痕。

标本 M16：47，出土于西龛东部。由仓身及仓盖组成，圆筒形，仓身肩部凸起一周宽平沿，沿上似覆碗状，直口，方圆唇，直身微收，平底；仓盖似盔状，折平沿，上部高竖尖圆纽。通高 37.0、仓口径 8.6、沿径 20.0、底径 12.0、盖高 7.4、盖径 11.6 厘米（图六八，3）。

18．陶灶

3 组。分 2 型。

Ⅰ型　2 组。通体可见拉坯痕（彩版二二，4）。

标本 M16：51，出土于西龛东部。由灶台、釜、釜盖组成，圆形灶台，券形灶门，与灶门正对处有圆筒形直立烟筒与火膛相通；釜圆形，敛口，圜底，口沿外有一道凸棱；釜盖边沿凸起，盖面下凹，中间有一扁圆形纽。通高 18.0、烟筒高 16.0、灶台面径 19.0、灶门高 4.5、宽 4.0、灶台底径 17.0、釜深 4.2、釜口径 10.5、沿径 14.4、盖径 12.0 厘米（图六九，1）。

另外一组标本 M16：118 形制相同，出土于墓室东北部。

Ⅱ型　1 组。

标本 M16：64，出土于东龛西北角，由灶台、釜组成，盖佚。方形灶台，券形灶门，与灶门正对处有方筒形直立烟筒与火膛相通；釜圆形，敛口，圜底，口沿外凸起一圈宽沿。通高 13.9、烟筒高 9.9、灶台面长 20.1、宽 18.5、灶门高 5.5、宽 6.5、灶台底长 22.3、宽 20.5、釜深 7.8、釜口径 9.3、釜沿径 15.3 厘米（图六九，2）。

（三）瓷器

共 3 件。通体可见拉坯痕。另外采集青瓷片 2 片，1 片为瓷碗口沿残片，另 1 片器形不明。

1．白瓷碗

1 件。

标本 M16：1，出土于墓室

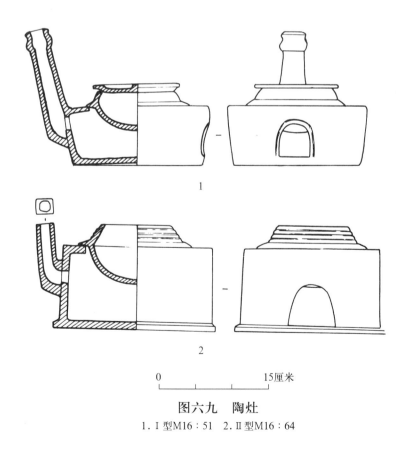

图六九　陶灶
1. Ⅰ型 M16：51　2. Ⅱ型 M16：64

前部封门后。敞口，尖圆唇，斜腹下收，圈足。通体施灰白色薄釉，圈足底残留有支烧的痕迹。出土时仅存残片近 1/4，口、底俱全，可修复。通高 6.5、口径 14.6、足径 5.5 厘米（图七〇，1；彩版二二，5）。

2.青瓷罐

1 件。仅存部分残片。

标本 M16：2，出土于墓室前部封门后。直口，方唇，矮领，领下饰两道凸旋纹，其上贴附有系，残缺，圆肩，肩下残佚。内外均施青色薄釉，釉面有开片。残高 4.0、口径约 9.0 厘米（图七〇，2）。

3.酱釉粗瓷盆

1 件。出土于前室中东部墓志石北部位置，出土时其内装盛泥土，中部插有一件圆柱状蜡质品残留物。

标本 M16：57，平折沿，方圆唇，腹部斜收，平底。盆内、外施酱褐色薄釉，口沿上露胎，胎质粗。通高 12.5、口沿径 38.0、底径 20.0 厘米（图七〇，3；彩版二二，6）。

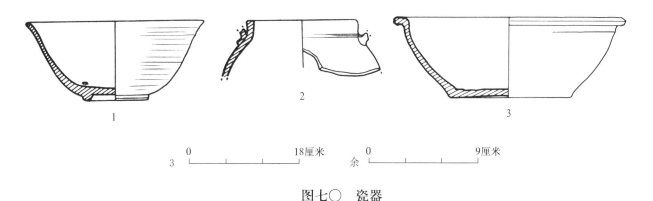

图七〇　瓷器
1.白瓷碗M16：1　2.青瓷罐M16：2　3.酱釉粗瓷盆M16：57

（四）玉石器

仅珠饰 1 种。

珠饰

计 5 件。

标本 M16：7，共合重 10 克。皆出土于东棺西侧。分别为红玛瑙珠 1 件，径 1.4、高 1.2、孔径 0.2 厘米；白玛瑙珠 2 件，径 1.0、高 1.0、孔径 0.2 厘米；三通白玛瑙扁珠 1 件，径 1.8、厚 0.5、孔径 0.3 厘米；及不规则状松石珠 1 件，高约 1.2 厘米。其中 1 颗白玛瑙珠孔及白玛瑙扁珠的三通孔内还残留有原编结串联使用的线绳（图七一；彩版二三，1）。

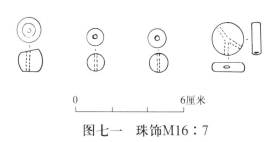

图七一　珠饰M16：7

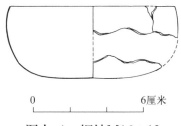

图七二　铜钵M16：13

（五）铜器

共3件。

1.铜钵

1件。

标本 M16：13，残断为 8 片，未能修复。口部微敛，弧腹下收，平圆底。通高约 3.8、口径约 9.0 厘米（图七二）。

2.铜镜

2件。

标本 M16：12，圆镜。出土于东棺中部。出土时其表面被纺织物及泥土包裹，因锈蚀严重，尚未能剥离揭取（见彩版一二，2、3）。从其边缘未遮盖的局部纹饰观察，其纹样为孔雀瑞兽葡萄纹，镜径 21.43、镜缘厚 2.4 厘米。此枚铜镜的保护报告详见附录一。

标本 M16：14，仙人龟鹤齐寿带柄镜。出土于西棺西北部。铜镜为带柄桃形，镜缘凸边压于柄上。镜中纹饰主体为一持杖广袖仙翁，身后跟随抱物窄袖小童，皆立于山石之上。仙翁头顶有北斗七星及云气图纹，前方空中飞翔白鹤，足下匍匐一灵龟，灵龟前方有瑞草灵芝之属。通长 22.9、镜面长 13.2、面宽 11.1、镜缘厚 0.5、柄长 9.7、柄宽 1.8～2.3、柄心厚 0.6、柄缘后 0.9 厘米，重 0.43 千克（图七三；彩版二三，2）。

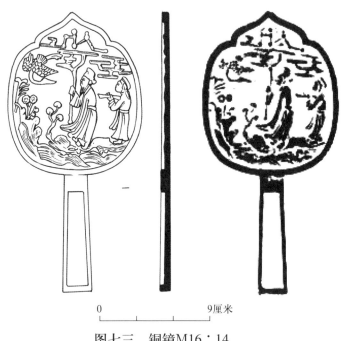

图七三　铜镜M16：14

（六）铁器

锈蚀严重，多为残块。

铁饰件

3组。残损锈蚀严重。

标本 M16：8，残件若干，从中选取其中 5 件：1 件铁支架，残长 7.5、残高 4.5 厘米；1 件四叶形铁饰件，残长 10.5、残高 9.9 厘米；1 件云头形铁饰件，残长 7.5、残高 8.4 厘米；2 件桃叶形铁饰件（残），残高分别为 5.4、4.5 厘米。出土于后室东南角（图七四）。

标本 M16：101，3 件。分别为 1 件双鹅形铁饰件，残长 9.0、残高 2.2 厘米；1 件铁环及 1 件铁箍。其中铁环内径 7.7、截面高 1.25、宽 0.75 厘米；铁箍内径 24.0、截面高 2.2、宽 0.8 厘米。出土时，铁饰件及铁环出土于前室中部粗瓷盆（M16：57）内，铁箍箍于粗瓷盆外（图七五）。

标本 M16：99，7 件。残锈，出土于前室中部（图七六）。M16：99-1 呈弯扣状，残长 8.4 厘米；

M16：99-2 呈环扣状，圆环内径 4.8 厘米；M16：99-3 残高 9.6 厘米；M16：99-4 残高 13.2 厘米；M16：99-5 残高 12.3 厘米；M16：99-6 残高 12.0 厘米；M16：99-7 残高 20.1 厘米。

另外，采集铁棺钉若干，棺钉断面呈长方形扁状，通长 18.5、钉头长 2.0、宽 1.5 厘米（图七七）。

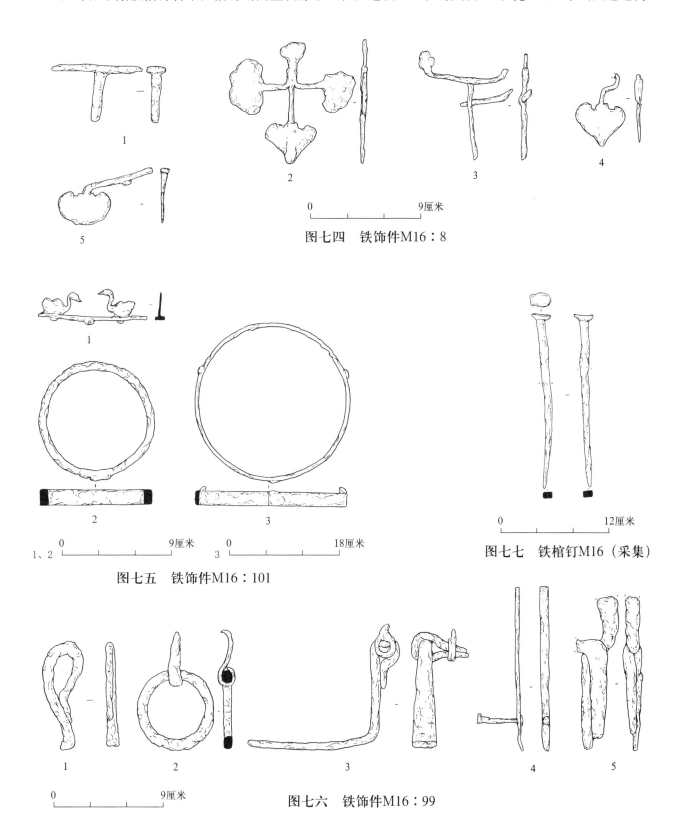

图七四　铁饰件M16：8

图七五　铁饰件M16：101

图七七　铁棺钉M16（采集）

图七六　铁饰件M16：99

（七）墓志

2合。

1. 刘元振墓志

1方。

标本 M16：149，出土时立置于墓室砖封门外。墓志青石质。双面刻字，志盖合一，其篆书题盖面向墓道。志石近方形，高 93.2、宽 92.9、厚 14.6 厘米。盖面减地平雕，四周出框，框宽 10.5、中心题盖部分高 49.1、宽 49.2 厘米，其上阴刻篆书四行、行四字："大元怀远大将军成都经略使刘公墓铭"；志文面阴刻隶书 39 行，满行 39 字，共计 1418 字。该志石边缘略有残损，四边阴线刻忍冬纹，线条舒卷流畅，为唐代早期墓志边饰所使用的唐草纹饰典型，其上又使用阴线刻有十二开光，每边三个，开光中刻有十二生肖纹，线条较为粗糙，为唐代中晚期墓志常用纹饰。由此可知，刘元振墓志石是使用了一方唐代墓志作为石料，经过二次改刻而成（图七八、七九；彩版二三，4）。墓志录文如下：

0   21厘米

图七八　刘元振墓志盖M16：149拓片

0　　　　　　18厘米

图七九　刘元振墓志M16：149拓片

大元故成都路經略使懷遠大將軍行軍副萬户劉公墓誌銘並序 /

翰林學士嘉議大夫知制誥兼修國史王磐譔， /

榮祿大夫平章政事廉希憲書丹。 /

公諱元振，字仲舉，姓劉氏，宣德州威寧縣人。曾大父伯林，當大元開國之初，有大功勞，官至西 /

京留守兼兵馬副元帥，謚忠順；大父時，早世；考諱嶷，河北陝西等路都總管萬户、成都路經略使，謚忠 /

惠。公幼沉默寡言，入學講誦經史，與諸生游從，雍容歡洽，未嘗以嬌貴自異。癸醜歲，宋人寇亂，商於 /

上命忠惠公分兵鎮遏，命公攝行都總管萬户府事。精兵宿將，悉隸麾下。公時年二十七，既蒞事， /

號令嚴明，賞罰允愜，內外怗然畏服。戊午歲，憲宗皇帝親禦六師，由川蜀伐宋，駐蹕釣魚山，公 /

與主帥紐隣別將偏師自瀘江南渡，入爲先鋒，摧堅陷陣，所向克捷。會有旨，振旅乃還。中統改元， /

詔命忠惠公充成都經略使，公正受都總管萬户，皆佩金虎符。宋瀘南安撫使劉整密遣人送款，將舉 /

瀘南以降。忠惠公欲遣公往應之，諸將皆曰：劉整受宋厚恩，位安撫使，當顒面之託，非有朝夕之急，無 /

故送款，何可輕信？萬一差池，悔無及矣。公獨曰：諸君之慮過矣。宋朝權臣當國，賞罰無章，諸將有功者， /

畏其跋扈難制，往往以計除之。整本非江南人，爲將粗有聲名，今居瀘南重地，事勢正如李全、張惠。此 /

其送款，無可疑者。遂奉命帥甲卒二千直抵瀘州，遣使與整相聞。整即開壁出迎，交拜馬前，握手道誠 /

款，笑語如舊知。朙日，整請燕從者於城中，公釋戎服，與整聯轡而入。燕酣，以白金六千兩、男女五百人 /

爲獻。公即以金分賜將士，一錢不入己；男女擇取幼者四人，餘悉各還其家。宋遣制置使俞興、都統制 /

老水張者，將兵五萬、戰艦三千餘艘圍瀘城，晝夜急攻，百道並進，自正月至五月，城幾陷者屢矣。左右 /

或勸公：事勢危迫，宜有變通，且劉整本非吾人，今與俱死，何益？不若突圍而去。公曰：人以誠款歸我，我 /

來應接，是已受其降矣，豈可以小有艱阻，輒爲改圖？食將盡，乃殺所乘馬以犒將士，募善水者賫蠟書 /

索援兵於成都，主帥昔力觪令、侍郎張威、將兵三千赴援，夜舉三烽與城中相應。犁明，公與整分道而 /

出，直沖宋壁，與援軍內外合勢，宋軍腹背受敵。斬老水張於陣前，俞興遁還，自相蹈藉，棄甲山積，遂以 /

劉整遷瀘州歸。初城圍未解，公慮整手下將校艱危之際，或生反側，乃擅造金銀符二十餘，擇有功者 /

與之，僚佐諫止，以爲不可，公曰：春秋之義，大夫出疆有可以利國家、安社稷者，則專之。若以爲罪，吾自 /

當之，必不以累諸君也。及此，自陳其事。朝廷嘉其知權，不以爲罪，仍賜錦衣一襲、黃金五十兩、白 /

金一千兩，諸將賜與亦各有差。二年冬，忠惠公薨，公居喪哀毀，尋有旨起復，襲父任，充成都經畧 /

使。公弟元禮，潼川路副都元帥，俱佩金虎符；弟元濟，成都路總管，亦佩金符。昆弟三人參攢四川，共掌 /

軍民之政，榮耀冠一時。七年，會有言勳舊之家，事權太重，宜稍裁抑者，遂以例減降，授公懷遠大將軍， /

復爲行軍副萬户；元禮延安路總管。公受命蒞事，益勤招降討叛，屢奏膚功。十一年，兼潼川路招討副 /

使。十二年，以事至成都，得疾，七月二十九日薨，享年五十有一。夫人郝氏，太原五路萬户郝俟之妹，有 /

賢行。子男緯，授輔國上將軍、四川道宣慰使；婦廉氏，平章公之女也。孫四人，長曰文起，受明威將軍、 /

河東陝西等路萬户，佩三明珠金虎符；次曰文亮、文鐸、文蕡，俱幼；女孫五人。公儀容秀偉，寬厚長者，與 /

人交，溫恭相下，略不以門地自高，待諸弟友愛深至。太夫人在長安，公仕宦千里外，甘旨珍異，饋送無 /

虛月。在軍中，與士卒同甘苦，均勞逸，賞罰信必。其蒞民也，政令寬簡，所至有惠愛。子緯，以至元十弍年 /

十弍月六日壬申，舉公之柩，葬於京兆萬年縣貴胄里鳳棲原，從先塋也。銘曰： /

大元肇興，風虎雲龍。攀附孰先，惟忠順公。功書竹帛，名載鼎鐘。才賢繼出，家聲益隆。招討堂堂，早承 /

義方。雖爲將種，詩禮自將。蒞事成都，慈惠安舒。政清令簡，疲民以蘇。敵將危疑，送款來歸。眾議盈庭， /

莫決是非。公心昭晰，照物明徹。一語既開，群言皆折。群言皆折，瀘南遂平。拓土千里，奄有蠻荊。公在 /

蜀川，餘二十年。田疇開闢，壁壘修完。民樂其生，戶口羨增。軍安戎律，卒練兵精。棧道連雲，丹旐歸秦。/

佳城鬱鬱，先壠相隣。四世傳忠，百年遺愛。令子賢孫，昌榮未艾。/

刘元振墓志中明确记述了以下六点：

第一，提及其曾祖父刘伯林谥号忠顺，祖父刘时早逝，父刘黑马名讳刘嶷、谥号忠惠。

第二，刘元振随其父刘黑马征战略述，及其授职经历。

第三，提及蒙宋钓鱼城战役及刘整送款降蒙情况。

第四，刘元振妻郝柔为太原五路万户郝和尚拔都堂妹，其子刘纬官授辅国上将军、四川西道宣慰使，娶廉希宪之女为冢妇，生育有四男五女，记录姓名者有刘文起（明威将军、河东陕西等路万户，佩三明珠金虎符）、刘文亮、刘文铎、刘文蒨。

第五，刘元振卒年、葬年及葬地名称明确：至元十二年（1275 年）七月二十九日卒于成都，十一月六日壬申归葬于京兆万年县贵胄里凤栖原先茔。

第六，刘元振墓志志文为元翰林学士嘉议大夫知制诰兼修国史王磐撰、荣禄大夫平章政事廉希宪书丹。

2. 郝柔墓志

1 合。

标本 M16：54，出土于前室正中，墓志青石质。志盖四刹阴线刻双钩忍冬纹，刹底留边棱，厚 4.3 厘米，边缘略有残损。盝顶高 56.2、宽 54.9、厚 16.3 厘米；底边高 72.0、宽 73.5 厘米；志盖面四行，行四字，阴刻隶书："大元成都经略使刘公夫人郝氏墓志铭"，志石厚 15.5、高 74.0、宽 74.8 厘米，其上阴刻楷书 32 行，满行 32 字，共计 906 字（图八〇、八一；彩版二三，5）。墓志录文如下：

大元故懷遠大將軍成都路經略使行軍副萬户劉公夫人郝氏墓誌銘並序 /

承務郎陝西等處儒學提舉蕭斛譔題蓋，/

安西王府文學賈賁書丹。/

夫人諱柔，安蕭人，金令安蕭彦配傅女，皇總管萬户忠惠公塚婦，懷遠西元 /

振妻，正奉大夫、陝西等處行中書省僉知政事緯母也。稟訓德門，嬪於大家。懷遠以 /

寬厚長者稱，而忠惠公每稱夫人剛正朙決，有乃兄五路萬户侯之風，必起吾家者。/

初，忠惠公開幕府，闢國巴蜀，而内地數警。歲癸醜，移鎮于商，懷遠攝主軍務，夫人偕 /

行，險阻不懈。閒陰畫攻守綏緝之說，必中幾會，老將故吏，自謂不及。軍次瀘南，元帥 /

紐隣禁俘掠發掘，所將楊英二十人犯令，分必死。朙日，適帥生朝，夫人因與其夫人 /

好，即夜成衣一襲爲壽，乘閒言：聞人不食七日死，敵今清野，士卒病。遇敵犯令等死，/

寧發掘偷生以待敵，不然大帥嚴威，孰敢犯哉？又聞使功不如使過，儻假其死令，死 /

矢石，不愈於徒殺乎？帥從之。至元戊子，忠惠故文武士合辭曰：我公薨，史策謚章，銘 /

幽碑顯，若粗備，維公父子惠愛在蜀，無祠宇慰邦人之思，非闕邪？夫人曰：非敢緩，蓋 /

有待也。即命經始廟事，細大畢舉，無憾於素。不數年，新廟成，蜀人大喜，每春秋享祀，/

奔走雲集。雲南行省僉政張公立衛記之，而石材唯導江山黟石佳。夫人禱於神，求 /

之。當烈風雷雨後，山行卅里，有崩石可用，俄爲官所據，則申禱以求。又因雷雨得石，/

图八〇　郝柔墓志盖M16：54拓片

横路尤大，官亦歸我石。大德辛丑七月，以廟妻改未畢，廬其側督之，疾倫猶不歸，親／
賓紿以禳祀，乃歸，十一月己酉，終壽七十一。夫人以一子，故逮下有恩，視四庶女如／
己生。塚婦廉夫人化之，今十六孫矣，平章公女也。詩人謂：太姒嗣徽音，則百斯男。信／
哉。男九：文起，明威將軍、河東陝西等路上萬戶，三珠虎符；文亮，侍梁邸；文鐸，奉／
御；文舊、文曄、文素、文策、文若、文綽，幼。女七，壻總管梁思誠，萬戶汪世昌，奉／
御張岑，餘幼。曾孫男濬、淪、溥、浩。夫人孝於尊章，太夫人在秦，月使起居，附致甘毳，閒／
歲躬省，侍爲常贊。君子內助有聞，教子起家清白，衣幣果脯，寄官所相，屬愛諸孫，嫡／
庶均一，周恤親舊，家政務大略細，宴享豐絜自奉。僅取適成都，由行省平章而下，咸／
母事之，哭其喪皆哀，柩行，傾郭祖奠，閭巷亦出涕。初訃至，安西參政力疾星奔，明年／
三月，奉柩歸殯。五月丙申，祔懷遠公，咸寧洪固鄉胄貴里。前期參政手疏德善，求銘／
北海蕭𣂏，堅辭不許，乃銘曰：／
坤道至柔，其動也剛。夫人稟之，則異其常。高明才警，嚴重閎博。言則有中，事無苟作。／

0 ——— 12厘米

图八一　郝柔墓志M16：54拓片

兩朝隆福，一拜／
天庭。貽謀燕翼，祖武是繩，偉哉夫人，寔維女士。閨房之秀，雲何可擬？爲母則順，爲婦／
則貞。喪則致哀，祭則致誠。作廟華陽，豐麗博敞。奚獨桐鄉，千載攸享。鳳棲之原，鐫辭／
墓門。風烈永存，式示來昪。／

郝柔墓志中明确记述了以下几点：

第一，提及夫人籍贯安肃，即今河北省徐水县。对比元好问所撰《安肃郝氏先茔碑》[1]，明确记述其父为金代安肃令郝彦，其堂兄为太原五路万户侯郝和尚拔都。

第二，记录了刘元振及郝柔家庭成员名讳及关系：夫人为刘黑马冢妇，夫刘元振，子刘纬，妇廉氏（廉希宪之女）；庶女四人；有孙男九人：刘文起（明威将军、河东陕西等路上万户，三珠虎符），刘文亮（侍梁邸），刘文铎（奉御），刘文蒨、刘文晔、刘文素、刘文策、刘文若、刘文绰；孙女七人，孙女婿有总管梁思诚、万户汪世昌、奉御张岑；又有曾孙男四人：刘潜、刘瀹、刘溥、刘浩。

第三，郝柔卒年、葬年及葬地名称明确：大德五年（1301年）十一月卒于成都，大德六年（1302年）五月祔葬于京兆咸宁洪固乡胄贵里刘元振之墓。

第四，墓志盖隶书为时任承务郎陕西等处儒学提举的萧㪺所书，志文为萧㪺撰文、安西王府文学贾贲书丹。

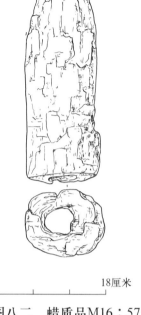

0 　　　　　　　18厘米

图八二　蜡质品M16：57

（八）其他

1.织物

标本 M16：15，出土于西棺内中北部位置。多层叠压，线呈经纬交叠工艺织成（彩版二三，3）。

2.蜡质品

在前室中南部的粗瓷盆（M16：57）中采集。柱状中空。残高33.0、烛径12.0、孔径4.0厘米。此蜡质文物的鉴定分析报告详见附录一（图八二，彩版二三，6）。

---

[1] 李修生主编：《全元文》卷43《元遗山集》，凤凰出版社，2004年。

第四章 刘元亨墓（M31）

一 墓葬形制

该墓为台阶式墓道土洞墓，由墓道、过洞、天井、甬道、墓室等部分组成，平面略呈铲形，坐北朝南，方向173°。水平总长9.37、墓底距地表深约7.20米（图八三）。

1.墓道

平面呈南北向梯形，长2.60、上口南宽0.70、北宽0.76米。墓道北端最深处距地表深度约为6.77米。墓道两壁基本竖直，壁面原经铲平修整，平整光滑。残存台阶8级，台阶长度与墓道等宽，面宽0.24～0.30、高0.20～0.26米，北端最后一级略高出斜坡面台阶面原经铲平修整反复踩踏形成一层路土。填土为较硬的深褐色五花土，未经夯打（彩版二四，1）。

2.过洞

平面呈长方形，斜坡底，坡度9°，因盗扰及晚期扰土坑破坏，两壁上部及顶部形状不明，发掘时仅存下部，壁面平整光滑。过洞内填有胶泥状二次回填土，内含砖渣、料礓石少量。过洞进深0.52、宽0.74米，高度不详，北端地面距地表深度约为6.85米。

3.天井

1个。为竖穴斜坡底土圹结构，平面略呈南北向长方形。天井上部壁面因盗扰及晚期扰土坑破坏大多已不存，下部壁面平整光滑，填土同过洞。天井南北长1.10、东西宽0.78、北端距地表深7.02米，坡度9°。

4.甬道

平面呈梯形，位于天井北部，斜坡底，地面原经修整踩踏平整光滑，坡度9°。两壁及顶部破坏严重，洞高不详。南北进深1.30、南宽0.86、北宽1.96米，北端距地表7.20米。甬道内填二次回填土。

5.墓室

分前、后室。

前室：平面呈长方形，土洞式结构。壁面除西壁外均保存较好，原经修整，平整光滑。顶部因盗扰坍塌，形状、高度不详。墓室南北进深2.62、宽2.68、底距地表残深7.2米，残存直壁1.17米。

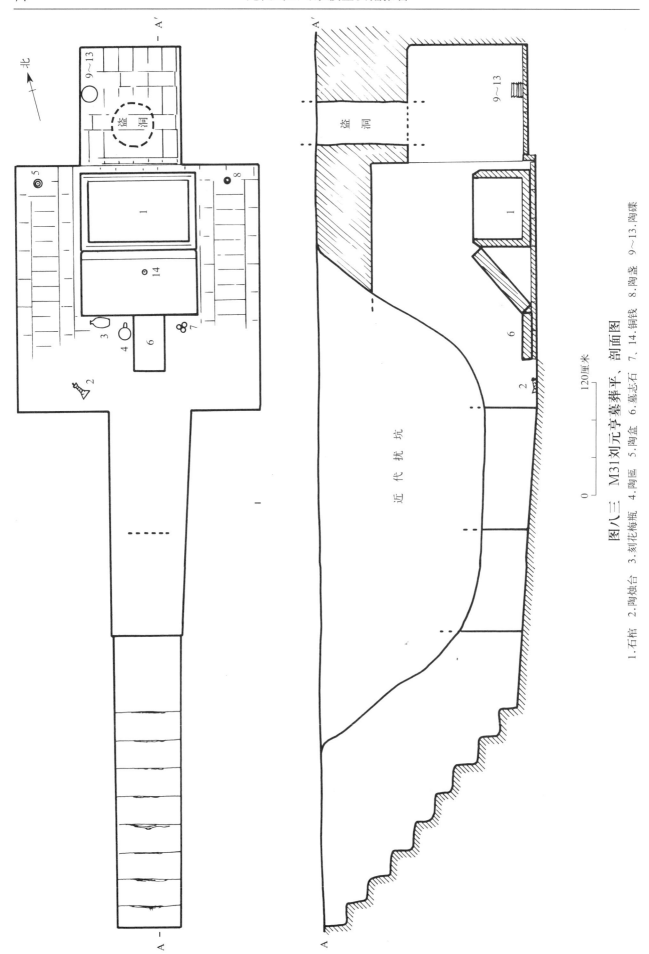

图八三　M31刘元亨墓葬平、剖面图

1.石棺　2.陶烛台　3.刻花梅瓶　4.陶匜　5.陶盒　6.墓志石　7、14.铜钱　8.陶盏　9～13.陶碟

墓室地面用条砖丁顺平铺，完整规整。南端铺地砖因盗扰及晚期扰土坑破坏，已不存。墓室内填土为二次回填胶泥状花土，内含砖渣、白灰、料礓石，深褐色五花塌土（彩版二四，2）。

后室：平面呈长方形，拱顶土洞式。壁面局部少量坍塌，残存壁面平整，顶部被一圆形盗洞破坏，内填少量淤土及盗洞填土，淤土淤层明显，湿度较大，内含料礓石、蜗牛壳、灰陶残片少量。后室南北进深1.26、宽1.12、高1.32米，底部略高出墓室前室地面8厘米，使用残条砖东西向立砌，用砖6块，结构保存较好。地面使用灰条砖铺设，用完整条砖丁顺平铺，共5排，其中丁排用砖6块，顺排用砖3块，共24块（彩版二五，1）。

前、后室条砖规格一致，长30、宽16、厚6厘米。

该墓墓室前室北部偏中置青石棺一具（M31：1），呈长方形石匣状，东西向放置，青石棺盖已被盗墓者揭开，靠放在石棺南壁上，修凿粗糙的一面向上，另一面打磨平整，其上一侧有阴线刻成的围棋盘格，长、宽皆为0.65米，为19经19纬相交而成。棺盖四边及石棺四边均打磨光滑，棺身两侧残损，内侧及底面略经凿刻较粗糙，素面无纹，西南壁面已有裂痕，棺盖长1.26、宽0.84、厚0.16米；石棺长1.27、宽0.82、高0.72米，棺内深0.35米，棺底厚0.20、棺侧厚0.12米（图八四；彩版二五，2）。石棺内有朽木灰、铁棺钉少量，应为木质骨灰函，因盗扰腐朽严重，形状尺寸已不详，墓主遗骨均呈黑色粉末，块状，应为火化后装殓入木质骨灰函，后置于石棺内。

墓室中部偏南，正对墓门位置南北向放置有一方长方形青石质墓志，志石面经打磨光滑，余部

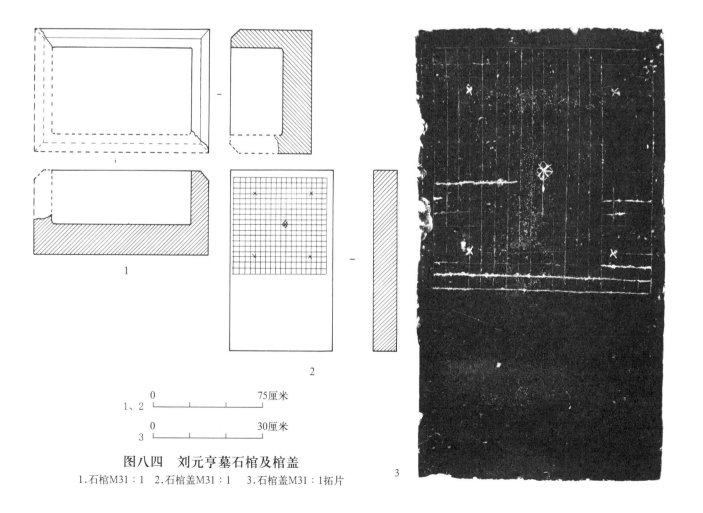

图八四　刘元亨墓石棺及棺盖

1.石棺M31：1　2.石棺盖M31：1　3.石棺盖M31：1拓片

略经凿刻较粗糙，碑面阴刻隶书，字首向北："宣差山西两路征行千户刘公之墓"（彩版二五，3）。

　　该墓被盗扰破坏严重，发掘时仅存随葬品及葬具共计21件（组），主要有陶器、铜钱、青石棺及墓志等，其中灰黑陶明器16件，有碗5件，碟4件，烛台、瓶、匜、盒、釜、器盖、茧形壶（残片）各1件；铜钱4枚；青石类2件（组），分别为石棺1副，墓志石1方。

二　出土遗物

（一）陶器

1. 陶碗

5件。分2型。

Ⅰ型　3件。

标本 M31：8，出土于墓室前室东南角。敞口，折平沿，浅弧腹斜收，圈足。通高3.8、口沿径12.7、足径4.0厘米（图八五，1；彩版二六，1）。

Ⅱ型　2件。

标本 M31：16，残。出土于墓室前室内，敞口，折沿，尖圆唇，鼓腹弧收，圈足。通高8.0、口径15.5、足径6.8厘米（图八五，2；彩版二六，2）。

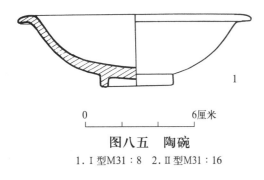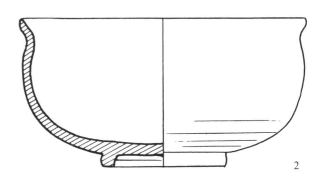

图八五　陶碗

1. Ⅰ型M31：8　2. Ⅱ型M31：16

2. 陶碟

1件。

标本 M31：11，出土于墓室后室西部。敞口，圆唇，浅腹，矮圈足。通高3.2、口径14.0、足径5.6厘米（图八六；彩版二六，3）。

3. 刻花陶碟

4件。其中1件残。余3件，折沿，方唇，浅腹斜收，圈足，碟中部刻花。

标本 M31：9，中心刻一周卷草纹，四角菱形

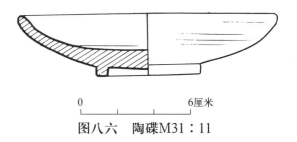

图八六　陶碟M31：11

开光内为双鸭水草纹饰。高2.8、口径16.8、足径7.3厘米（图八七，1；彩版二六，4）。

标本M31：10，中心刻荷花卷叶纹饰。高3.1、口径17.1、足径7.7厘米（图八七，2；彩版二六，5）。

标本M31：13，中心刻水波及荷花卷叶纹饰。高2.5、口径16.6、足径7.3厘米（图八八；彩版二六，6）。

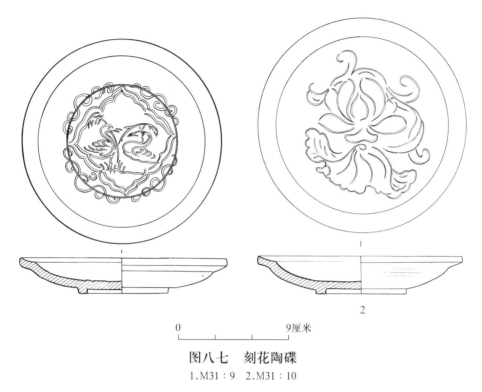

0　　　　　　　9厘米

图八七　刻花陶碟
1.M31：9　2.M31：10

4.陶梅瓶

1件。出土于墓室前室中部。瓶身通体可见拉坯痕。

标本M31：3，小直口，尖圆唇，圆肩微耸，肩部饰两道弦纹，瓶体中部上下各两道弦纹，其中以阴线刻海水纹为底，上刻如意云纹，斜腹下收，近底部又饰两道弦纹，圈足微内敛。通高16.4、口径3.0、足径6.3厘米（图八九；彩版二七，1）。

5.茧形陶壶

1件。残片。

标本M31：17，出土于墓室前室。残缺严重，仅存壶身残片（彩版二七，2）。

6.陶匜

1件。出土于墓室前室中部。通体可见拉坯痕。

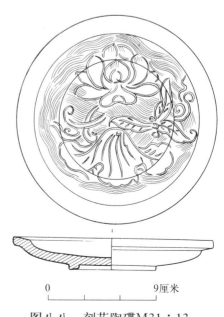

0　　　　　　　9厘米

图八八　刻花陶碟M31：13

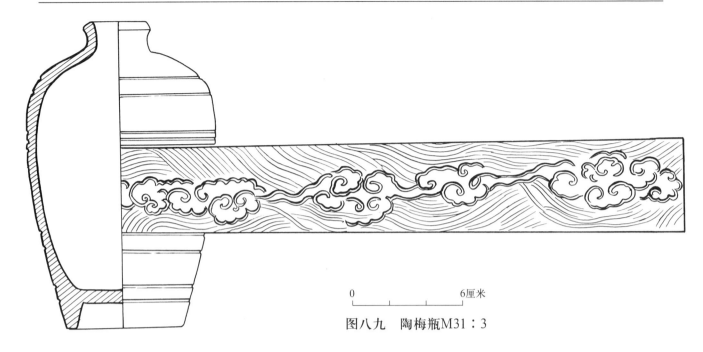

图八九　陶梅瓶M31：3

标本 M31：4，口部微敛，深腹，平底钵状，口部外侧贴流，流下饰两周弦纹，有圆孔联通流与匜体。通高 7.0、匜体高 6.3、口径 11.1、流宽 1.2～2.7、流孔径 0.8 厘米（图九〇；彩版二七，3）。

7. 陶盒

1 件。出土于墓室前室西北角，通体可见拉坯痕。

标本 M31：5，盒盖面微鼓；子母口，直身，下腹斜折内收，矮圈足。通高 7.0、盒身口径 8.0、足径 6.1、盖高 2.5、盖径 9.5 厘米（图九一；彩版二七，4）。

8. 陶烛台

2 件。形制相同。

标本 M31：2，出土于墓室前室西南角。上部有小碟状烛盘，其中部凸起一圆柱状高台烛插。烛台柄部饰五周竹节凹弦纹，上细下粗中空，底部外撇呈喇叭状。高 17.5、盘径 4.8、底径 9.7 厘米（图九二，1；彩版二七，5）。

9. 陶釜

1 组，残，仅存 1 件残釜。

标本 M31：15，出土于墓室前室内。直口，方唇，口沿外有一道凸棱圜底。釜深 10.0、釜口径 14.5、沿径 18.3 厘米（图

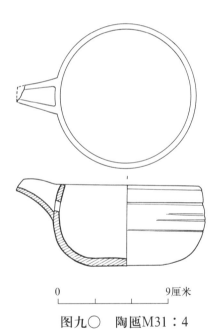

图九〇　陶匜M31：4

图九一　陶盒M31：5

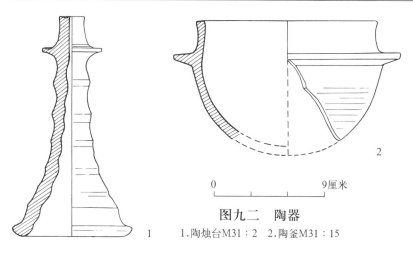

图九二 陶器
1. 陶烛台M31：2 2. 陶釜M31：15

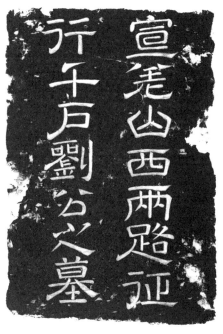

图九三 刘元亨墓志石M31：6拓片

九二，2；彩版二七，6）。

（二）铜器

铜钱

4枚。分别出土于两处，其中1枚残，钱文不可辨识（表二）。

标本M31：7，共3枚，出土于墓室中部偏东，其中1枚残。余2枚钱文分别为"皇宋通宝"、"元丰通宝"。

标本M31：14，1枚，出土于石棺盖下中部偏南处，钱文为"崇宁重宝"。

（三）墓志

墓志石

1方。

标本M31：6，出土于墓室前室中部。墓志青石质，呈长方形，无盖。仅表面磨平，背后清晰可见凿痕。志石面阴刻隶书2行，行满7字，共计14字。志石边缘残损较严重；志石面亦有损。志石长49.5、宽34.5、厚10.5厘米（图九三）。墓志录文如下：

宣差山西两路征 /

行千户刘公之墓 /

据《刘黑马墓志》记载"公……子男十四人，长曰元振，袭父职；次曰元贞，不仕；次曰元正，管人匠达鲁花赤；次曰元礼，都总管奥鲁万户；次曰元济，成都府路总管；次曰元德，山西等路管民总管；次曰元琰，山西西路奥鲁万户；次曰元亨，山西东西两路征行千户；次俱幼"，据此可推知其墓主为刘黑马第八子刘元亨。

刘元亨墓志上未记录其卒葬时间，但从其墓葬位置（M31位于M17东侧，墓向相差1°）、葬具（石函）及随葬明器分析，其卒葬时间应与刘黑马相近（1262年）。在刘元亨墓中未随葬陶俑，因其墓葬曾被盗扰，发掘时其前室石函盖已被掀开。在墓室残留的陶明器中有茧形壶残片，陶匜、陶盒及刻花陶盘等皆与刘黑马墓随葬明器在种类及造型风格上相似。

（单位：厘米，重量：克）

表二　M31出土铜钱登记表

样式	标本号	钱文	记号	廓径	钱径	穿宽	廓宽	廓厚	肉厚	字体	读法	重量	年代	数量	铸造时间	拓片
1	M31：7	皇宋通宝		2.48	1.90	0.72	0.30	0.10	0.07	楷	直读	3.10	宋	1	宋仁宗宝元二年至皇祐末年（1039～1053年），非年号钱	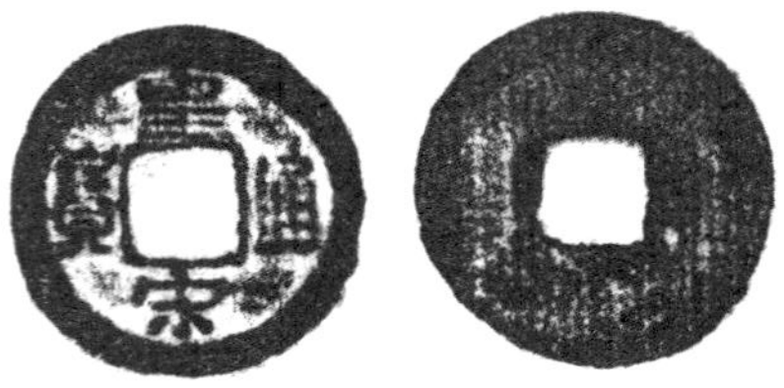
2	M31：7	元丰通宝		2.50	2.00	0.70	0.29	0.12	0.10	篆	旋读	3.70	宋	1	宋神宗元丰（1078～1085年）	
3	M31：14	崇宁重宝		3.38	2.90	0.74	0.22	0.18	0.10	隶	直读	9.40	宋	1	宋徽宗崇宁（1102～1106年）	

第五章 刘天杰墓（M27）

刘天杰墓位于刘黑马家族墓的东南角，与 M25、M26 排列成一个由西北向东南方向的组合。据刘天杰墓中出土墓志可知该墓为刘天杰与其妻王氏合葬墓，王氏晚于刘天杰 31 年卒，其落葬时间与刘黑马埋葬时间跨度约 98 年。

一 墓葬形制

该墓编号 M27，系斜坡式台阶墓道单室土洞墓，由墓道、甬道、天井、过洞、墓室及壁龛等部分组成，平面呈不规则铲形，墓道位于墓室之南，方向 172°。水平残长 15.96、最深处约 7.90 米（不含下挖2 米的基槽深度，下同）（图九四；彩版二八，1）。

1. 墓道

位于南端，略偏西。平面略呈梯形，水平残长 7.98、上口残宽南宽 0.56、北宽 0.70 米，底部为21 级台阶，从墓道口南端延伸至近北端台阶横长度与墓道等宽，层宽 0.20 ～ 0.40、层高 0.26 ～ 0.40米；台阶面较平，表面有踩踏形成的硬面。墓道壁面较粗糙，上窄下宽，填土为较硬的深褐色五花土，未经夯打（彩版二八，2）。

2. 过洞

1 个。平顶土洞式，平面呈梯形，进深 1.98、南宽 0.48、北宽 0.56、高 1.14 ～ 1.24 米，地面北低南高呈缓坡状，坡度 7°。其顶部距地表南端残深 6.00、北端残深 6.56 米。过洞中填有松散的五花土。

3. 天井

1 个。位于过洞与甬道中间，竖穴土圹，平面略呈长方梯形，上口长 2.20、南宽 0.82、北宽 0.98、斜坡底长 2.28 米。天井南端距地表深 7.70、北端深 7.92 米。在天井南部东西两壁上遗留有营造墓葬时使用的 13 对上下脚窝，相互错对，上下间距 0.44 米左右，呈小土洞形，宽 0.15、高 0.10、进深 0.10 米。北部发现有一盗洞随天井竖直而下，毁坏墓葬封门进入墓室，系炸药爆破冲击而成。天井北壁上距墓底约 5.20 米处镶嵌有一方青石质墓志，详备其墓主姓名刘天杰，志文面向墓道，无盖（彩版二八，3）。

4. 甬道

位于墓室南端，平面呈不规则梯形，因盗扰，顶部坍塌，高度及形制不详。进深 0.26 ～ 0.38、宽 0.98 ～ 1.20 米；底部距地表深约 7.92 米。

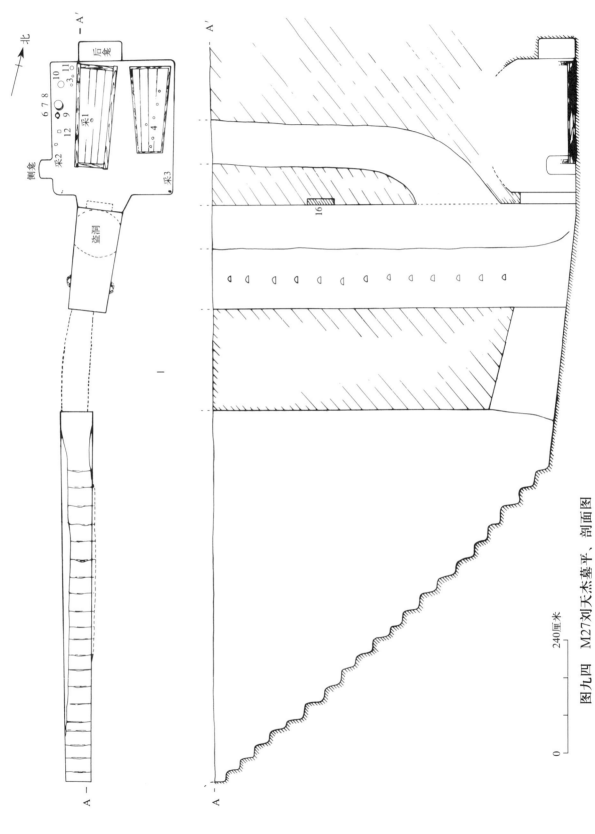

图九四　M27刘天杰墓平、剖面图

采1～3.镇墓石　3、4.铜钱　6～8.瓷碗　9.三彩香炉　10.铜镜　11.铜环　12.泥烛台　16.墓志石

5.墓室

平面呈近长方形，土洞穹窿顶。该墓室顶、壁面因盗扰严重坍塌，仅残存墓室东北角，墓顶高度约2.20、墓室南北进深2.86、宽2.60～2.72米。墓室北部呈南北向并置两具棺木，因腐朽及盗扰毁塌，保存状况差，以其方位分为东棺、西棺，棺内人骨因糟朽及盗扰已不存，因其棺具形制推测为头北足南（彩版二九，1）。棺木底部残存有木炭颗粒。

东棺放置于墓室中北部东侧，存部分棺板，已糟朽，上置铜钱若干枚。南北长1.86、南宽0.54、北宽0.88、棺底板厚0.06米。

西棺放置于墓室中北部西侧，残存底部及部分棺侧板，残高0.32、南北长2.20、南宽0.72、北宽0.88米，棺侧板厚0.08、底厚0.16米，棺底为多条木板拼接而成，分三层，分别厚4、8、4厘米，每条木板宽16～20厘米（彩版二九，2）。

墓室西壁南部与北壁中部各设1壁龛，底部与墓室底平齐。西壁龛进深0.30、宽0.40、高0.62米；北壁龛进深0.44、宽0.94、高0.80米。在墓室西壁下的壁龛口北侧、墓室东南角及西侧棺木底中部分别放置有不规则形状的天然石块1块，分别为白色、青色及红色。墓室口部发现一个近圆形的竖井盗洞竖直进入墓室，系挖掘而成。

二　出土遗物

该墓曾被盗扰，仅出土遗物计16件（组），主要有陶器、瓷器、铜器、铜钱、墓志石及3块石块。陶器、瓷器及铜镜等随葬品均放置于墓室西壁下（见彩版二九，1）。

（一）陶器

共4件。分黄绿彩釉陶与泥质灰黑陶两种。除黄绿彩釉陶香炉之外，均为泥质灰陶。另有陶器残片若干，外施白色陶衣，质粗，不辨器形（彩版三〇，1）。

1.陶盏托

1件。

标本M27：13，残，呈上大下小的圆筒形，外壁中部出盘形斜折沿。口沿径6.5、盘径13.5、足径6.0、高4.5厘米（图九五，1；彩版三〇，2）。

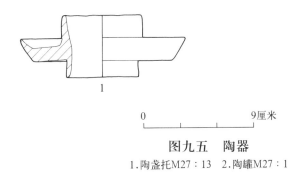
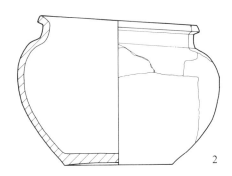

0　　　　　　9厘米

图九五　陶器

1.陶盏托M27：13　2.陶罐M27：1

2.陶罐

1件。

标本 M27 : 1，残，直口微敞，斜沿，尖圆唇，束颈，鼓肩，斜腹下收，平底微内凹。罐身倾斜，制作粗糙不均匀。通高 12.0、口径 13.0、底径 9.0 厘米（图九五，2；彩版三〇，3）。

3.黄绿彩釉陶香炉

1件。

标本 M27 : 9，出土于墓室西部。仿三足鼎炉式，平沿，方唇，束颈，颈下贴附双耳，方形上折，扁鼓腹，腹上一周模印云龙纹，平底，腹下贴附三足，足尖内弧。香炉外壁薄施黄绿双色釉，其中炉耳及炉身腹部、足部凸起纹饰用黄釉，其余施绿釉，炉内壁及足尖无釉，露红胎及白色陶衣。通高 15.0、腹径 12.0 厘米（图九六，1；彩版三〇，4～6）。

4.陶灶

1件。

标本 M27 : 14，残，灶门处残缺不辨。方形灶台，扁方形出烟。灶台长 16.2、宽 10.4、高 5.2、通高 6.5、釜口径 8.5 厘米（图九六，2）。

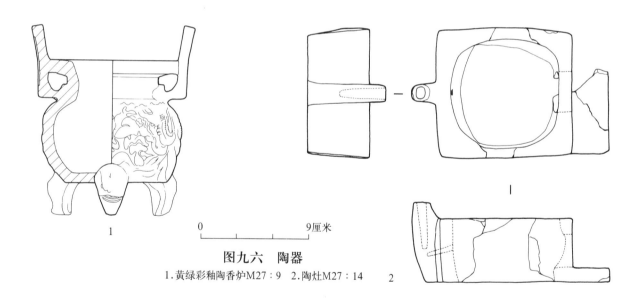

1

0 _____ 9厘米

图九六　陶器

1.黄绿彩釉陶香炉M27:9　2.陶灶M27:14

2

（二）瓷器

共 3 件。出土于墓室西壁下。

钧窑碗

3件。内外壁釉色蓝，口沿一周呈铁褐色，施釉不及底，露出素胎圈足，碗外壁腹部挂釉滴较厚，局部粘附有砂砾，釉下呈现较多的气泡及黑点（彩版三一，1）。

标本 M27 : 6，直口，圆唇，斜腹，平底小圈足，足底斜削。通高 7.0、口径 15.6、底径 5.0 厘米（图九七，1；彩版三一，2、3）。

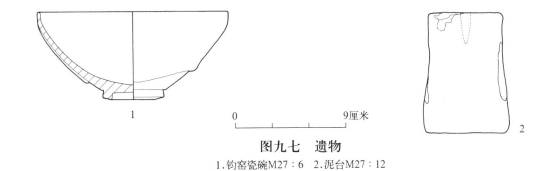

图九七　遗物
1.钧窑瓷碗M27：6　2.泥台M27：12

（三）铜器

包括铜巾环、铜镜、铜钱。

1.铜巾环

1件。出土于墓室西北部。

标本 M27：11，环体一面扁平，一面有凸饰变化。内圈径 2.5、外圈径 3.7、厚 0.5 厘米（图九八，1）。

2.铜镜

1枚。出土于墓室西北部。

标本 M27：10，神人禽兽镜。圆形，平缘，圆纽。镜纽顶部较平，纽座饰一周连珠纹；主纹分四区，环绕镜纽，由上顺时针为：二神一禽；二兽衔座，座中为东王公；三人，中为伯牙弹琴；二兽衔座，座中为西王母，坐下青鸟。主纹外区为十二方枚及十二半圆瓦当形枚相间，方枚中各有一字，可辨识"明"、"天"、"光"、"宜"等字。半圆瓦当形枚上为云气纹；其外为一圈联齿纹，外围为一周夔鸟、神兽及云气纹，镜缘上阴线刻云气纹。直径 13.6、缘厚 0.5、纽径 2.5 厘米，重 450.6 克（图九八，2；彩版三一，4）。

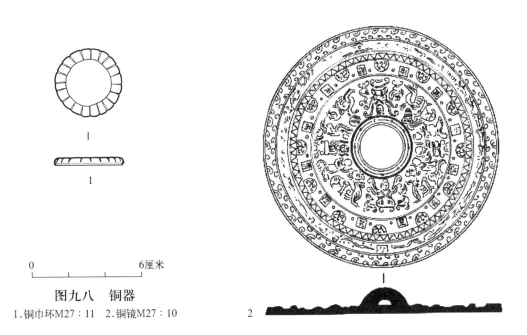

图九八　铜器
1.铜巾环M27：11　2.铜镜M27：10

3. 铜钱

24 枚。

其中 1 枚（开元通宝）出土于墓室扰土中；2 枚（元丰通宝、祥符通宝）出土于墓室西北角；20 枚出土于墓室东棺内；1 枚（□□元宝，钱文漫漶不清）出土于墓道中（表三）。

（四）泥台

泥台

1 件。硬泥质地。出土于墓室西部。

标本 M27：12，略呈方柱体，一头略小，中心有一孔，孔深 2.4、孔径 1.0 厘米。通高 9.6、底长宽约 6.0 厘米（图九七，2；彩版三一，5）。

（五）镇墓石

镇墓石

3 件。均为天然河石（彩版三一，6）。

标本 M27：采 1，出土于墓室西棺底中部。红色河石，表面呈层叠状的细纹。长 18.0、宽 4.5、厚 4.0 厘米。

标本 M27：采 2，出土于墓室西南部。白色河石，石英岩质。长 6.0、宽 4.5、厚 4.0 厘米。

标本 M27：采 3，出土于墓室东南角。青绿色河石。长 9.0、宽 5.8、厚 2.0 厘米。

（六）墓志

墓志石

1 方。无盖。

标本 M27：16，镶嵌于天井北壁上距墓底约 5.20 米处。墓志青石质。志石面阴刻楷书 20 行，行满 21 字，共计 394 字。志石边缘残损较严重，志石面亦有损泐。志石长 57.0、高 55.0、厚 10.0 厘米（图九九）。墓志录文如下：

劉公諱天傑，字國英，乃四川、山西五路宣授金牌武畧 /
將軍之子、秦國公之孫也。即元朝之故族，累世之功 /
臣也。公爲人雅量弘深，膂力過人，騎射出衆，文華超群，/
爲當世文武之最也。時遇承平，遂以清高自適，隱居有 /
鄂南羅什里。公治家有法，訓子有方，深爲當世之所稱，/
鄉隣之所重。公娶馬氏，乃成都路總管之女也；又娶王 /
氏，乃姜堡里王君之愛女也。悉係閭閈之族，時爲泛德 /
之美。事上極孝，撫幼至慈，甚爲宗族之所貴重。生四子：/
文饒、文煥，馬氏之子也；文彦、文禮，王氏所生也，時人號 /
爲四傑焉。文饒娶清氏，文煥娶張氏，文彦娶張氏，文禮 /
娶趙氏，亦以孝敬婉娩所稱。有女三，長適耶律氏，次適 /

（单位：厘米，重量：克）

表三　M27（刘天杰墓）出土铜钱登记表

样式	标本号	钱文	记号	廓径	钱径	穿宽	廓宽	廓厚	肉厚	字体	读法	重量	年代	数量	铸造时间	拓片
1	M27：2	开元通宝	元字左挑	2.50	2.10	0.70	0.20	0.11	0.05	隶	直读	3.40	唐	1	《旧唐书·食货志上》载：武德四年七月，废五铢钱，行开元通宝钱	
2	M27：4	至道元宝		2.50	1.76	0.55	0.40	0.10	0.09	行	旋读	3.80	宋	1	宋太宗至道元年（995年），传为太宗手书"御书体"	
3	M27：3	祥符通宝		2.50	1.96	0.60	0.30	0.15	0.09	楷	旋读	4.10	宋	1	宋真宗大中祥符（1008～1016年），传为真宗御书	
4	M27：4	祥符元宝		2.52	1.75	0.55	0.45	0.10	0.09	楷	旋读	4.20	宋	1	北宋真宗祥符（1008～1016年）	

序号	标本号	钱文						书体	读法		时代	数量	年代	拓片
5	M27：4	天圣元宝	2.50	2.00	0.70	0.28	0.11	0.09	篆	旋读	2.60	宋	1	宋仁宗天圣元年（1023年）	
6	M27：4	皇宋通宝	2.45	1.91	0.60	0.30	0.11	0.04	篆	直读	2.80	宋	2	宋仁宗宝元二年至皇祐元年（1039～1053年），非年号钱	
7	M27：4	至和元宝	2.38	1.84	0.54	0.30	0.12	0.10	篆	旋读	4.00	宋	1	宋仁宗至和元年（1054年）	
8	M27：4	至和通宝	2.50	1.85	0.61	0.35	0.10	锈蚀	篆	直读	3.10	宋	1	宋仁宗至和元年（1054年）	钱币残缺，未拓
9	M27：4	熙宁元宝	2.40	2.20	0.70	0.20	0.11	0.11	楷	旋读	2.60	宋	1	宋神宗熙宁（1068～1077年）	钱币残缺，钱文模糊，未拓

序号	编号	名称	备注									读法	重(g)	朝代	数量	年代	拓片
10	M27∶5	熙宁元宝		2.50	2.00	0.70	0.25	0.10	0.07	篆	旋读	2.90	宋	1	宋神宗熙宁（1068～1077年）	
11	M27∶3	元丰通宝	花穿	2.50	1.90	花宽 0.7	0.30	0.10	0.06	行	旋读	3.40	宋	1	宋神宗元丰（1078～1085年）	
12	M27∶4	元丰通宝		2.40	1.91	0.64	0.30	0.11	0.07	行	旋读	2.90	宋	1	宋神宗元丰（1078～1085年）	
13	M27∶4	元祐通宝		2.45	1.80	0.60	0.35	0.12	0.10	篆	旋读	3.30	宋	1	宋哲宗元祐（1086～1093年）	
14	M27∶4	元符通宝		2.40	1.86	0.66	0.25	0.14	0.11	行	旋读	3.90	宋	1	宋哲宗元符（1098～1100年）	

劉公謙　天傑字國英乃四川山西五路宣撫金牌戊嵒
將里之子秦國公之孫也卽元朝之故族累世之功
臣也公為人雅量弘深簷力過人邊弓騎射出衆文超群
為當世文武之最也時遇承平遂以清高自適隱居有
鄂南羅什里公治家肴法訓子肴深為富世之所稱
之饒文煥馬氏之字亡至慈甚為宗族之所瞽墅生四子
鄉隣之所重公娶馬氏乃成都路總管之族時為逸德
氏乃姜堡里王苕之女也悲甚為宗族之所瞽墅生四子
文饒文煥馬氏之字亡至慈兵娶張氏文彥娶張氏次文礼公
之美事上槂孝撫勾至慈甚為宗族之所瞽墅生四子
娶趙氏亦次過史氏皆當世逢盛族一時之英傑也公
馬四傑為文饒娶靖氏所稱有女三長適耶津氏次適
晉寧楊氏次適史氏皆當世逢盛族一時之英傑也
七月初二日生壽五十有二天曆歲八月廿三日歿於
正寢馬氏先卒王氏九月初十日生壽七旬有五至正
庚子十月廿二日以疾終卜於當年十一月廿九日合
葬於祖營乃咸寧縣下店古曲江之西南也
時逢海晏　翰光隱德　力波忠勤
赫赫刘公　文武英特　國公之孫　孝敬惟則
大元至正庚子歲十一月廿九日謹誌
遠厥後昆　子孫翼翼　有嗣有苗　永祀無戬
武暑之恩

图九九　墓志石M27：16拓片

晉寧楊氏，次適史氏，皆當世之盛族，一時之英傑也。公／
七月初二日生，壽五十有二。天曆歲八月廿三日歿於／
正寢。馬氏先卒；王氏九月初十日生，壽七旬有五，至正／
庚子十月廿二日以疾終，卜於當年十一月廿九日合／

葬於祖塋，乃咸寧縣下店，古曲江之西南也。/
赫赫劉公，文武英特。國公之孫，武畧之恩。/
時逢海晏，韜光隱德。力彼忠勤，孝敬惟則。/
遺厥後昆，子孫翼翼。有嗣有塋，永祀無忒。/
大元至正庚子歲十一月廿九日，謹誌。/

刘天杰墓志中明确记述了以下几点：

第一，刘天杰为刘黑马之孙，其父官封四川、山西五路宣授金牌武略将军，名讳不详。

第二，刘天杰先后娶妻马氏、王氏，并与其繁衍四子三女。马氏之父为成都路总管，生二子：刘文饶娶妻清氏、刘文焕娶妻张氏；王氏出身姜堡里王姓家族，生二子：刘文彦娶妻张氏、刘文礼娶妻赵氏。三女分别嫁入被称为“当世盛族”的耶律家族、晋宁杨氏家族及史氏家族。

第三，该墓为刘天杰及妻王氏合葬墓。依墓志文记录，刘天杰于“天历岁八月廿三日殁于正寝”，其卒年应为天历二年（1329 年），寿 52 岁，则其生年为至元十五年（1278 年）。其先妻马氏早卒，后妻王氏卒于至正二十年（1360 年），寿 75 岁，其生年为至元二十三年（1286 年）。

第四，刘天杰生前与妻儿老小隐居于户县罗什里，一生未仕，死后归葬祖茔。

第六章 无纪年墓

第一节 M8

一 墓葬形制

该墓系多台阶墓道单室穹窿顶土洞墓，由墓道、过洞、天井、封门和墓室、壁龛等部分组成，平面呈不规则铲形，坐北朝南，方向163°。水平残长12.50、墓底距现基槽地表深约7.46米（图一〇〇）。

1.墓道

位于墓室南部。平面略呈长方梯形，残长4.86、宽0.50～0.64、残深5.40米，上口略宽于底部，壁面修造较规整，墓道底呈斜坡状多台阶，台阶面较平坦，有踩踏硬面，台阶高0.20～0.34、宽0.36～0.24米。墓道填土为五花土，较硬，未经夯打（彩版三二，1）。

2.过洞

位于天井与墓道间，平面呈长方梯形，长1.24、南宽0.56、北宽0.58、高2.02～2.46米，底与墓道相连均为台阶底，过洞内填松散的五花土。

3.天井

位于过洞与封门间，平面呈长方梯形，南宽北窄，长2.14、南宽0.78、北宽1.04米，壁面垂直，略粗糙，底面由两层台阶转南高北低缓坡状。斜面长2.20米，坡度14°。天井北部有一现代盗洞随天井竖直而下，破坏封门，进入墓室。天井内填较硬的五花土。天井南部东西两壁设错对脚窝，脚窝呈半圆状，每壁残存10个，宽16、进深10、洞高10厘米，每个脚窝间距约40～50厘米（彩版三二，2）。

4.封门

位于墓室南端，平面呈长方形，门洞为土洞拱顶，底面平坦，长0.40、宽0.96、高1.20米。原有封门已被盗掘破坏，门洞内填盗扰后扰土，夹杂现代垃圾（彩版三二，3、4）。

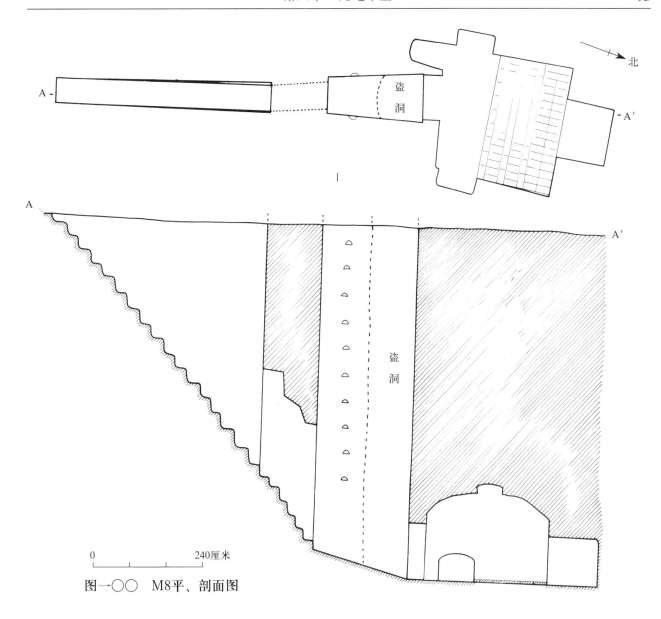

图一〇〇 M8平、剖面图

5.墓室

位于天井北端，其平面近方形，土洞穹窿顶，平底设砖铺地、砖棺床，四壁各设1龛。墓室壁面光滑，局部垮塌，南北2.78、东西2.64～2.76、高1.80米，直壁0.66～1.42米以上起弧，四角直壁最低，呈穹窿状顶，顶部中央凿出一个直径0.56米的圆形藻井，藻井中部距墓室底高2.00米（彩版三三，1）。

棺床设置于墓室北半部，用青砖竖横单砖交错平铺一层，南北1.64、东西2.76、高0.05米（彩版三三，2）。

墓室四壁各设有一龛，形制大体相同，顶均近平顶，底部与墓室底平齐，除北龛外，壁面皆粗糙并遗留有工具加工痕迹。南龛位于墓室西南部，向南进深0.72、宽0.52、高0.60米，平面近长方形。西龛位于墓室西壁南侧，平面呈长方形，向西进深0.40、宽0.42、高0.76米。北龛位于北壁中部，平面呈长方形，向北进深1.08、宽1.22、高1.02米，壁面垂直平整。东龛位于东壁南部，平面呈长方形，向东进深0.36、宽0.94、高0.76米。壁龛内堆积盗扰土，随葬品已被盗空。

该墓墓室形制基本保存完整，仅东西壁面局部垮塌，墓室前部堆积较厚的盗扰积土，该墓被盗扰是在东西壁垮塌后，塌土在盗掘时均被扰动，劫余的随葬品被抛弃在墓室西北角和东南角（彩版三三，2）。

葬具：木棺1具，已朽成灰迹，置于棺床中部，因盗扰，仅见棺木朽灰范围，余不详。

葬式：人骨已朽成粉末，葬式等不详。

该墓被严重盗扰，随葬品被移位，出土随葬品余计32件，均出于墓室内，主要有陶俑、陶模型明器、陶罐等。

二　出土遗物

（一）陶俑与家畜模型
共3件（组）。

1.男仪仗俑

1件。造型、大小皆与刘元振墓（M16）中随葬的Ⅶa型相同。两足分立于长方形踏板上，头戴巾帻，身着方领窄袖短衣，罩于对领及膝短袍上，短衣下摆缠裹于腰后；腰间用革带束两周，分别束于上腹部及腰部，腰部后侧革带上装饰有回纹形的带板，其下左后侧露单铊尾；下着裤，束于鞋袜内，并用带系扎于小腿。左臂曲肘握拳于腰侧，做持物状；右手隐于袖内，略弯曲后垂。

标本M8：22，出土于墓室东南角。通高32.5、踏板长12.3、宽约7.6、厚约1.0厘米（图一〇一；彩版三四，1、2）。

0　　　　　　12厘米

图一〇一　男仪仗俑M8：22

2.陶猪

1件。卧姿，头抬起略向右，目上视，耳后贴于两侧，长吻前伸，獠牙外露，鬃毛高竖，短尾弯向右侧，四体弯曲卧于长方形底座上。

标本M8：26，出土于墓室东南角。通高9.1、通长17.5、底座长13.3、宽约7.7、厚约0.7厘米（图一〇二，1；彩版三四，3）。

3.陶狗

1件。吻部略残缺。卧姿挺胸昂首，头部右偏，双耳下垂，有颈圈，体瘦，长尾于体右侧蜷曲，屈腿弓腰卧于长方形底座上。

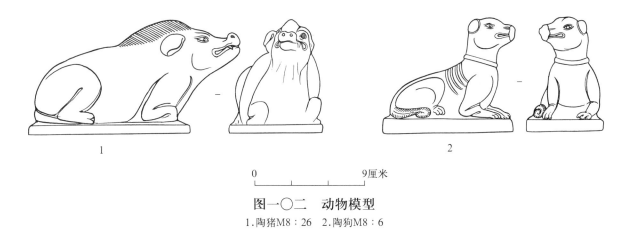

图一〇二　动物模型
1. 陶猪M8:26　2. 陶狗M8:6

标本M8:6，通高9.2、残长11.0、底座长11.0、宽约6.3、厚约1.0厘米（图一〇二，2；彩版三四，4）。

（二）陶器

共14件（组）。

1. 陶簋

1件。

标本M8:15，出土于墓室东南角，平顶，圆盖，簋身圆柱体，直壁，内方外圆，平底，圈足微外撇。通高28.0、罐深22.5、罐外口圆径13.0、内口方径5.5、壁厚1.0、底径14.5、足径12.1、足高2.8厘米（图一〇三，1；彩版三四，5）。

2. 陶簠

1件。

标本M8:10,出土于墓室西北角,平顶方盖，簠身方柱体，直壁，内圆外方，平底，圈足微外撇。通高31.0、罐深24.4、罐外口方径11.5、内口圆径6.5、壁厚1.0、底径13.2、足径10.0、足高2.9厘米（图一〇三，2；彩版三四，6）。

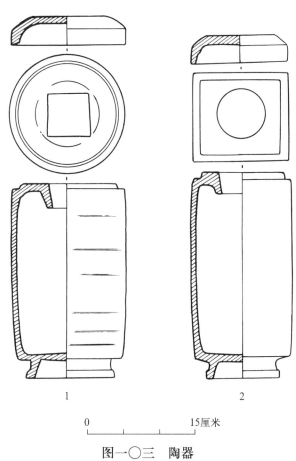

图一〇三　陶器
1. 陶簋M8:15　2. 陶簠M8:10

3. 陶碗

5件。通体可见拉坯痕。分2型。

Ⅰ型　3件。敞口，圆唇，弧腹斜收，矮圈足，足底平。

标本M8:2,出土于墓室西北角。通高5.5、口径13.1、足径4.4厘米（图一〇四,1；彩版三五,1）。

标本M8:12,出土于墓室西北角。通高5.1、口径13.2、足径4.6厘米（图一〇四,2）。

标本 M8：18，出土于墓室东南角。通高 5、口径 12.9、足径 4 厘米（图一〇四，3；彩版三五，2）。

Ⅱ型　2件。敞口斜沿，浅腹斜下收，腹部起棱，圆唇，矮圈足，足底平。

标本 M8：5，出土于墓室西北角。通高 4.2、口径 11.4、足径 3.5 厘米（图一〇五，1；彩版三五，3）。

标本 M8：20，出土于墓室东南角。通高 3.8、口径 10.8、足径 3.8 厘米（图一〇五，2；彩版三五，4）。

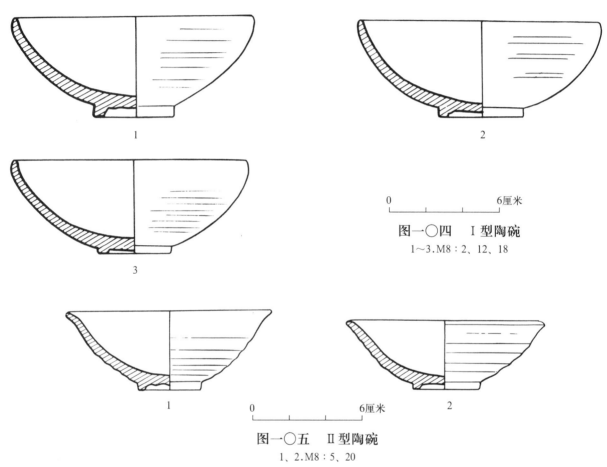

图一〇四　Ⅰ型陶碗
1～3.M8：2、12、18

图一〇五　Ⅱ型陶碗
1、2.M8：5、20

4．陶盏托

2件。通体可见拉坯痕。出土于前室东南角。分2型。

Ⅰ型　1件。

标本 M8：23-1，浅盘托，托盘周缘略上弧，托口圆唇，底部圈足。通高 4.9、口径 7.3、托盘径 12.5、足径 5.5 厘米（图一〇六，1；彩版三五，5）。

Ⅱ型　1件。

标本 M8：23-2，浅盘托，托口圆唇，底部圈足斜内收。通高 5.3、口径 8.3、托盘径 14.0、足径 6.5 厘米（图一〇六，2；彩版三五，6）。

5．陶杯

1件。

标本 M8：4，出土于墓室西北角。敞口，尖圆唇，深腹斜收，高圈足，足端旋削成外高内低状。

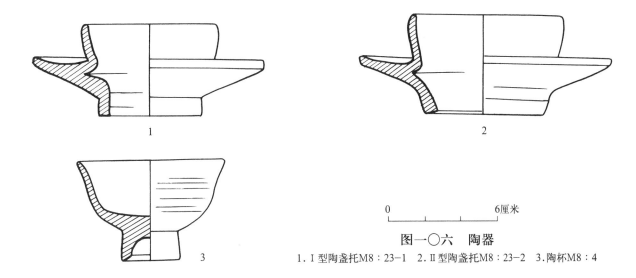

图一〇六　陶器

1.Ⅰ型陶盏托M8：23-1　2.Ⅱ型陶盏托M8：23-2　3.陶杯M8：4

通高5.4、口径8.0、足径3.2厘米（图一〇六，3；彩版三六，1）。

6. 陶碟

4件。通体可见拉坯痕。其中1件残。余3件分3型。

Ⅰ型　1件。

标本M8：16，出土于墓室东南角。敞口，折沿，方圆唇，浅腹斜平收，圜底矮圈足，足底平。通高2.3、口径13.3、足径5.0厘米（图一〇七，1；彩版三六，2）。

Ⅱ型　1件。

标本M8：17,出土于墓室东部。敞口,斜沿,方圆唇,浅腹斜弧收,圜底矮圈足,足底尖。通高3.0、口径13.3、足径4.3厘米（图一〇七，2；彩版三六，3）。

Ⅲ型　1件。

标本M8：19，出土于墓室东南角。敞口，圆唇，浅腹斜收，圜底，矮圈足。通高2.5、口径11.0、足高0.3厘米（图一〇七，3；彩版三六，4）。

7. 陶盆

2件。分两型。通体可见拉坯痕。

Ⅰ型　1件。

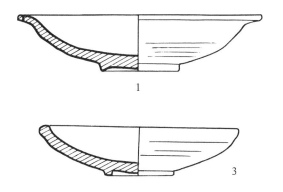

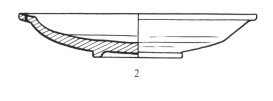

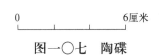

图一〇七　陶碟

1.Ⅰ型M8：16　2.Ⅱ型M8：17　3.Ⅲ型M8：19

标本 M8：21，出土于墓室东南角。撇口，小折沿，深腹微鼓斜下收，平底微凹。通高 6.0、口沿径 16.7、底径 7.2 厘米（图一〇八，1；彩版三六，5）。

Ⅱ型　1件。

标本 M8：3，出土于墓室西北角。折平沿，方唇，浅腹斜收，底部可见跳刀痕，呈棱凸状。通高 4.2、口沿径 16.7、底径 8.0 厘米（图一〇八，2；彩版三六，6）。

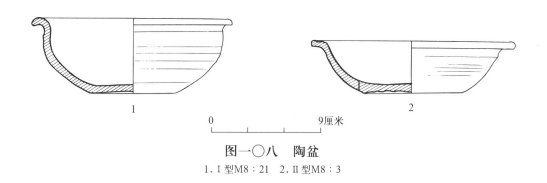

图一〇八　陶盆
1. Ⅰ型M8：21　2. Ⅱ型M8：3

8. 陶梅瓶

2件。分 2 型。瓶身通体可见拉坯痕。

Ⅰ型　1件。

标本 M8：28，出土于墓室东南角。小直口，尖圆唇，矮领上凸起一周圆棱；圆肩微耸，肩部饰三道弦纹；斜腹下收，小平底微内凹。通高 14.4、口径 2.4、足径 6.2 厘米（图一〇九，1；彩版三七，1）。

Ⅱ型　1件。

标本 M8：7，出土于墓室西北角。大直口，尖唇，高直领；圆肩，肩部饰三道弦纹；弧腹下收，小平底下矮圈足。通高 20.6、口径 3.9、底径 6.2 厘米（图一〇九，2；彩版三七，2）。

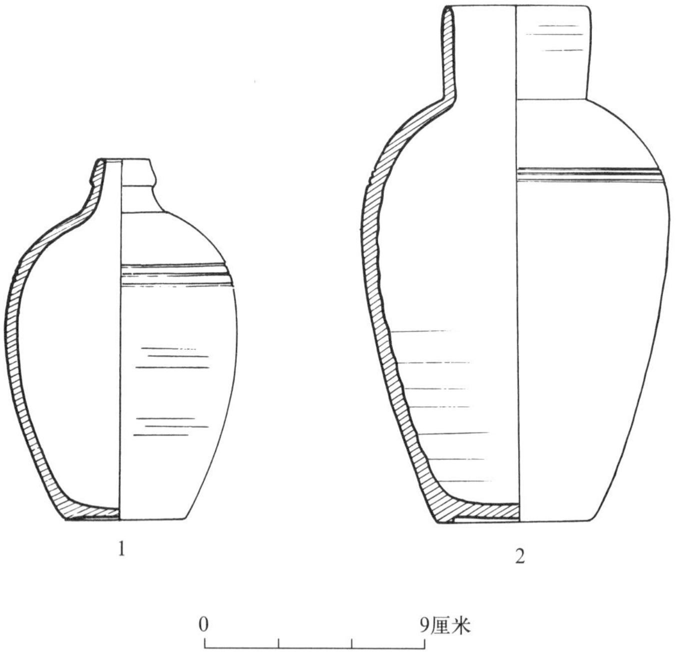

9. 陶匜

1件。匜身可见拉坯痕。

标本 M8：25，出土于墓室东南角。

图一〇九　陶梅瓶
1. Ⅰ型M8：28　2. Ⅱ型M8：7

呈瓢形，口部微敛，浅腹弧壁，圜底，口沿外伸出短流。通高 3.6、匜体高 5.6、口径 11.0、流口宽 1.2、流长 4.6 厘米（图一一〇，1；彩版三七，3）。

10. 陶罐

1件。通体可见拉坯痕。

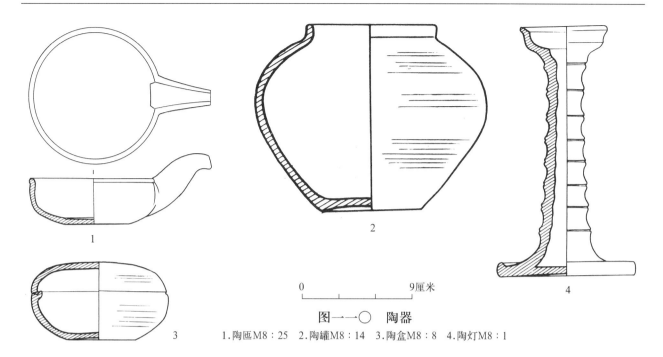

图一一〇　陶器

1.陶匜M8：25　2.陶罐M8：14　3.陶盒M8：8　4.陶灯M8：1

标本M8：14，出土于墓室西北角。直口，圆唇，束颈，矮领，鼓肩斜腹下收，平底微凹。通高14.8、口径10.5、底径8.0厘米（图一一〇，2）。

11．陶盒

1件。通体可见拉坯痕。

标本M8：8，出土于墓室西北角。圆形，盒盖面微鼓略呈弧形；子母口微敛，斜壁浅腹，平底微凹。通高6.2、腹径11.3、盒身口径9.4、底径6.0、盖高2.4、盖径11.2厘米（图一一〇，3；彩版三七，4）。

12．陶灯

1件。通体可见拉坯痕。

标本M8：1，出土于墓室西北角，上部有浅碗状灯盘，灯柄饰8周竹节凹弦纹，中空，底部为圆盘状。通高20.0、上盘径7.1、底径11.3厘米（图一一〇，4）。

13．陶仓

3件。通体可见拉坯痕（彩版三七，5）。

标本M8：11，出土于墓室西北角。由仓身及仓盖组成，圆筒形，仓身肩部凸起一周宽平沿，沿上似覆碗状，直口尖圆唇，直身微收，平底；仓盖似盝状，折平沿，上部高竖尖圆纽。通高25.8、仓口径6.0、沿径15.5、底径10.2、盖高5.3、盖径8.1厘米（图一一一，1）。

14．陶灶

1件。通体可见拉坯痕。由灶台、釜、釜盖组成，圆形灶台，券形灶门，与灶门正对处有圆筒形直立烟筒与火膛相通；釜圆形，敛口，圜底，口沿外有一道凸棱；釜盖边沿凸起，盖面下凹，中间

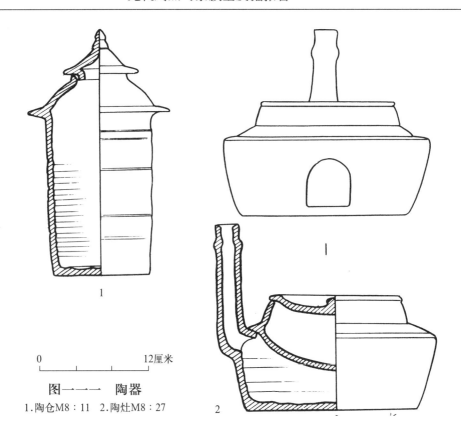

图一一一 陶器

1.陶仓M8：11   2.陶灶M8：27

有一扁圆形组。

标本 M8：27，出土于墓室东南角。通高 20、烟筒高 14.3、灶台面径 22.5、灶门高 5.0、宽 4.5、灶台底径 18.0、釜深 7.0、釜口径 13.0、沿径 20.0、盖径 14.0 厘米（图一一一，2；彩版三七，6）。

第二节 M9

一 墓葬形制

该墓为台阶式单室土洞墓，由墓道、过洞、天井、封门和墓室等部分组成，平面略呈铲形，坐北朝南，方向 165°。水平总长 13.60、墓底距地表深约 9.48 米（图一一二；彩版三八，1）。

1.墓道

平面呈南北向不规则梯形，两壁略呈弧形，残长 4.70、上口南宽 0.46、北宽 0.66 米；底部南宽 1.40、北宽 1.17 米。上口距地表深度约为 3.50 米，残存由南往北下行 19 级台阶，阶面宽 25～30、高 30～35 厘米，较规整。台阶斜度约 45°。填土为五花土，未经夯打（彩版三八，2）。

2.过洞

1 个。为台阶式拱顶土圹结构，平面呈南北向梯形。两端东西壁各内收 0.16 米，进深 2.40、南宽 0.38、北宽 0.48、拱顶高 1.50 米（彩版三八，3）。

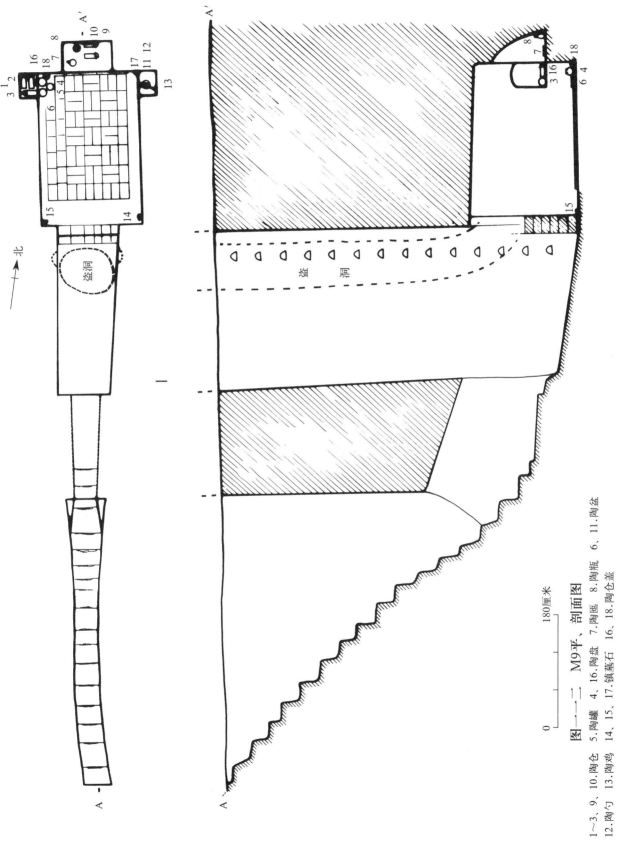

图一一二　M9平、剖面图

1～3、9、10.陶仓　4、16.陶罐　5.陶盘　6、11.陶盆
12.陶勺　13.陶鸡　14、15.陶匜　7.陶盆　8.陶瓶　16、18.陶仓盖
17.镇墓石

3.天井

1个。为竖穴斜坡底土圹结构,平面呈南北向长方形。壁较直,口长2.60、宽0.9米,现存深度南5.60、北5.95米;底为斜坡形,在天井北部东西两壁残存有上下错对脚窝14个,垂直分布,宽15、高17、进深8～10厘米,两脚窝间相距35～40厘米。位于天井北部发现一圆形盗洞,直径0.75～0.85米,从天井顶部通向封门内。天井填土为五花土,未经夯打。

4.封门

墓室南端与天井相接处用土坯砌封门一道,顶部已被盗洞破坏,残高1.60米,残存10层,下8层为土坯错缝竖平砌,上2层为土坯竖叠砌,土坯长48、宽24、厚14厘米(彩版三九,1)。

5.墓室

平面呈南北向正方形,长2.66、宽1.66米。拱顶土洞,南高为1.80、北高为1.70米。墓室底距地表残深9.48米。墓室四角各置小石块1个;墓室内填盗扰五花土,土质较松,在其东北部填土内含少量烧骨残块。棺床位于墓室中北部,用两层砖错缝平砌,北端为一横排立砌砖,长2.08、宽1.34、高0.04米,其上中部偏西位置残留有棺具痕迹(单棺)。条砖长26、宽16、厚2厘米(彩版三九,2)。墓室北壁及东西壁北端各开有一壁龛,壁龛底部皆高于墓室底部0.48米,龛内放置随葬品(彩版四○,1)。

北壁壁龛平面呈长方形,东西壁较直,北壁逐渐收分至及顶部呈拱形,宽0.82、进深0.50、高0.90米(彩版四○,2)。东西壁壁龛形制大小相同,平面呈长方形,宽0.40、进深0.30、高0.60米(彩版四○,2)。

因盗扰严重,葬具葬式不详。仅在填土内出土少量铁棺钉,推测原有木棺。

该墓被盗,发掘时仅存随葬品共计18件,出土于壁龛、墓室及盗洞上部填土内,主要有陶碟、陶瓶、陶勺、陶匜、陶盆、陶缸、陶器盖、陶鸡、陶仓、残陶片、石块等。

二　出土遗物

(一)陶家畜模型

陶鸡

1件。

标本M9：13,出土于墓室东龛内。立姿,头冠高扬,翘尾,尾羽向下弯曲,立于圆形底座上。通高12.5、长11.2、底座厚0.85厘米(图一一三;彩版四一,1)。

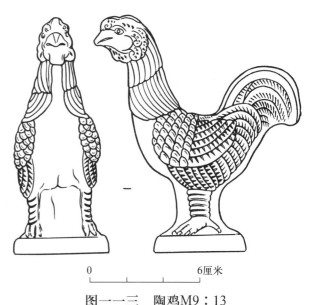

0 　　　　　　6厘米

图一一三　陶鸡M9：13

（二）陶器

共 14 件（组）。

1. 陶杯碟组合

1 组。包括杯 1 件、托碟 1 件。通体可见拉坯痕。

标本 M9：14，出土于盗洞填土内。杯，敞口，圆唇，深腹斜弧收，圈足微外撇。通高 3.8、口沿径 7.2、足径 2.8 厘米。托碟，敞口折沿微上卷，方唇，折腹斜收，平底矮圈足，通高 2.1、口沿径 9.4、足径 5.2 厘米（图一一四；彩版四一，2）。

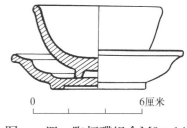

图一一四 陶杯碟组合M9：14

2. 陶盆

2 件。分深腹、浅腹两型。通体可见拉坯痕。

Ⅰ型 1 件。

标本 M9：11，出土于墓室东龛内。撇口，小折沿，深腹微折斜下收，平底微凹。通高 5.5、口沿径 14.5、底径 5.7 厘米（图一一五，1；彩版四一，3）。

Ⅱ型 1 件。

标本 M9：6，出土于墓室西北部。直口，折沿微上卷，圆唇，浅腹微折斜收，平底微凹。通高 3.5、口沿径 14.3、底径 7.4 厘米（图一一五，2）。

3. 陶勺

1 件。

标本 M9：12，出土于墓室东龛的陶盆内。细长柄，柄部横断面呈扁圆形，浅斗。通长 13.4、柄长 8.5、斗深 2.0 厘米（图一一五，3；彩版四一，4）。

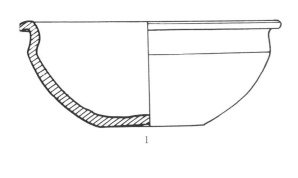

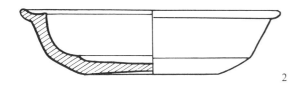

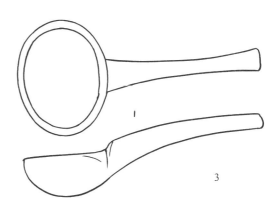

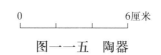

图一一五 陶器

1. Ⅰ型陶盆M9：11　2. Ⅱ型陶盆M9：6　3. 陶勺M9：12

4．玉壶春瓶

1件。瓶身通体可见拉坯痕。

标本 M9：9，出土于墓室北龛内。敞口，尖圆唇，长束颈，溜肩，鼓腹，矮圈足。通高14.8、口径4.8、足径4.0厘米（图一一六，1；彩版四一，5）。

5．陶匜

1件。匜身可见拉坯痕。

标本 M9：7，出土于墓室北龛内，呈瓢形，直口微敞，浅腹弧壁斜收，平底微凹，体侧伸出一短流。通高4.9、匜体高3.7、口径10.4、流口宽1.5、流长4.5厘米（图一一六，2；彩版四一，6）。

6.陶罐

1件。通体可见拉坯痕。

标本 M9：4，出土于墓室西北部，直口方唇，束颈矮领，鼓肩斜腹下收，平底。通高13.0、口沿径8.5、底径6.2厘米（图一一六，3；彩版四二，2）。

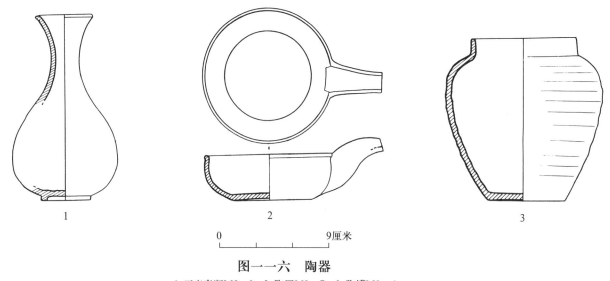

0　　　　　　9厘米

图一一六　陶器

1.玉壶春瓶M9：9　2.陶匜M9：7　3.陶罐M9：4

7．陶仓

5件。通体可见拉坯痕。其中3件出土于墓室西龛内，2件出土于墓室北龛内（彩版四二，1）。

标本 M9：9，出土于墓室北龛内。仓中残存粮食朽粒；由仓身及仓盖组成，圆筒形，仓身肩部凸起一周宽平沿，沿上似覆碗状，直口尖圆唇，直身微收，平底；仓盖似盔状，折平沿，上部高竖尖圆纽。通高27.0、仓口径7.0、沿径14.3、底径10.3、盖高5.2、盖径8.3厘米（图一一七，1）。

8．陶灶

1件。通体可见拉坯痕。

标本 M9：5，出土于墓室西北部，由灶台、釜、釜盖组成，圆形灶台，券形灶门，与灶门正对

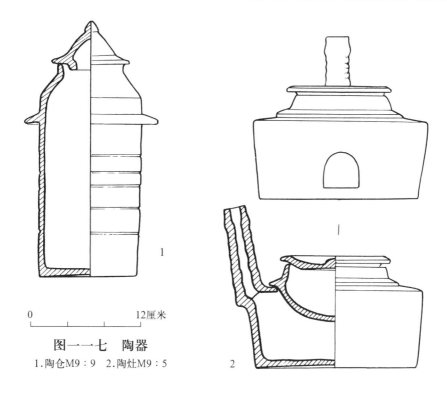

图一一七　陶器

1.陶仓M9：9　2.陶灶M9：5

处有圆筒形直立烟筒与火膛相通；釜圆形，敛口，圜底，口沿外有一道凸棱；釜盖边沿凸起，盖面下凹，中间有一扁圆形纽。通高 17.1、烟筒高 11.0、灶台面径 19.0、灶门高 3.6、宽 4.0、灶台底径 17.0、釜深 7.0、釜口径 10.7、沿径 14.0、盖径 11.4 厘米（图一一七，2；彩版四二，3、4）。

（三）镇墓石

4 块。不规则的自然石块，未经琢磨。

标本 M9：17，呈黑色，出土于墓室东北角。长 4.5、宽 2.9、厚 3.0 厘米（图一一八，1；彩版四二，5 右 1）。

标本 M9：15，呈红色，出土于墓室西南角。长 10.3、宽 5.3、厚 1.6 厘米（图一一八，2；彩

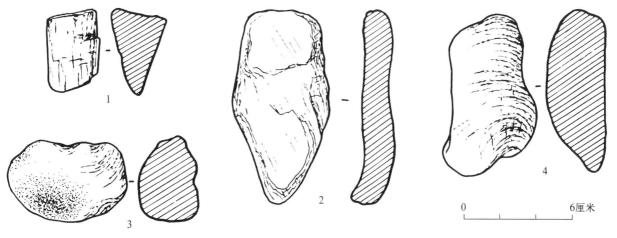

图一一八　镇墓石

1～4.M9：17、15、18、16

版四二，5左1）。

标本M9：18，呈白色，石英岩质，出土于墓室西北角。长6.5、宽4.4、厚3.4厘米（图一一八，3；彩版四二，5右2）。

标本M9：16，呈青黑色，出土于墓室东南角。长8.5、宽5.2、厚3.3厘米（图一一八，4；彩版四二，5左2）。

第三节　M15

一　墓葬形制

该墓系多台阶墓道前后室土洞墓，由墓道、过洞、天井、封门和前、后墓室等部分组成，平面呈"中"字形，坐北朝南，方向172°。水平残长12.52、墓底距地表深约12.00米（图一一九）。

1. 墓道

位于墓室南部。平面略呈长方形，残长4.42、宽0.52、残深5.20米，壁面较垂直，修造粗糙，墓道底由南往北下行呈斜坡状多台阶，台阶共18级，高约0.40、宽0.28～0.40米，台阶面较平坦，有踩踏硬面。墓道填土为五花土，较硬，未经夯打。

2. 过洞

位于天井与墓道间，平面呈长方梯形，水平长1.20、南宽0.48、北宽0.54、高2.72～3.44米，底与墓道相连均为台阶底，顶面为近拱顶，距现开口北端深2.96、南端深2.50米，呈斜坡状。过洞内填松散的五花土。

3. 天井

位于过洞与墓室间，平面呈长方梯形，长2.16、南宽0.90、北宽1.00米，南宽北窄，壁面垂直，略粗糙，底面由两层台阶转南高北低缓坡状。斜面长1.74米，坡度4°。天井深6.40～7.00米，斜坡面向北延伸入墓室内。天井内填较硬的五花土。天井南部东西两壁设错对脚窝，脚窝呈半圆状，每壁残存11个，宽16、进深8、洞高6厘米，相邻脚窝间距约42厘米左右。天井北部有一盗洞随天井竖直而下，破坏封门，进入墓室。

4. 封门

位于墓室南端，门洞平面呈长方形，拱顶，长0.14、宽1.00、高1.30米。原有砖封门已被盗掘破坏，内填扰土。

5. 墓室

平面呈"凸"字形，分前、后室，土洞拱顶，平底。总长4.58米。前、后室均呈梯形，南部窄，

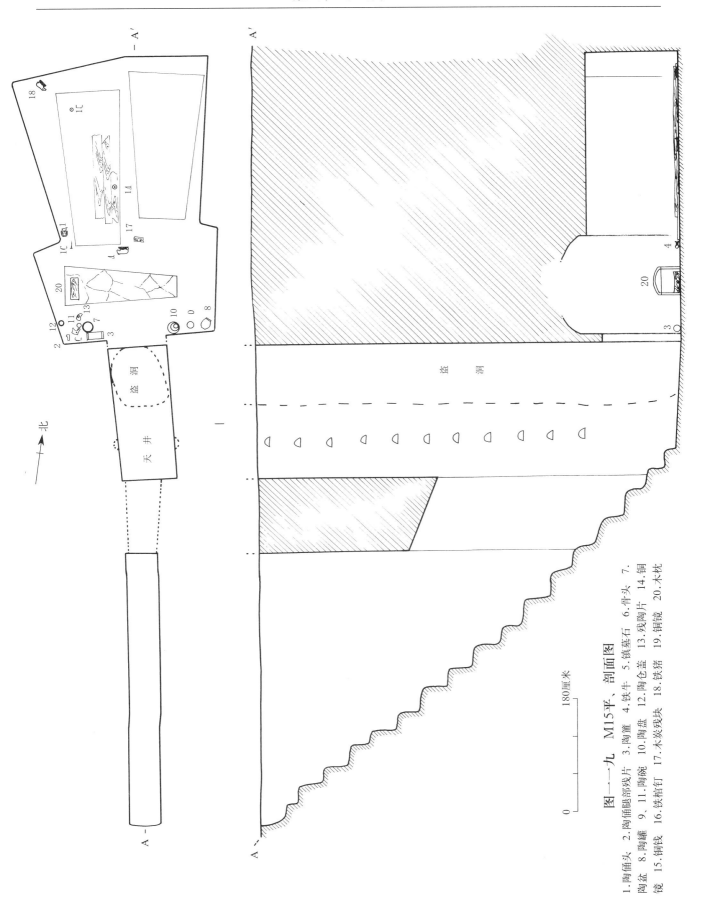

图一一九　M15平、剖面图

1.陶俑头　2.陶俑腿部残片　3.陶罐　4.铁牛　5.镇墓石　6.骨头　7.陶盆　8.陶罐　9、11.陶碗　10.陶盘　12.陶仓盖　13.残陶片　14.铜镜　15.铜钱　16.铁棺钉　17.木炭残块　18.铁猪　19.铜镜　20.木枕

北部宽，拱顶方向互相垂直（彩版四三，1）。

前室：墓口距地表残深5.70、南北进深1.72、东西2.38～3.12、高1.96米，墓室顶南北拱弧。前室口部堆积大量从天井内盗扰所致的五花土，两侧堆积有封门条砖，夹杂有矿泉水瓶等现代遗物。

墓室前室中部出土有陶棺碎片若干，灰黑陶质，经修复为1具，由棺身与棺盖组成，一端宽高，一端窄低，由底部向上渐收，表面拍印有粗绳纹，通长193.0、壁厚3.0厘米；棺底窄端宽43.0、通高40.0、宽端宽65.0、通高60.0厘米；拱形棺盖，宽端中部有一圆孔，孔径4.0、棺盖窄端宽40.0、拱高10.0、宽端宽61.0、拱高16.0厘米。陶棺内残存有木炭渣（图一二〇，1；彩版四三，2、彩版四五，1、2）。前室中部偏西的陶棺残片中出土有木枕1件（M15：采6），原应放置于陶棺内，是用原木粗加工制成的葬具，长方形，中部微凹，呈上圆下方样式，长39.0、宽13.0、高12.0厘米（图一二〇，2；彩版四四，1、四五，3）。

后室：位于前室北壁中部，南北进深2.86、东西2.30～3.12、高1.55米，墓室顶东西拱弧。东西两壁斜直内收。壁面斜收度为14°，垂直1.25米起弧。后室残存被盗掘破坏的棺木遗迹，两棺南端中部放置有1块镇墓石块（彩版四四，2）。

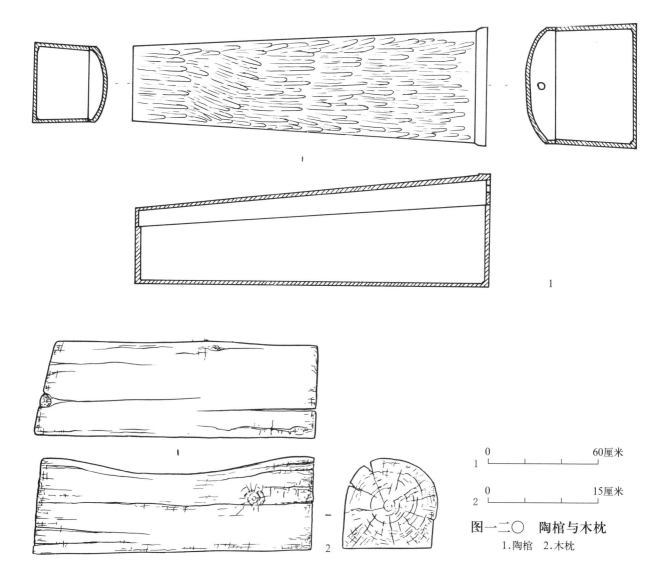

图一二〇　陶棺与木枕
1.陶棺　2.木枕

葬具：木棺2具，根据其放置位置分东西两棺，南北向并列放置于后室中部。

东棺放置于后室东部，从盗扰后散乱的大块棺椁残迹和棺底残存迹象发现为双层棺底，中间夹有木炭渣，外层木棺板厚5.0、内层木垫层厚1.5厘米。其棺底残迹基本可辨木棺平面呈梯形，长2.38、南宽0.76、北宽1.24米。棺底有水银残存。西棺放置于后室西部，木棺，被盗扰仅残存棺底残迹，平面呈梯形，长2.50、南宽0.74、北宽1.02米。双层棺底，中间夹有排列有序的铜钱和纺织物，均朽蚀严重（彩版四五，4）。

葬式：两棺均被盗扰破坏严重，从残迹中见人骨已朽成骨沫，葬式等不详。

该墓被严重盗扰，部分随葬品被移位。在墓室填土中发现有陶俑头部及腿部部分残片，无法修复。出土随葬品余计14件，均出于墓室内，主要有铁牛、铁猪、陶俑、陶器、铜镜、铜钱等。

二　出土遗物

（一）陶器

共11件（组）。

1.陶簠

1件。

标本M15：3，出土于墓室前室西南角。平顶方盖，簠身方柱体，直壁，内圆外方，平底。通高21.0、罐深15.0、罐外口方径11.4、内口圆径7.3、壁厚1.0、底径9.0厘米（图一二一；彩版四六，1）。

2．陶碗

2件。出土于墓室前室东南角，通体可见拉坯痕。分2型。

Ⅰ型　1件。

标本M15：9，敞口，圆唇，浅腹弧斜收，饼足，旋削成外高内低状，中心内凹。通高3.3、口径11.2、足径4.5厘米（图一二二，1；彩版四六，2左）。

Ⅱ型　1件。

标本M15：11，敞口，方圆唇，浅腹弧斜收，饼足。通高3.3、口径10.8、足径4.2厘米（图一二二，2；彩版四六，2右）。

3．陶盏

1件。残。出土于墓室前室东南部。

标本M15：6-2，敞口，圆唇，斜腹，平底微凹。通高3.0、口径8.5、底径4.0厘米。

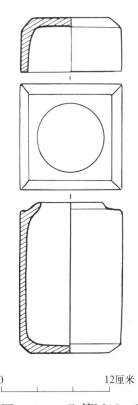

0　　　　　　　　　12厘米

图一二一　陶簠M15：3

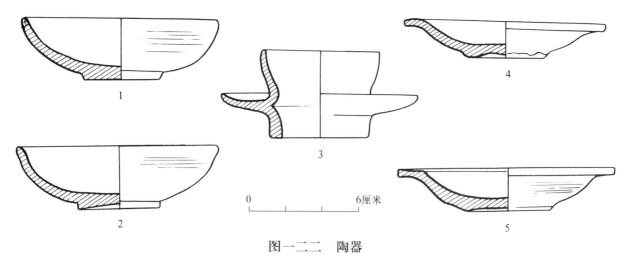

图一二二　陶器

1.Ⅰ型陶碗M15：9　2.Ⅱ型陶碗M15：11　3.陶盏托M15：6-1　4.Ⅰ型陶碟M15：10-1　5.Ⅱ型陶碟M15：10-2

4．陶盏托

3件。其中2件残。通体可见拉坯痕。出土于墓室前室东南部。

标本M15：6-1，浅盘托，托盘周缘略上弧，托口圆唇，底部圈足。通高4.6、口径6.5、托盘径11.0、足径5.5厘米（图一二二，3；彩版四六，3）。

5．陶碟

2件。出土于墓室前室东南角，通体可见拉坯痕。分2型。

Ⅰ型　1件。

标本M15：10-1，敞口，折沿，方唇，浅腹斜平收，圜底，矮圈足，足沿平。通高2.0、口沿径11.0、足径4.2厘米（图一二二，4；彩版四六，4右）。

Ⅱ型　1件。

标本M15：10-2，敞口，平折沿，方唇，浅腹斜折收，平底微凹。通高2.3、口沿径12.0、底径4.7厘米（图一二二，5；彩版四六，4左）。

6．陶盆

1件。出土于墓室前室东南，通体可见拉坯痕。

标本M15：7，撇口，小卷沿，圆唇，深腹微折斜下收，平底微凹。通高5.8、口沿径15.5、底径8.0厘米（图一二三，1；彩版四六，5）。

7．陶罐

1件。出土于墓室前室东南，通体可见拉坯痕。

标本M15：8，直口微敞，圆唇，束颈，矮领，圆肩，鼓腹斜收，

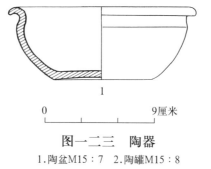

图一二三　陶器

1.陶盆M15：7　2.陶罐M15：8

罐身有棱，平底微凹。通高 11.2、口沿径 8.6、腹径 12.6、底径 6.5 厘米（图一二三，2；彩版四六，6）。

（二）铜器

共 3 件（组）。

1.铜折股钗

1 件。

标本 M15：5，出土于墓室后室填土内，圆首折股，钗身弯弧，钗末端呈圆形，首端渐细分为两股。通长 7.6、钗首宽 1.1 厘米，重 5.2 克（图一二四，1）。

2.铜镜

1 件。

标本 M15：13，出土于墓室后室中部西棺东侧位置，圆形，圆纽，素缘窄平，环绕镜纽为十字形两重四叶展瓣的花卉纹饰，每两瓣花叶之间下压两重锯齿纹饰，在花叶与锯齿之间以内凹弧瓣相连。直径 6.2、纽高 0.9、缘厚 0.3 厘米，重 63.2 克（彩版四七，1）。

3.铜钱

若干。

标本 M15：4，铺于墓室后室西棺棺底，多数锈蚀残损严重，其中 3 枚表面粘着棺底纺织物，计有“开元通宝”“元祐通宝”2 种（表四）。

（三）铁器

共 3 件（组）。

1.铁牛

1 件。通体锈蚀严重。

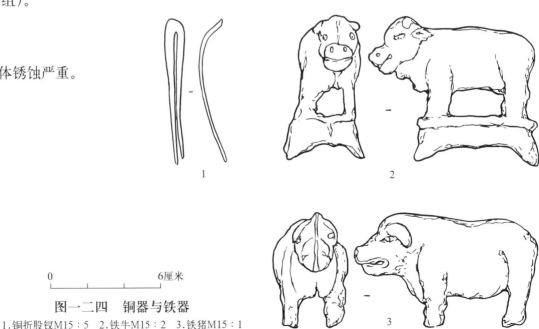

0   6厘米

图一二四　铜器与铁器

1.铜折股钗 M15：5　2.铁牛 M15：2　3.铁猪 M15：1

（单位：厘米，重量：克）

表四　M15出土铜钱登记表

式样	标本号	钱文	记号	廓径	钱径	穿宽	廓宽	廓厚	肉厚	字体	读法	重量	年代	数量	备注	拓片
1	M15：4	开元通宝	"元"字右挑	2.5	2.1	0.68	0.21	0.14	0.10	隶	直读	4.00	唐	1	《旧唐书·食货志上》载：武德四年七月，废五铢钱，行开元通宝钱	
2	M15：4	开元通宝		2.3	2.0	0.68	0.20	0.10	0.10	隶	直读	1.90	唐	1	《旧唐书·食货志上》载：武德四年七月，废五铢钱，行开元通宝钱	
3	M15：4	元祐通宝		2.45	1.8	0.55	0.30	0.14	0.09	篆	旋读	2.90	宋	1	宋哲宗元祐（1086～1093年）	

注：另有3枚铜钱表面上残留有麻布纹痕迹

标本 M15：2，出土于墓室后室中部。站立状，体肥硕，较写实。四足立于铁座之上，铁座四足外撇。通高 7.4、牛身长 9.3、牛高 5.5、铁座上宽 3.5、下宽 4.5、上长 6.6、下长 6.9、座高 1.9 厘米（图一二四，2；彩版四七，2 右、3 右）。

2. 铁猪

1 件。通体锈蚀严重。

标本 M15：1，出土于墓室后室西北角。站立状，体肥硕，较写实。无座。通高 6.0、身长 10.2 厘米（图一二四，3；彩版四七，2 左、3 左）。

3. 铁棺钉

若干。采集自墓室填土中。表面锈蚀严重，已残断。钉头呈方形（彩版四七，4）。

（四）镇墓石

镇墓石

5 块。不规则的自然石块（河石）。未经琢磨，采集于墓室填土中（彩版四七，5）。

标本 M15：采 1，表面呈杂色略红。长 12.5、宽 6.5、厚 6.5 厘米（图一二五，1）。

标本 M15：采 2，表面呈姜黄色。长 13.5、宽 10.0、厚 8.0 厘米（图一二五，2）。

标本 M15：采 3，表面呈杂色偏粉。长 12.0、宽 10.0、厚 5.5 厘米（图一二五，3）。

标本 M15：采 4，表面呈暗红偏褐色。长 12.0、宽 7.5、厚 4.5 厘米（图一二五，4）。

标本 M15：采 5，表面呈偏白杂黑色。长 8.5、宽 6.0、厚 4.0 厘米（图一二五，5）。

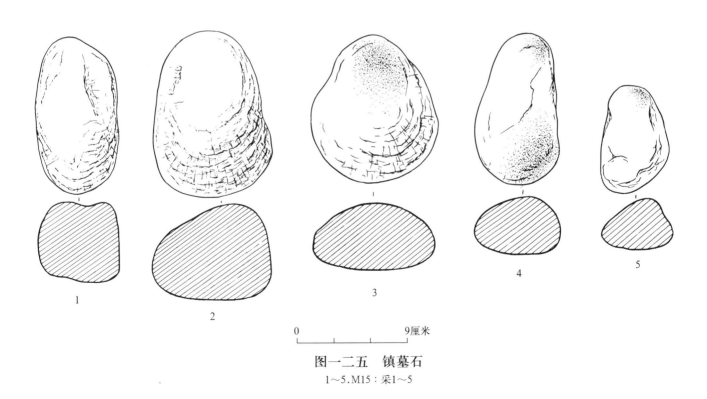

0　　　　　　　9厘米

图一二五　镇墓石

1～5.M15：采1～5

第四节　M19

一　墓葬形制

该墓为台阶式墓道单室土洞墓，由墓道、天井、封门、墓室等部分组成，平面略呈铲形，坐北朝南，方向170°。水平总长8.40、墓底距地表深约7.00米（图一二六；彩版四八，1）。

1.墓道

平面呈南北向梯形，长1.40、上口南宽0.60、北宽0.52米。开口距地表深约0.30、北端距开口层深1.50米。墓道两壁基本竖直，壁面原经铲平修整，平整光滑。残存台阶5级，台阶长0.52～0.60、宽0.26～0.28米，填土为较硬的深褐色五花土，未经夯打。

2.天井

1个。为竖穴斜坡底土圹结构，平面略呈南北向梯形。长2.64、南宽0.88、北宽1.10、深1.50～2.00米，坡度13°；东西两壁基本竖直，南北两壁从开口向下略向内收，四壁壁面原均做铲平修整，除北壁局部坍塌外，均平整光滑。天井填土内为深褐色五花土，土质较硬，未经夯打（彩版四八，2）。

3.封门

位于天井北壁下。门洞平面呈梯形，近平顶土洞结构，平底，地面踩踏平整光滑，东西两壁竖直壁面原作铲平修整，表面光滑，进深0.24、南宽1.10、北宽1.12、洞高1.10米，内填五花土。门洞南端有砖封门，在封门前先用熟土夯筑基础，在基础上再用11块土坯纵向竖立砌筑一层，土坯长32、宽18、厚10厘米。然后在土坯上用素面条形青砖竖丁向倒"人"字形封堵3层，每层用砖17～19块，最后用条砖平衡错缝封墙3层，每层用砖3块，封门面宽1.10、通高1.30、厚0.14米，条砖长30、宽14、厚4.5厘米（彩版四八，3）。

4.墓室

平面呈南北向梯形，土洞穹窿顶，地面与甬道地面平齐，四壁竖直，原作铲平修整，平整光滑，后因盗扰破坏及长期进水，壁面多已垮塌，四壁仅存底部保持原状，四壁约从1.22米处起券，穹窿顶因机械取土破坏，具体弧高不详。其南北进深3.00、南宽3.60、北宽4.10米。墓室底距地表残深7.00米。在墓室顶部南端偏西有一近圆形盗洞直通墓室底，洞径约0.45米。墓室内填满深褐色五花塌土（彩版四九，1）。

壁龛3个。位于墓室的东、西壁南部及北壁中部各开挖一壁龛，平面略呈长方形，平顶土洞式，修造较粗糙。东壁龛进深0.30、宽0.80、高0.60米；西壁龛进深0.20、宽0.93、高0.60米；北壁龛进深0.54、宽1.96、高0.60米；龛底与墓底位于同一平面。

该墓为四人合葬墓，木棺腐朽损毁严重，棺灰呈灰褐色，从残存朽痕观察，在墓室中部由东向西依次南北纵向放置木棺四具：

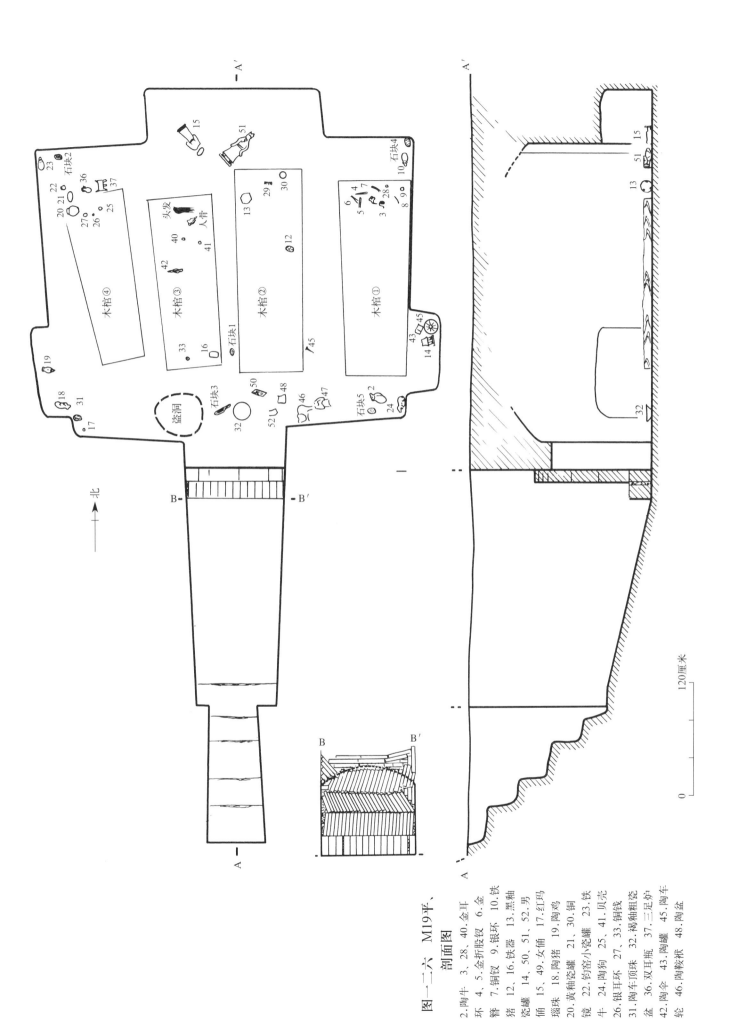

图一二六 M19平、剖面图

2.陶牛 3、28、40.金耳环 4、5.金折股钗 6.金簪 7.铜钗 9.银器 10.铁猪 12、16.铁器 13.黑釉瓷罐 14、50、51、52.男俑 15、49.女俑 17.红玛瑙珠 18.陶猪 19.陶鸡 20.黄釉瓷罐 21.铜镜 22.钧窑小瓷罐 23.铁牛 24.陶狗 25、41.贝壳 26.银耳环 27、33.铜钱 31.陶车顶珠 32.褐釉粗瓷盆 36.双耳瓶 37.三足炉 42.陶伞 43.陶罐 45.陶车轮 46.陶鞍袱 48.陶盆

墓室东侧棺①长 2.06、北宽 0.80、南宽 0.68 米；朽毁严重，仅存灰迹，在其内北端位置残存发髻及簪、钗、耳环等金首饰（彩版四九，2、3）。

墓室中部偏东棺②长 2.16、北宽 0.70、南宽 0.60 米，残存部分侧板，板厚 0.10 米；棺内随葬有黑釉瓷罐（M19：13）1 件，放置于棺内东北处。棺内北部残存发辫 1 段，棺底残留有黑色碳渣（彩版四九，3；彩版五〇，1 ～ 3）。

墓室中部偏西棺③长 1.80、北宽 0.74、南宽 0.60 米；朽毁严重，仅存灰迹。

墓室西侧棺④长 1.80、北宽 0.60、南宽 0.50 米。朽毁严重，仅存部分棺板及黑色、红色漆皮。棺内随葬有青黄釉瓷罐（M19：20）及钧窑蓝釉小罐（M19：22）各 1 件，放置于棺内东北处（彩版五一，1、2）。

因盗扰，在棺灰中夹杂有零星人骨朽渣，在墓室东侧②棺内采集到发辫 1 段、墓室西侧③棺内采集到牙齿若干，根据出土物及棺痕推测东侧②棺墓主为男性，其余为女性。在墓室扰土中采集到头骨残片一件及木炭若干（彩版五一，3）。年龄及葬式无法判断。

该墓曾被盗扰破坏，发掘时仅存随葬品计 56 件（组），分五组放置于墓室及壁龛中，第一组放置于墓室南部及东南角、西南角；第二组置于墓室东龛内；第三组放置于墓室东北角及西北角；第四组放置于墓室北龛口；第五组放置于墓室各棺及周围；主要有陶器、瓷器、金器、银器、铜器、铜钱（表五）、铁器、木器、骨器及其他等。另有 5 块镇墓石，分别出土于墓室东侧②棺与③棺间、墓室东南角、墓室东北角、墓室西北角、墓室西南角。

二　出土遗物

（一）陶俑及家畜模型

共 16 件（组）。

1. 男侍俑

3 件。残。

标本 M19：51，出土于墓室北龛口，出土时头部与俑身断为两部分（彩版五一，4）。头戴交角幞头，身着方领窄袖衫，腰间用革带束两周，一周束于腰部，一周束于上腹部，插尾端于腰带后侧，将外罩衫下摆缠裹于腰后，右臂搭长巾曲肘于腹前；左手隐于袖内，略弯曲后垂，下着裤，束于鞋袜内，并用带系扎于小腿，两足分立于长方形踏板上（图一二七，1）。

标本 M19：52，出土于墓室填土内。俑残，仅存头部。头戴交角幞头，幞头略残。残高 7.0 厘米（图一二七，2）。

标本 M19：50，出土于墓室填土内。俑残，仅存头部。头裹巾，上饰三花。残高 5.0 厘米（图一二七，3）。

2. 男僮仆俑

1 件。

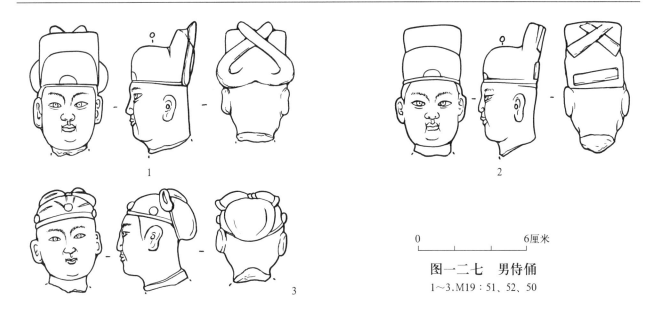

图一二七　男侍俑
1～3.M19：51、52、50

标本 M19：14，出土于墓室东龛。与刘元振墓（M16）中男僮仆俑 I 型的服饰相似，不见帽饰。长圆脸，头顶短发婆焦，目视前方，双手笼于袖内拱于胸前，左腕上搭格纹长巾，身着右衽交领窄袖长袍，腰束窄带，垂双铊尾于腰后，袍下着长裤覆于鞋面，直身，两腿分立于长方形踏板上。通高 28.8、踏板长 10、宽约 7.9、厚约 1.0 厘米（图一二八，1；彩版五二，1）。

3.女侍俑

2 件。

标本 M19：15，出土于墓室北龛口，出土时俑身碎裂，头部下有插隼，原与俑身连接。服饰与

图一二八　陶俑
1.男僮仆俑M19：14　2.女侍俑M19：15

刘元振墓（M16）中出土的 B 组女俑相似。长圆脸；头梳盘龙髻，目视前方，双手抱拳笼于袖内位于胸前，身穿左衽交领窄袖短襦，胸前结带饰，襦下露软带，下着长裙，微露尖头履，直身立于长方形踏板上。通高 29.0、踏板长 10.0、宽约 6.5、厚约 1.0 厘米（图一二八，2；彩版五二，2 左）。

4．陶俑配件

钹笠帽　1 件。出土于墓室内。为陶俑残件。

标本 M19：53，帽顶垂缨。帽径 5.3、帽高 2.7 厘米（图一二九，1）。

后檐帽　1 件。出土于墓室内。为陶俑残件。

标本 M19：54，帽顶垂缨。帽长 6.7、帽高 2.7 厘米（图一二九，2）。

陶伞　1 件。仪仗俑手持器杖。出土于墓室西侧③棺内。

标本 M19：42，伞身收拢，三层，中空，柄佚，顶部有柿蒂形饰，中间有一孔；通高 9.7 厘米（图一二九，3）。

陶卧瓜　2 件。仪仗俑手持器杖。出土于墓室南部。

标本 M19：34，呈横卧金瓜状，体分五瓣，其下出头有孔，不中通，杖已佚。通高 3.2、瓜头长 3.4、瓜径 2.0 厘米（图一二九，4）。

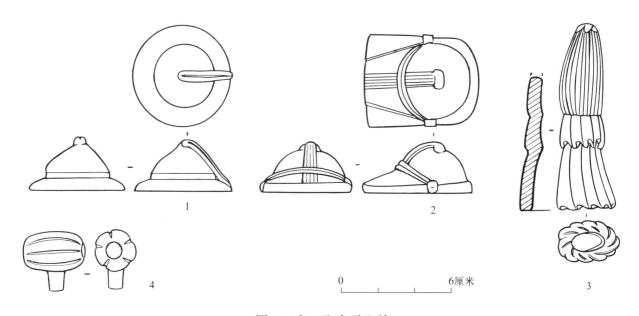

0　　　　　　　　6厘米

图一二九　陶车马配件

1.钹笠帽M19：53　2.后檐帽M19：54　3.陶伞M19：42　4.陶卧瓜M19：34

5．陶马车

1 组，残佚，仅存部分组件。另有若干陶马残片，未能修复。

鞍袱　1 件。应为陶服马背上所驾鞍袱。出土于墓室内。

标本 M19：46，前高后低呈凸起状。高 17.0、跨宽 14.0 厘米（图一三〇，1）。

车辕　1 副。应为陶车组件。出土于墓室南部。

标本 M19：39，辕首微曲，辕尾为截面呈长方形插隼状。通长 21.3、隼长 3.3 厘米（图

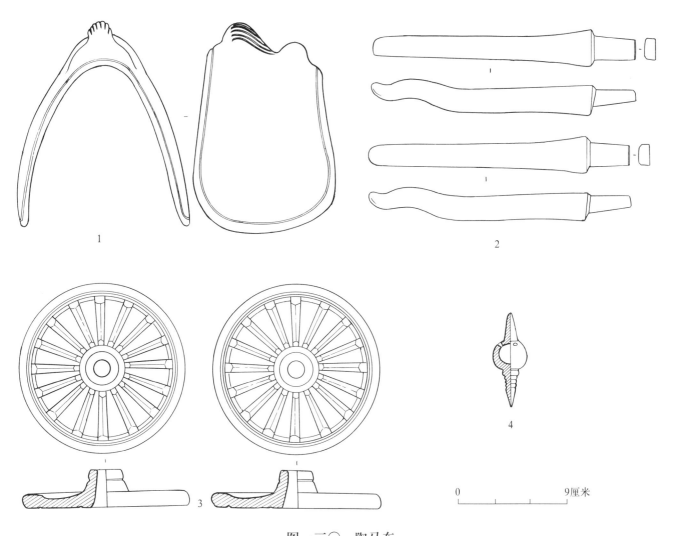

图一三〇　陶马车

1.鞍袱M19∶46　2.车辕M19∶39　3.车轮M19∶45　4.车顶珠M19∶31

一三〇，2）。

车轮　1副。应为陶车组件。出土于墓室东龛内。

标本M19∶45，车轮径17.5厘米，每轮有16根辐条，轴孔径1.3厘米（图一三〇，3）。

车顶珠　1件。应为陶车组件。出土于墓室南部。

标本M19∶31，形似塔顶状，中间为圆珠，上方为5节塔刹样式，下方为倒圆锥式。通高7.5、珠径3.0厘米（图一三〇，4）。

6．陶牛

1件。

标本M19∶2，出土于墓室东南角。卧姿，昂首，略向右侧，角上弯略残，尾右卷贴于臀右，四体弯曲卧于长方形底座上。残高9.5、通长17.9厘米，底座长14.7、宽约6.4、厚约1.0厘米（图一三一，1；彩版五三，1）。

0　　　　　　　　9厘米

图一三一　陶家畜模型

1.陶牛M19：2　2.陶猪M19：18　3.陶狗M19：24　4.陶鸡M19：19

7. 陶猪

1件。

标本 M19：18，出土于墓室西南角，卧姿，头抬起正视前方，耳下垂贴于两侧，长吻前伸，鬃毛高竖，短尾弯向右侧，四体弯曲卧于长方形底座上。通高 8.7、通长 16.0、底座长 11.7、宽约 4.9、厚约 1.5 厘米（图一三一，2；彩版五三，2）。

8. 陶狗

1件。

标本 M19：24，出土于墓室东南角，卧姿挺胸昂首，目上视，头部右偏转，双耳下垂，体偏瘦，长尾于体右侧蜷曲，屈腿弓腰卧于长方形底座上。通高 8.0、长 10.4、底座长 10.4、宽约 5.4、厚约 1.2 厘米（图一三一，3；彩版五三，3）。

9. 陶鸡

1件。

标本 M19：19，出土于墓室西南角，立姿，头冠高扬，翘尾，尾羽向下弯曲，立于圆形底座上。通高 13.1、长 11.0、底座厚 1.0 厘米（图一三一，4；彩版五三，4）。

（二）陶器

共 6 件（组）。

1．陶盆

1件。

标本 M19：48，出土于墓室内。敞口，宽平沿微卷，圆唇，浅腹，平底。通高 3.0、口沿径 14.8、底径 8.2 厘米（图一三二，1）。

2．陶双耳瓶

1件。

标本 M19：36，出土于墓室西侧④棺内。瓶体呈六棱形，敞口，束长颈，颈部附对称小双耳，垂腹，六边形井栏圈足外撇。瓶体从上至下有五道横纹，将瓶体分六区，每区各有不同的纹饰，分别为缠枝纹、菱形纹、圆钱纹、锦底纹中心附云气瓦当纹、倒三角叶联齿纹、几何纹等。通高 17.5、口径 4.3、底径 6.0 厘米（图一三二，2；彩版五三，5）。

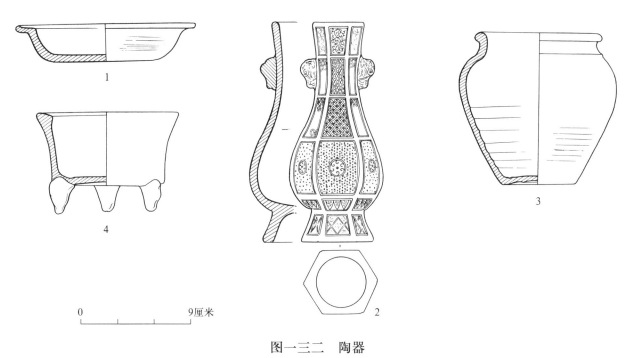

图一三二　陶器

1.陶盆M19：48　2.陶双耳瓶M19：36　3.陶罐M19：43　4.陶三足炉M19：37

3．陶罐

1件。

标本 M19：43，出土于墓室东龛内。敞口，圆唇微卷，束颈，矮领，圆肩斜下收，底部内凹。通高 12.2、口沿径 10.6、底径 6.0 厘米（图一三二，3）。

4．陶三足炉

1件。

标本 M19：37，出土于墓室西侧④棺下。大口，斜平沿，深腹，平底微凹，腹壁略内收，三矮足。通高 8.0、口径 11.7、足高 3.0 厘米（图一三二，4；彩版五三，6）。

5.陶灶

1件。

标本M19：47，残片出土于墓室填土内，已修复，通体可见拉坯痕。由灶台、釜、釜盖组成，圆形灶台，券形灶门，与灶门正对处有方柱形直立烟筒与火膛相通；釜圆形，敛口，圆底，口沿外有一道凸棱；釜盖边沿凸起，盖面下凹，中间有一扁圆形纽。

6.陶配件

1件。

标本M15：采6，采集于墓室填土中，形似硬脚幞头，底部有方形孔洞，用途不明。高4.2、双翅最长处为7.5厘米，顶部长3.5、宽1.0厘米，底部长、宽皆2.5厘米，中间方形孔洞长、宽皆1.0厘米。

（三）瓷器

共4件。

1.黄釉瓷罐

1件。

标本M19：20，出土于墓室西侧④棺内。通体可见拉坯痕。直口，双层台状沿，方唇，圆肩，鼓腹弧收，圜底，矮圈足，内外施淡青黄色釉，外壁施釉不到底。通高10.5、口径8.5、足径6.0厘米（图一三三，1；彩版五四，1）。

2.黑釉瓷罐

1件。

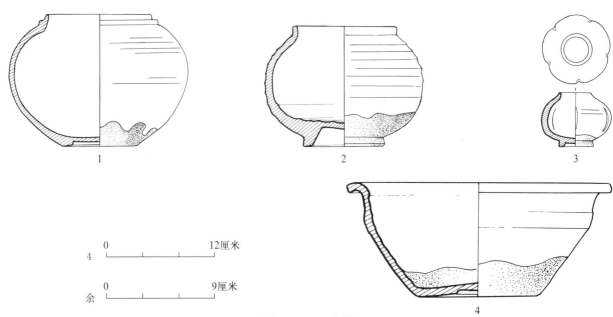

图一三三 瓷器

1.青黄釉瓷罐M19：20 2.黑釉瓷罐M19：13 3.钧窑小瓷罐M19：22 4.褐釉粗瓷盆M19：32

标本 M19：13，出土于墓室东侧②棺内。通体可见拉坯痕。直口微敞，方唇，圆肩，鼓腹弧收，圈足，内高外低，足底平，足端外侧斜削一刀。内、外施黑釉，外壁施釉不到底。通高 9.5、口径 8.5、足径 6.5 厘米（图一三三，2；彩版五四，2）。

3. 钧窑小瓷罐

1 件。

标本 M19：22，口部略残，出土于墓室西侧④棺内。直口，尖圆唇，圆肩，五瓣瓜棱状鼓腹弧收，圜底，矮圈足，内、外施釉，外壁挂釉厚重，施釉不到底。通高 4.3、口径 2.6、足径 2.7 厘米（图一三三，3；彩版五四，3～5）。

4. 褐釉粗瓷盆

1 件。

标本 M19：32，出土于墓室南部。敞口，卷折沿，方唇，微折腹斜下收，壁形底，足端旋削成外高内低状微内凹。内外施黄褐色釉，外壁施釉不到底。通高 12.0、口沿径 29.0、底径 13.0 厘米（图一三三，4；彩版五四，6）。

（四）玉石器

共 3 件。

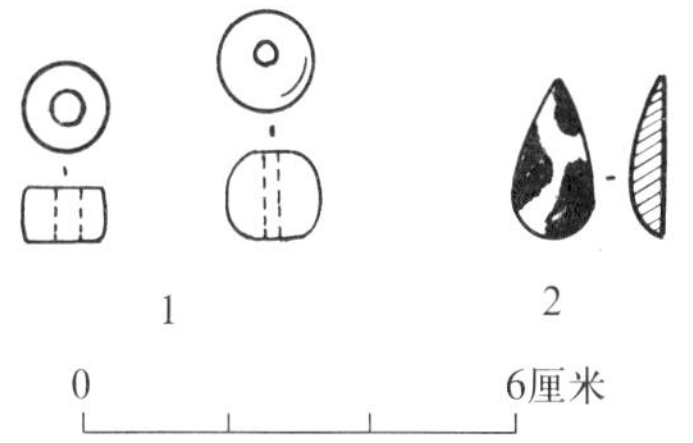

图一三四　玉石器
1.红玛瑙串珠M19：17-1、-2　2.紫水晶M19：57-1

1. 红玛瑙串珠

仅存 2 颗，出土于墓室东侧①棺内（图一三四，1；彩版五五，1）。

标本 M19：17-1，扁珠，中心穿孔。珠径 1.2、珠厚 0.75、孔径 0.4 厘米，重 2.2 克。

标本 M19：17-2，圆珠，中心穿孔。珠径 1.3、珠高 1.1、孔径 0.3 厘米，重 2.5 克。

2. 紫水晶

1 件。出土于墓室中。呈扁平水滴状，磨制，紫色。

标本 M19：57-1，高 2.1、宽 1.1、厚 0.4 厘米，重 1.2 克（图一三四，2；彩版五五，2）。

（五）金银器

共 11 件。

1. 满池娇金簪

1 件。

标本 M19：6，出土于墓室东侧①棺内。簪头为鸳鸯荷叶样式，簪脚扁长，其上錾刻有荷花荷叶纹饰。通长 13.0、簪头宽 3.1 厘米，重 12.6 克（图一三五，1；彩版五六，1～3）。

2.银如意簪

1件。

标本 M19：8,残。出土于墓室东侧①棺内。残长 5.9、宽 0.6、厚 0.1 厘米,重 2.5 克(图一三五,2)。

3.折股金钗

2件。出土于墓室东侧①棺内。

标本 M19：4,钗身弧弯,钗分两股,钗头为扁圆形,钗梁上以满地珠纹饰铺底其上錾刻有团花,作并首衔花的一对摩羯鱼样式,钗脚素光,身细心实,通长 14.1、钗头宽 0.9 厘米,重 28.4 克（图一三五,3；彩版五六,4～6）。

标本 M19：5,钗身弧弯,钗分两股,钗头为扁形,钗梁上錾刻有连环金钱样式,钗脚素光。通长 11.7、钗头宽 0.8 厘米,重 12.4 克（图一三五,4；彩版五六,7、8）。

4.金镶绿松石耳环

2件。出土于墓室东侧①棺内,以累丝金筐做出花叶金托,内以细金丝穿结镶嵌宝石,与耳环脚相接的金丝穿过天然绿松石,在底端盘绕成花蔓托。

标本 M19：3,金筐内镶嵌珍珠。高 4.2、宽 1.8 厘米,重 13.4 克（图一三六,1；彩版五七,6左）。

标本 M19：28,金筐内镶嵌小绿松石。高 4.5、宽 1.7 厘米,重 12.5 克（图一三六,2；彩版五七,6右）。

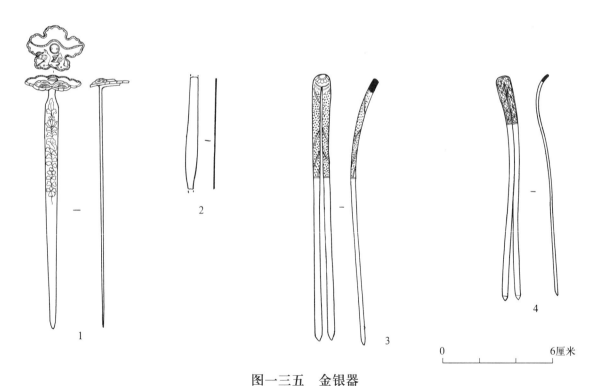

0　　　　　　6厘米

图一三五　金银器

1.满池娇金簪M19：6　2.银如意簪M19：8　3、4.折股金钗M19：4、5

5.金累丝蝴蝶镶绿松石耳环

2 件。两只耳环呈镜面对称形态，使用累丝及炸珠工艺，围出边框及底框，焊接固定在一根弯曲的鎏金银丝上，顶部各镶嵌一颗四曲形绿松石。

标本 M19：35，出土于墓室东侧②棺内。高 3.7、宽 2.6 厘米，重 4.7 克（图一三六，3；彩版五七，1、2）。

标本 M19：40，出土于墓室西侧③棺内。高 3.3、宽 3.0 厘米，重 4.6 克（图一三六，4；彩版五七，3、4）。

6.银鎏金镶绿松石耳环

2 件。出土于墓室西侧④棺内。

标本 M19：26-1，高 2.6、宽 0.8 厘米，重 2.4 克（图一三六，5；彩版五七，5 左）。

标本 M19：26-2，高 3.0、宽 1.0 厘米，重 2.9 克（图一三六，6；彩版五七，5 右）。

7.银环

1 件。

标本 M19：9，出土于墓室东侧①棺内。呈扁圆状。截面径 0.25 厘米，重 1.6 克（图一三六，7）。

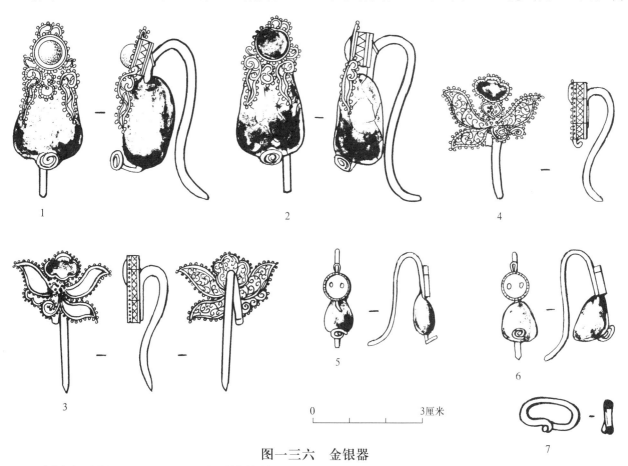

0　　　　　　　3厘米

图一三六　金银器

1、2.金镶绿松石耳环M19：3、28　3、4.金累丝蝴蝶镶绿松石耳环M19：35、40　5、6.银鎏金镶绿松石耳环M19：26-1、−2　7.银环M19：9

另在墓室南部采集到金丝若干（M19：1），重2.9克。

（六）铜器

1.铜钗

1件。

标本M19：7，出土于墓室东侧①棺内，通体锈蚀残断。残长7.4厘米，重1.1克（图一三七，1）。

2.铜镜

2件。

标本M19：21，出土于墓室西侧④棺内。圆形，圆纽。内区主纹饰为粗线条、浅浮雕表现的莲花纹，外区饰缠枝卷草纹，镜纽小而平。直径14.25、纽高1.0、缘厚0.7厘米，重306克（彩版五五，3、4）。

标本M19：30，出土于墓室东侧②棺内，圆形，圆纽。纽外主纹为青盖兽，靠近边缘处饰有一周辐射线，宽平缘，缘上饰三角锯齿纹及双线锯齿纹，镜背锈蚀严重，镜面附着有织物痕迹。直径9.9、纽高1.1、缘厚0.6厘米，重209.6克（彩版五五，5）。

3.铜钱

若干。分别出土于墓室棺具内。标本详细信息见表五。

标本M19：27，共计2枚，出土于西侧棺④内西北角。

标本M19：33，共计20枚，出土于西侧棺③内南部。

标本M19：38，共计7枚，出土于东侧棺②内。

（七）铁器

共3件（组）。

1.铁牛

1件。

标本M19：23，出土于墓室西北角（彩版五五，7），通体锈蚀严重，角部及唇部残缺。站立状，体肥硕，粗具轮廓，四足立于铁座之上，铁座四足外撇。残高6.7、牛身残长8.8、牛高5.2、铁座上宽4.0、下宽4.5、上长5.4、下长6.0、座高1.5厘米（图一三七，2；彩版五五，3左）。

2.铁猪

1件。

标本M19：10，出土于墓室东北角，通体锈蚀严重。站立状，体肥硕，粗具轮廓。四足立于铁座之上，铁座四足外撇。通高7.2、猪身长9.0、猪高5.4、铁座上宽3.3、下宽4.4、上长5.0、下长6.3、座高1.8厘米（图一三七，3；彩版五五，3右）。

表五　M19出土铜钱登记表

（单位：厘米，重量：克）

样式	标本号	钱文	记号	廓径	钱径	穿宽	廓宽	廓厚	肉厚	字体	读法	重量	年代	数量	备注	拓片
1	M19：33	开元通宝		2.48	2.10	0.65	0.19	0.12	0.04	隶	直读	3.00	唐	2	《旧唐书·食货志上》载：武德四年七月，废五铢钱，行开元通宝钱	
2	M19：38	开元通宝		2.32	1.95	0.60	0.20	0.10	0.05	隶	直读	2.30	唐	1	《旧唐书·食货志上》载：武德四年七月，废五铢钱，行开元通宝钱	
3	M19：33	咸平元宝		2.39	1.80	0.55	0.25	0.11	0.05	楷	旋读	3.30	宋	1	宋真宗咸平（998～1003年），年号钱，传真宗御笔	
4	M19：33	祥符元宝		2.53	1.70	0.62	0.38	0.11	0.05	楷	旋读	3.20	宋	2	宋真宗大中祥符（1008～1016年）	
5	M19：38	祥符元宝		2.55	1.80	0.54	0.40	0.09	0.04	楷	旋读	2.20	宋	1	宋真宗大中祥符（1008～1016年）	

序号	编号	名称	备注	直径						书体	读法	重量	质地	数量	年代说明
6	M19：33	天禧通宝		2.59	2.05	0.60	0.25	0.12	0.04	楷	旋读	3.80	宋	1	宋真宗天禧(1017～1021年)，传真宗御笔
7	M19：33	天圣元宝		2.48	2.04	0.70	0.22	0.11	0.09	楷	旋读	3.10	宋	2	宋仁宗天圣元年(1023年)
8	M19：33	明道元宝		2.56	2.00	0.62	0.31	0.11	0.05	篆	旋读	3.60	宋	1	宋仁宗明道(1032～1033年)
9	M19：33	皇宋通宝		2.48	1.70	0.65	0.35	0.10	0.05	楷	直读	2.80	宋	2	宋仁宗宝元二年至皇祐(1039～1053年)，非年号钱
10	M19：38	皇宋通宝	花穿	2.52	1.90	0.71	0.30	0.14	0.09	楷	直读	4.30	宋	1	宋仁宗宝元二年至皇祐(1039～1053年)，非年号钱

序号	标本号	名称	备注	直径						读法	书体	重量	时代	数量	年代	拓片
11	M19：33	至和元宝		2.40	1.92	0.65	0.24	0.12	0.08	旋读	篆	3.10	宋	1	宋仁宗至和元年（1054年）	
12	M19：33	元丰通宝	花穿	2.50	2.00	0.65	0.25	0.10	0.08	旋读	篆	3.40	宋	1	宋神宗元丰（1078~1085年）	
13	M19：38	元丰通宝	花穿	2.50	1.82	0.65	0.35	0.11	0.09	旋读	篆	3.80	宋	1	宋神宗元丰（1078~1085年）	
14	M19：33	元丰通宝		3.02	2.20	0.60	0.40	0.20	0.13	旋读	篆	8.40	宋	3	宋神宗元丰（1078~1085年）	
15	M19：33	元丰通宝		2.95	2.12	0.70	0.42	0.18	0.10	旋读	行	6.70	宋	1	宋神宗元丰（1078~1085年）	

序号	标本号	名称														年代
16	M19∶33	元丰通宝	花穿	2.52	1.70	0.65	0.40	0.10	0.09	行	旋读	3.50	宋	1		宋神宗元丰(1078~1085年)
17	M19∶33	元祐通宝		2.44	2.00	0.62	0.19	0.10	0.02	行	旋读	2.60	宋	1		宋哲宗元祐(1086~1093年),苏轼手书
18	M19∶38	元祐通宝		2.58	2.00	0.60	0.30	0.10	0.08	行	旋读	3.90	宋	2		宋哲宗元祐(1086~1093年),苏轼手书
19	M19∶38	圣宋元宝		2.40	1.94	0.60	0.22	0.12	0.10	篆	旋读	3.40	宋	1		宋徽宗建中靖国元年(1101年),非年号钱
20	M19∶33	宣和通宝		3.00	2.46	0.67	0.25	0.19	0.10	篆	直读	6.20	宋	1		宋徽宗宣和(1119~1125年),年号钱

注：另有Ⅲ19∶27（2枚）铜钱表面有织物纹，未除。

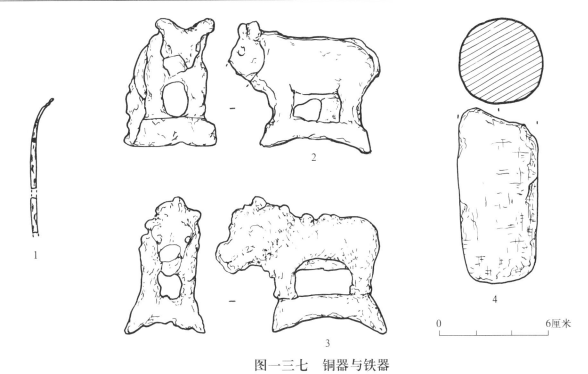

图一三七　铜器与铁器
1.铜钗M19：7　2.铁牛M19：23　3.铁猪M19：10　4.铁器M19：16

3.铁器

2件。

标本 M19：16，出土于墓室西侧③棺内，残，表面锈蚀，呈圆柱状。残长9.5、径4.7厘米（图一三七，4）。

（八）镇墓石

镇墓石

5块，不规则的自然石块（河石），未经人工涂色或琢磨。采集于墓室填土中（彩版五七，8）。

标本 M19：采1，表面呈黑色，出土时位于墓室东侧②棺与③棺间。长10.2、宽5.7、厚3.6厘米（图一三八，1）。

标本 M19：采2，表面呈青色，出土时位于墓室西北角。长9.0、宽6.3、厚5.1厘米（图一三八，2）。

标本 M19：采3，表面呈白色，出土时位于墓室西南角。长6.9、宽6.3、厚4.5厘米（图一三八，3）。

标本 M19：采4，表面呈红色，出土时位于墓室东北角。长9.0、宽9.9、厚3.3厘米（图一三八，4）。

标本 M19：采5，表面呈黄色，出土时位于墓室东南角。长6.3、宽8.1、厚3.3厘米（图一三八，5）。

（九）其他

1.木梳

1件。

标本 M19：29，出土于墓室东侧②棺内。残，木质，残存13齿。长5.5、残宽3.3、梳背厚0.8厘米，重5.2克（图一三九，1）。

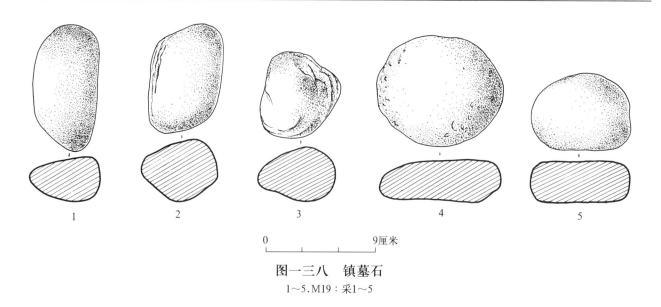

图一三八　镇墓石

1～5.M19：采1～5

2.骨片

1件。

标本 M19 ：57-3,出土于墓室中。呈长圆形指甲盖状,表面分布有细孔,深褐色。长 1.9、宽 0.75、厚 0.4 厘米,重 0.4 克（图一三九,2；彩版五七,7 右 2）。

3.骨饰

1件。

标本 M19 ：11,出土于墓室南部。表皮已朽黄,人工磨制,圆形扁状。径 1.8、厚 0.3 厘米,重 1.4 克（图一三九,3；彩版五七,7 左 1）。

4.琥珀珠

1件。出土于墓室中。

标本 M19 ：57-2,呈水滴状,表面光滑,有磨痕,底部有凹孔,褐色有斑点,横截面呈圆形。高 1.3、径 0.9、孔径 0.5 厘米,重 0.6 克（图一三九,4；彩版五七,7 左 2）。

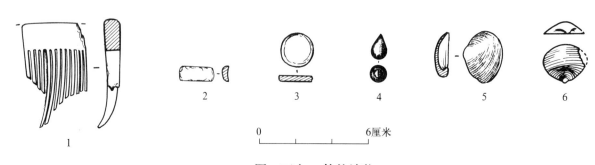

图一三九　其他遗物

1.木梳M19：29　2.骨片M19：57-3　3.骨饰M19：11　4.琥珀珠M19：57-2　5、6.蚌壳M19：25、41

5.蚌壳

2件。天然河蚌蚌壳，未经人工加工。

标本M19：25，出土于墓室西侧④棺内。表面有自然纹理。长2.7、宽2.2厘米（图一三九，5）。

标本M19：41，出土于墓室西侧③棺内。表面有自然纹理，一角微残。长2.2、宽2.0厘米（图一三九，6；彩版五七，7右1）。

第五节　M20

一　墓葬形制

该墓系竖穴土圹墓道前后室土洞墓，由墓道、封门、墓室、壁龛等部分组成，坐北朝南，方向160°。水平总长6.40、墓底距地表深约7.60米（图一四〇；彩版五八，1）。

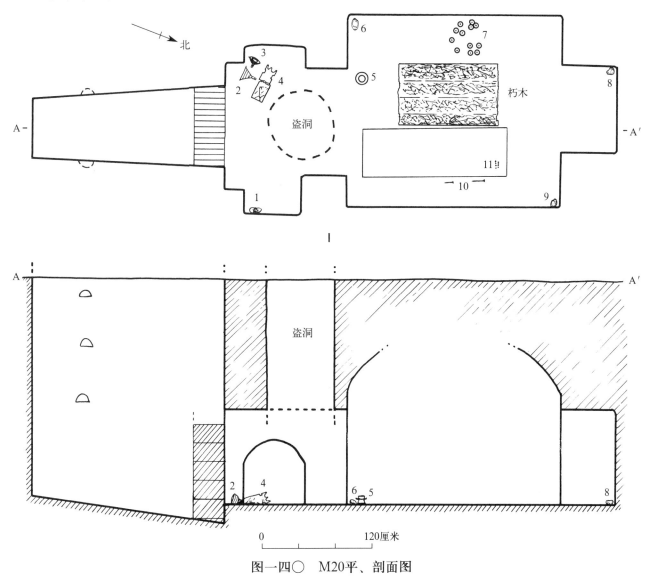

图一四〇　M20平、剖面图

1.女立俑　2、3.陶簋顶盖　4.陶簋　5.陶盏托　6、8、9.镇墓石　7.铜钱　10.棺钉　11.珠饰

1. 墓道

位于墓室南部。平面略呈梯形，竖穴直壁土圹，地面呈南高北低缓坡状，地面踩踏平整光滑，东西两壁基本竖直，壁面原作铲平修整，平整光滑；南北两壁面亦作铲平处理，北壁现存大部分已垮塌。在墓道南部东西两壁上残存上下脚窝各3个，呈小洞状，高6.0、宽16.0、进深5.0厘米。墓道内填深褐色五花土，较硬，未经夯打。墓道长2.10、上口南宽0.64、北宽0.86、残深南2.30、北2.60米（彩版五八，2）。

2. 封门

设置于墓室南口外部的墓道北壁下，为土坯封门，用土坯纵向侧立竖砌5层，再横向封堵，每层用土坯12块，土坯规格：长34、宽20、厚6厘米。封门已残，残高1.06米，宽与墓道相同，厚0.34米（彩版五九，1）。

3. 墓室

前、后室土洞结构。

前室：平面略呈梯形，地面略高于墓道斜坡底0.20米，东西两壁竖直，原作铲平修整，平整光滑，约从0.80米处起券拱顶，由于顶部坍塌，高度不详。进深1.34、南宽1.36、北宽1.14米。东西两壁偏南部各开凿有壁龛1个，平面略呈长方形，拱顶土洞式，修造粗糙，壁面不规整，东壁龛宽0.64、进深0.30米；西壁龛宽0.68、进深0.26米。前室内填五花土及坍塌土，中部发现盗洞1个，从地表竖直向下直至墓室中。

后室：平面呈近长方形，穹窿顶土洞式，底部地面与前室地面呈微缓的槽型坡。四壁竖直，南、北、西三壁均有不同程度的垮塌，除四壁局部坍塌外，其余均平整光滑。长2.34、宽2.26米，由于顶部坍塌，高度不详。在后室中部偏东南北向东西并置两具棺木，已朽成灰迹。后室内填五花土及坍塌的生土块。

后室北壁上部设1壁龛，土洞式，修造粗糙，壁面不甚规整，底部与后室地面平齐，壁龛宽0.93、进深0.62、洞高1.02米。

墓室后室西南部、东北角及北龛西北角各放置1块镇墓石。

葬具：木棺2具，朽存灰迹。东棺灰迹长1.62、北宽0.52、南宽0.48米；西棺残存部分木棺底，长1.10、北宽0.60、南宽0.55米（彩版五九，2）。

葬式：人骨2具，保存差，东棺内多数骨骼已成黄色粉末，葬式不详；西棺内骨骼堆置一起，有焚烧的迹象。

该墓遭受盗扰，出土随葬品余计8件，器类主要有陶俑、陶器、小珠饰、铜钱（表六）等。

二　出土遗物

（一）陶俑

1件。

女侍俑

1件。出土于前室东龛内（彩版五九，3），服饰、造型与M19出土女侍俑相同，但发髻及面部的细节塑造有差别。标本M20：1，头梳盘龙髻，长圆脸，身穿左衽交领窄袖短襦，胸前结带饰，襦下露软带，下着长裙，微露尖头履，双手抱拳笼于袖内位于胸前，直身立于长方形踏板上。通高25.1、踏板长8.5、宽约5.9、厚约0.8厘米（图一四一；彩版六〇，1）。

（二）陶器

共3件（组）。

1.陶碗

2件。通体可见拉坯痕。出土于后室西南部。

标本M20：6，敞口，圆唇，弧腹斜收，圜底，圈足微外撇。通高6.0、口径15.4、足径5.5厘米（图一四二，1）。

图一四一　M20出土女侍俑M20：1

2.陶盏托

1件。

标本M20：5，出土于前室西龛口。通体可见拉坯痕。浅盘托，托盘周缘略上弧，托口方唇，底部圈足。通高5.8、口径7.2、托盘径12.0、足径5.5厘米（图一四二，2；彩版六〇，2）。

3.陶簋（仓）

2件。出土于前室西龛口（彩版五九，3）。

标本M20：2,由座、身及盖组成,其中座及身为一体模制,盖单独模制。仓身上等距模塑四柱形状,柱间模塑呈竹编状,上端仿木构件枋板,其上饰以卷草纹,整体呈圆筒形,立于云头形四足束腰高台之上；盖似斗笠状屋顶,模塑呈茅草铺盖状,分四段,上部高竖塔刹顶状尖圆组。通高40.0、口径8.0、深17.5、座高11.5、盖高11.5、盖径17.5厘米（图一四二，3；彩版六〇，3、4）。

标本M20：4，仅残存盖及残足，呈云头形。残高4.0、宽4.5、厚1.8厘米（图一四二，4）。

（三）铜器

铜钱

22枚。标本M20：8,出土于墓室中部偏西,共有12种钱文。其中银质冥钱1枚,钱体轻薄,残缺。详细信息见表六。

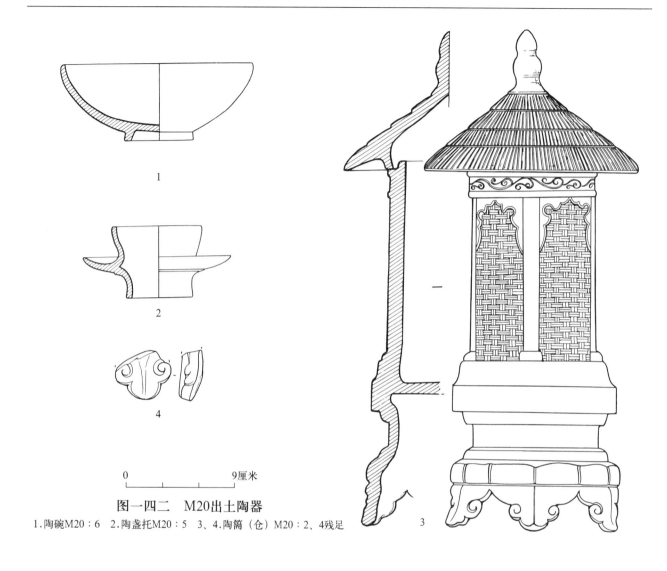

图一四二　M20出土陶器

1.陶碗M20：6　2.陶盏托M20：5　3、4.陶簋（仓）M20：2、4残足

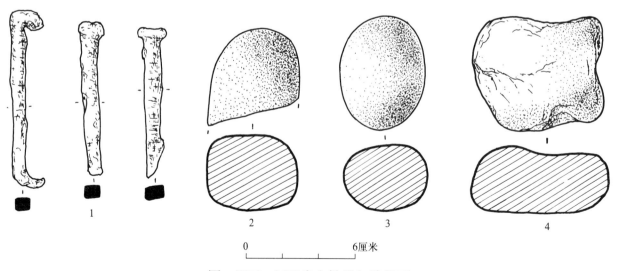

图一四三　M20出土铁器与镇墓石

1.铁棺钉M20：10　2～4.镇墓石M20：采1～3

表六　M20出土铜钱登记表

（单位：厘米，重量：克）

样式	标本号	钱文	记号	廓径	钱径	穿宽	廓宽	廓厚	肉厚	字体	读法	重量	年代	数量	备注	拓片
1	M20：8	开元通宝	背有"京"字	2.45	1.82	0.64	0.25	0.16	0.10	隶	直读	4.90	唐	1	《旧唐书·食货志上》载：武德四年七月，废五铢钱，行开元通宝钱	
2	M20：8	开元通宝		2.40	2.00	0.61	0.20	0.18	0.04	隶	直读	3.30	唐	1	《旧唐书·食货志上》载：武德四年七月，废五铢钱，行开元通宝钱	
3	M20：8	天禧通宝		2.60	2.02	0.64	0.25	0.10	0.08	楷	旋读	3.30	宋	1	宋真宗天禧（1017～1021年）	
4	M20：8	天禧通宝		2.45	1.90	0.67	0.30	0.10	0.02	楷	旋读	3.70	宋	2	宋真宗天禧（1017～1021年）	

序号	图片	时代	数量	朝代	重量	读法	书体							名称	出土单位
5		宋仁宗天圣元年(1023年)	1	宋	3.60	旋读	楷	0.04	0.11	0.20	0.60	2.40	2.47		天圣元宝	M20:8
6		宋仁宗景祐元年(1034年)	1	宋	3.30	旋读	楷	0.05	0.10	0.32	0.65	1.85	2.58		景祐元宝	M20:8
7		宋仁宗宝元二年至皇祐末年(1039~1053年),非年号钱	1	宋	2.80	直读	楷	0.04	0.10	0.20	0.65	1.95	2.48		皇宋通宝	M20:8
8		宋仁宗至和元年(1054年)	1	宋	3.40	直读	楷	0.12	0.20	0.20	0.58	2.10	2.50		至和通宝(铁钱)	M20:8
9		宋仁宗至和元年(1054年)	1	宋	4.40	直读	篆	0.10	0.15	0.30	0.65	1.86	2.50		至和通宝	M20:8

序号	编号	名称	备注	郭厚	郭宽	穿宽	字高	缘宽	缘厚	钱文	书体	读法	直径	重	朝代	数量	年代
10	M20：8	嘉祐通宝		2.40	1.98	0.63	0.20	0.11	0.08	楷		直读	3.30		宋	1	宋仁宗嘉祐（1056~1063年）
11	M20：8	熙宁元宝		2.40	1.85	0.63	0.20	0.15	0.08	楷		旋读	3.80		宋	3	宋神宗熙宁（1068~1077年）
12	M20：8	元丰通宝		2.40	1.85	0.61	0.22	0.12	0.08	篆		旋读	3.60		宋	1	宋神宗元丰（1078~1085年）
13	M20：8	元丰通宝	花穿	2.54	1.75	0.60	0.32	0.10	0.03	篆		旋读	3.60		宋	1	宋神宗元丰（1078~1085年）
14	M20：8	元祐通宝		2.40	1.92	0.67	0.28	0.11	0.08	行		旋读	3.90		宋	2	宋哲宗元祐（1086~1093年）

序号	编号	钱文												时代	备注
15	M20：8	政和通宝		2.40	2.30	0.64	0.20	0.11	0.08	隶	直读	3.70	宋	1	宋徽宗政和（1111～1117年）
16	M20：8	政和通宝		2.40	2.00	0.52	0.15	0.10	0.02	篆	直读	3.20	宋	1	宋徽宗政和（1111～1117年）
17	M20：8	—		—	—	—	—	—	0.01	—	—	0.20	宋	1	不详

此枚银质冥币残蚀严重，钱文模糊，未拓

（四）铁器

铁棺钉

3 件。铁质，表面锈蚀。横截面呈长方形。出土于后室东侧棺外。

标本 M20：10，残长 8.0 ～ 9.5、截面宽 0.8 ～ 1.0 厘米（图一四三，1）。

（五）镇墓石

镇墓石

3 块。分别出土于墓室后室东南角、墓室后室西南角、墓室后室北龛西北角（彩版六〇，5）。

标本 M20：采 1，呈红色，经人工切磨出一个平面。平面长 5.0、宽 4.0、高 5.0 厘米（图一四三，2）。

标本 M20：采 2，未经雕凿的天然河黑色石块，为较圆滑规整的卵形。剖面长径 4.6、短径 3.5、高 6.0 厘米（图一四三，3）。

标本 M20：采 3，未经雕凿的天然白色石块，呈不规则形。剖面长 7.5、宽 3.5、高 6.0 厘米（图一四三，4）。

第六节　M25

一　墓葬形制

该墓为台阶式墓道前后室土洞墓，由墓道、过洞、天井、封门、墓室及壁龛等部分组成，平面略呈铲形，坐北朝南，方向 182°。水平总长约 13.00、墓底距地表深约 7.80 米（图一四四；彩版六一，1）。

1.墓道

平面呈南北向长方梯形，长 4.24、南宽 0.56、北宽 0.64 米。底面由南往北斜下 23 级台阶，阶面长与墓道等宽，宽 16 ～ 32、高 28 ～ 36 厘米，较规整。台阶斜度约 45°。墓道东壁北部打破一汉代墓葬（M29）。墓道填土为五花土，松软潮湿，未经夯打（彩版六一，2）。

2.过洞

1 个。为台阶式拱顶土洞结构，平面呈南北向长方形。两端东西壁有收分，进深 1.36、宽约 0.46、拱顶高约 2.97 米（彩版六一，3）。

3.天井

1 个。为竖穴台阶底土坑结构，平面略呈南北向梯形。壁较直，口长 2.32、南宽 0.72、北宽 0.80 米，现存深度南 6.74、北 7.58 米；底南为台阶，北为斜坡形，坡度 11°。在天井中部发现盗洞，盗洞呈圆形，径 0.70 ～ 0.82 米，盗洞周边土质较硬，呈层层挤压状，应为放炮所为，填土中有现代红绸残段、小砖块等。在天井深约 3.70 米处，在盗洞内发现一块现代墓碑，上连有 1.00 米多长的钢筋，

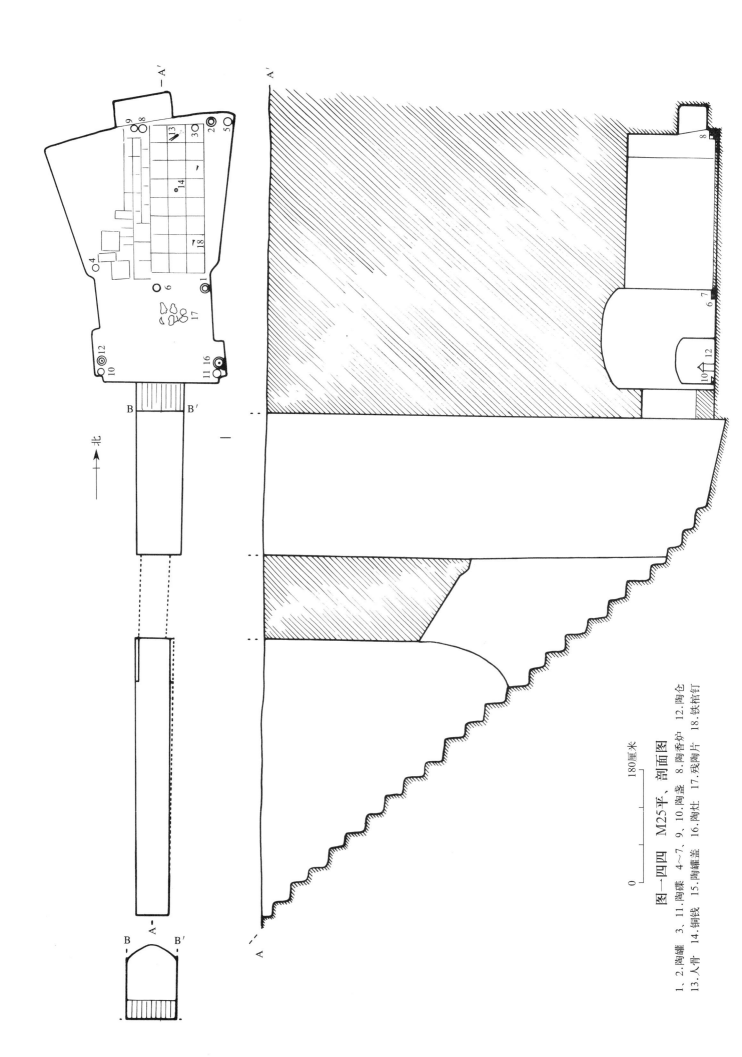

图一四四 M25平、剖面图

1、2.陶罐 3、11.陶碟 4～7、9、10.陶盏 8.陶盖 12.陶仓
13.人骨 14.铜钱 15.陶罐盖 16.陶灶 17.残陶片 18.铁棺钉

系盗墓后填入。天井填土为五花土，未经夯打。

4．封门

位于天井北端，为拱顶土坯封门，门宽 0.90、厚 0.50、残高 0.30 米，封门东段有一块土坯，长50.0、宽 30.0、厚 8.0 厘米。

5．墓室

分前、后两室，墓室内填盗扰五花土，在上层扰土中发现"人人乐"超市购物袋，其中装有残陶盏 2 件，系盗墓者所弃，土质较松（彩版六二，1）。

前室：呈穹窿顶，平面呈四边形，进深 1.60、宽 1.99 米，前室四壁从 1.60 米高处起券，顶高 1.88米。前室底距地表深约 7.60 米。前室东西壁南端各有 1 壁龛，略呈拱顶，底与墓室底平齐，高均为 0.62、西龛宽 0.68、进深约 0.14、东龛宽 0.62、进深约 0.16 米。

后室：土洞结构，平面略呈梯形，砖铺地，进深 2.60、南宽 1.90、北宽 2.98、洞高 1.50 米，墓室底与前室平齐。后室北壁略呈弧形外扩，在其中部有 1 小龛，底部高出墓室底约 0.20、宽 0.92、进深 0.40、龛高 0.48 米。墓室地面用方砖及条砖顺行单层平铺，厚 5.0 厘米，上置两具南北向木棺，朽烂严重，西侧木棺糟朽程度尤甚，仅存棺灰，东侧木棺残存棺木及漆皮（彩版六二，2）。

因盗扰严重，仅存两具朽烂木棺棺灰、残棺木、漆皮，在东棺棺灰中清理出铜簪与铜钱，葬式不详。

该墓被盗，发掘时仅存随葬品共计 18 件，出土于墓室上层填土内及东侧棺灰中，主要有陶盏、陶碟、陶罐、陶奁、陶器盖、陶仓、陶灶、残陶片、铜簪、铜钱、铁棺钉等。

二　出土遗物

（一）陶器

共 8 件（组）。

1．陶碗

3 件。通体可见拉坯痕。

标本 M25：17-3，出土于墓室内。敞口，圆唇，弧腹斜收，饼形足微内凹。通高 5.2、口径13.8、足径 4.3 厘米（图一四五，1）。

2．陶盏

6 件。通体可见拉坯痕。3 件残，其余分 3 型。

Ⅰ型　1 件。

标本 M25：18，出土于墓室内，敞口，圆唇，弧腹斜收，小平底。通高 4.2、口沿径 10.0、底径 2.8厘米（图一四六，1）。

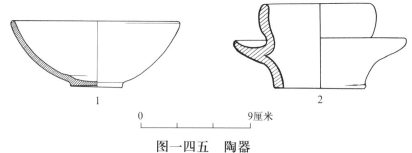

图一四五　陶器

1.陶碗M25：17－3　2.陶盏托M25：6

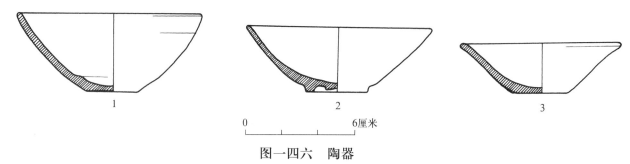

图一四六　陶器

1.Ⅰ型陶盏M25：18　2.Ⅱ型陶盏M25：20　3.Ⅲ型陶盏M25：21

　　Ⅱ型　1件。

　　标本 M25：20，出土于墓室内，敞口，圆唇，弧腹斜下收，圜底浅圈足，底外起圈。通高 3.5、口沿径 10.0、足径 3.3 厘米（图一四六，2；彩版六三，1）。

　　Ⅲ型　1件。

　　标本 M25：21，出土于墓室内。敞口，方圆唇，弧腹斜下收，小平底。通高 2.6、口沿径 8.7、底径 3.0 厘米（图一四六，3）。

　　3．陶盏托

　　2件。通体可见拉坯痕。

　　标本 M25：6，出土于墓室南扰土内。浅盘托，托盘周缘略上弧，托口圆唇，底部圈足。通高 5.7、口径 7.0、托盘径 11.8、足径 6.2 厘米（图一四五，2）。

　　4．陶碟

　　2件。分2型。

　　Ⅰ型　1件。

　　标本 M25：12，出土于墓室东南角扰土内。敞口，平沿，弧腹斜收，小平底。通高 2.0、口沿径 12.1、沿宽 1.0、底径 3.3 厘米（图一四七，1；彩版六三，2右）。

　　Ⅱ型　1件。

　　标本 M25：11，出土于墓室西南角扰土内。敞口，方圆唇，折腹弧收，圜底，饼足内凹。通高 2.5、口径 13.2、足径 4.7 厘米（图一四七，2；彩版六三，2左）。

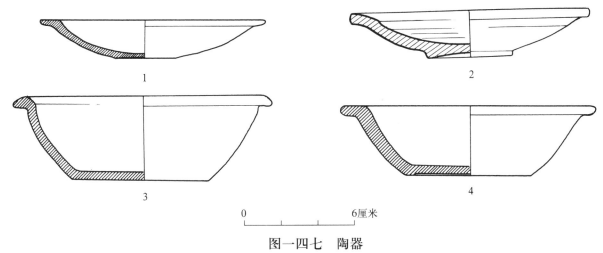

图一四七　陶器

1.Ⅰ型陶碟M25：12　2.Ⅱ型陶碟M25：11　3.Ⅰ型陶盆M25：15　4.Ⅱ型陶盆M25：19

5. 陶盆

2件。通体可见拉坯痕。分2型。

Ⅰ型　1件。

标本 M25：15，出土于墓室扰土内。敞口，折平沿，圆唇，弧腹斜下收，平底。通高4.5、口沿径14.0、底径7.4厘米（图一四七，3）。

Ⅱ型　1件。

标本 M25：19，出土于墓室内。敞口，平沿，圆唇，弧腹斜下收，平底，浅圈足。通高3.7、口沿径13.8、足径6.8厘米（图一四七，4）。

6. 陶罐

3件（彩版六三，3）。

标本 M25：3，出土于墓室北部扰土内。由罐身及罐盖组成，罐身：直口，尖圆唇，矮领，束颈，圆肩，鼓腹斜收，平底微内凹；罐盖：弧顶上中有圆纽，平沿。通高19.2、口径10.0、底径8.0、盖高4.5、沿径11.2厘米（图一四八，1）。

7.三足奁式炉

2件。通体可见拉坯痕。分2型。

Ⅰ型　1件。

标本 M25：5，出土于墓室东北角扰土内。敞口，折上沿，圆唇，直腹斜下收，平底，奁体下端外附等距分布的三个乳足，足尖微外撇。通高8.2、口沿径13.5、底径9.0、足高2.2厘米（图一四八，2；彩版六三，4左）。

Ⅱ型　1件。

标本 M25：8，出土于墓室北部扰土内。敞口，内折沿，尖圆唇，直腹微弧斜下收，平底，奁体下端外附等距分布的三个柱状足，足尖微外撇。通高7.3、口沿径11.0、底径7.0、足高2.3厘米（图一四八，3；彩版六三，4右）。

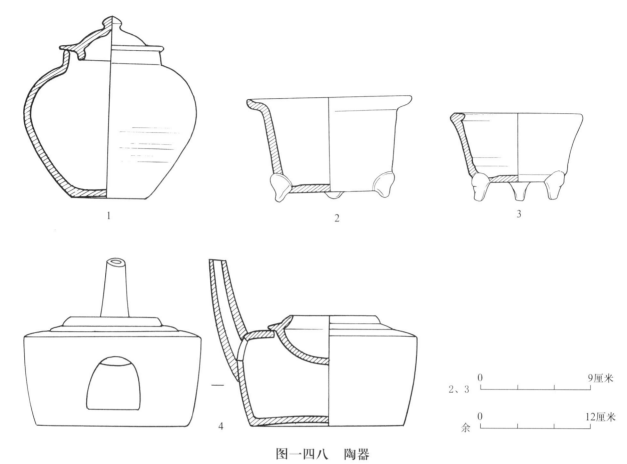

图一四八 陶器

1.陶罐M25：3　2.Ⅰ型三足奁式炉M25：5　3.Ⅱ型三足奁式炉M25：8　4.陶灶M25：16

8.陶灶

1件。

标本M25：16，出土于墓室东南角，通体可见拉坯痕。由灶台、釜组成，釜盖佚缺，圆形灶台，券形灶门，与灶门正对处有圆筒形直立烟筒与火膛相通；釜圆形，敛口，圜底，口沿外有一道凸棱；釜盖边沿凸起。通高17.5、烟筒高13.0、灶台面径19.0、灶门高5.7、宽5.5、灶台底径16.0、釜深4.4、釜口径9.5、沿径13.5厘米（图一四八，4）。

（二）铜器

铜折股钗

1件。

标本M25：13，出土于墓室东棺内北部，残。圆首折股钗，钗身弯弧，钗末端呈圆形，首端渐细分为两股。残长5.4、钗首宽1.0厘米，重16.6克（图一四九，1）。

（三）铁器

铁棺钉

2件。在墓室扰土内采集。表面锈蚀。截面呈方形（彩版六三，5）。

标本 M25：采1，钉头呈扁方状，残长 7.6、钉头长 1.5、宽 0.7 厘米（图一四九，2）。

标本 M25：采2，钉头呈圆形，残长 5.5、钉头径 1.7 厘米（图一四九，2）。

（四）其他

木器残片

标本 M25：采3，在墓室扰土内采集部分，表面残留有朱红色（彩版六三，6）。

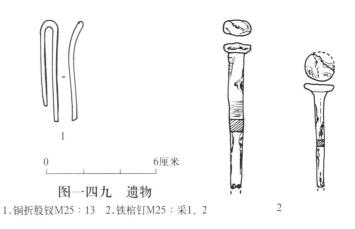

图一四九　遗物

1.铜折股钗M25：13　2.铁棺钉M25：采1、2

第七节　M26

一　墓葬形制

该墓系台阶式前后室土洞墓，由墓道、过洞、天井、封门、墓室及壁龛等部分组成，平面呈不规则铲形，坐北朝南，方向 174°。水平残长 14.40、墓底距地表深约 11.00 米（图一五○；彩版六四，1）。

1.墓道

平面略呈梯形，残长 3.20、上口残宽南宽 0.48、北宽 0.56 米，壁面较粗糙，上窄下宽，墓道底呈斜坡状多台阶 27 级，台阶面长度与墓道等宽，层宽 0.26～0.38、层高 0.30～0.44 米，台阶平面较平坦，表面有踩踏形成的硬面。墓道填土为五花土，较硬，未经夯打。

2.过洞

土洞顶均为多折斜坡面顶，台阶底；由第一天井隔断为 2 段。由南向北分为：第一段，第二段。

第一段过洞南接墓道北端，平面略呈长方形，长 1.58、宽 0.48、高 1.90～2.00 米；底部为台阶底，是墓道的延伸，距现地表（2 米深的基槽下）深 1.90～3.24 米。

第二段过洞位于两天井之间，平面略呈长方形，长 1.44、宽 0.46、高 2.40～3.00 米；底部为台阶底，距现地表（2 米深的基槽下）深 4.40～5.50 米。

3.天井

2 个。竖井式。由南向北分为第一天井、第二天井。斜坡状台阶底延伸至第二天井南部，转为南高北低缓坡状，延伸至墓室口转为平底。

第一天井位于两过洞之间，平面呈梯形，长 1.56、南宽 0.50、北宽 0.54、深 5.14～6.80 米。

第二天井位于第二过洞北端，平面呈梯形，长 2.18、南宽 0.64、北宽 0.84、深 8.48～9.00 米。在第二天井中南部东西两壁各有相错对的脚窝竖向分布。脚窝间距在 0.40 米左右，每壁各残存 14 个，

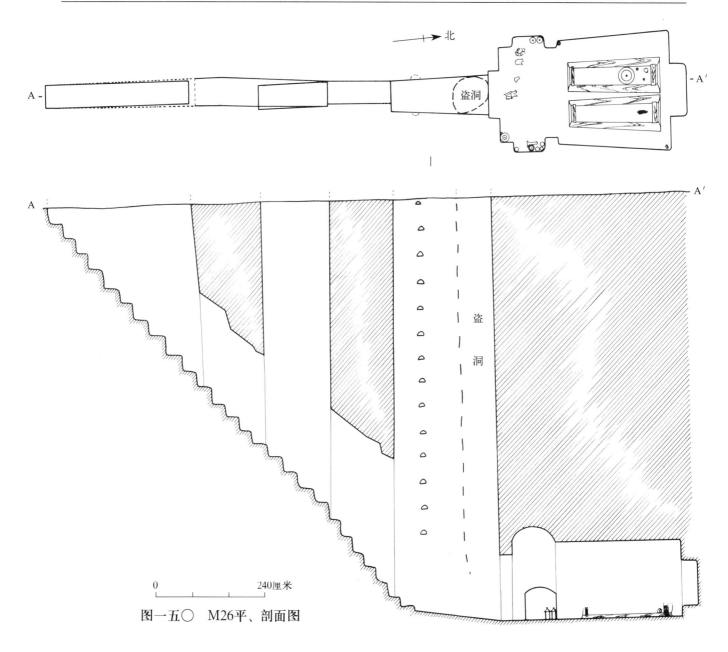

图一五〇 M26平、剖面图

呈小土洞形，大小基本相近，宽 0.10、高 0.08、进深 0.10 米。在天井北端发现圆形盗洞 1 个，顺天井竖直而下破坏封门，通过甬道进入墓室。在清理墓室扰塌土时，发现上层塌土未被扰动，在盗洞和墓室内扰土中发现有 2007 年矿泉水瓶等，为近年盗掘。据钻探队工作人员反映，2008 年冬季白天钻探放线，当晚就被盗掘，次日发现盗洞遍布。

过洞、天井内均填略松散的五花土。

4. 封门

位于墓室南端，原为土坯封门，被破坏，已无存。门洞近平顶平底，因盗扰坍塌，洞高约 1.40 米，平面呈长方形，进深约 0.24、宽 1.00 米。门洞顶距现地表深 7.60、底距现地表深 9.00 米。内填盗扰后扰花土，出土现代红砖水泥板残块、矿泉水瓶、枯草枝等。

5.墓室

平面呈"凸"字形，分为前、后室。因壁面和顶面严重垮塌，其前、后室顶形状不明确。根据平面形状比较，与M15相近，依此复原墓室顶（图一五一）。

前室：平面略呈梯形。土洞，长1.30、南宽1.90、北宽2.02米，墓室口距地表残深7.60米，复原呈穹窿顶，高约1.90米。前室东西两壁中部各有1壁龛，拱顶，底部与墓室底平齐，高度皆为0.70米。东龛进深0.24、宽0.70、西龛进深0.24、宽0.70米。

后室：平面略呈梯形（彩版六四，2）。土洞，长2.42、南宽2.20、北宽2.56米，其复原拱顶约高1.66米。后室地面与前室平齐。墓室内南北向东西并置两个木棺。在后室北壁中部有一壁龛，底部高出墓室底0.22、进深0.38、宽1.12米。在后室东北角放置有青色镇墓石块1个、西南角放置有白色镇墓石块1个。

前、后室内堆积约1.20米厚的塌扰土，夹杂有封门残土坯。

葬具：2具，头北足南东西并列放置于后室中部，分为东棺与西棺，棺板已朽，两棺均被盗扰毁塌，东棺尤甚。

东棺：放置于后室中东部，因腐朽和盗扰，棺底形状较清晰，南北长2.04、南宽0.66、北宽0.78、底板厚0.06米。棺梆板长2.05、宽0.37～0.24米。

西棺：放置于后室中西部，因盗扰和腐朽，棺梆坍塌，可见棺底平面呈长方梯形，南窄北宽，长2.05、南宽0.62、北宽0.74、棺底厚0.12米，为双层底板，中间夹木炭渣，厚0.04米，棺底板厚0.06～0.02米，棺梆板长2.05、宽0.37～0.30、厚0.06米。此棺内北端发现白藤纱帽一顶及"泰定四年"金钱1枚（彩版六四，3）。

葬式：东西两棺内人骨因腐朽盗扰无存，采集东棺内残存头发若干。另据西棺内随葬的帽子推测此棺内葬男性。

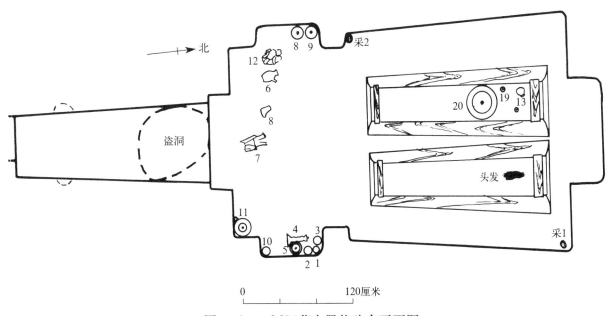

图一五一 M26墓室器物分布平面图

1～3、10.陶盏托 4.陶灯 5.陶簋 6.陶壶 7.女立俑 8、9.陶仓 11.陶灶 12.陶器残片 13.黑瓷罐 19.泰定四年金钱 20.帽子 采集青石块1 采集白石块2

该墓曾被严重盗扰,大部分随葬品出土于墓室内扰土中,余计 20 件,器类主要有陶俑、陶器、瓷器、金钱等。

二　出土遗物

（一）陶俑及家畜模型

共 3 件（组）。

1.女侍俑

1 件。造型与 M19 出土女侍俑相同。

标本 M26：7,出土于墓室南部。长圆脸;头梳盘龙髻,目视前方,双手抱拳笼于袖内位于胸前,身穿左衽交领窄袖短襦,胸前结带饰,襦下露软带,下着长裙,微露尖头履,直身立于长方形踏板上。通高 25.5、踏板长 8.0、宽约 6.5、厚约 0.6 厘米（图一五二,1；彩版六五,1）。

2.陶牛

1 件。

标本 M26：21,出土于墓室内。残碎,仅存头部右脸。残高 4.3、残长 5.6 厘米（图一五二,2）。

3.陶马

1 件。

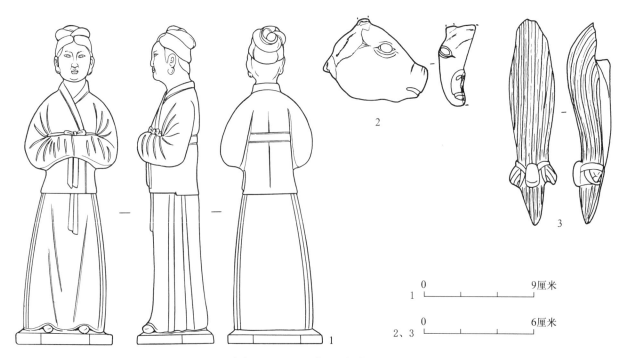

图一五二　陶俑及家畜模型
1.女侍俑M26：7　2.陶牛面部残片M26：21　3.陶马尾巴残片M26：22

标本 M26：22，出土于墓室内。残碎，仅存尾部，束尾。残长 11.0 厘米（图一五二，3）。

（二）陶器

共 7 件（组）。

1．陶簋

1 件。

标本 M26：5，出土于墓室东南角。平顶圆盖，簋身圆柱体，直壁，口部内方外圆，平底。通高 21.3、罐深 19.0、罐外口圆径 12.2、内口方径 5.1、壁厚 0.9、底径 10.0 厘米（图一五三，1；彩版六五，2）。

2．陶簠

1 件。

标本 M26：18，出土于墓室扰土内。平顶方盖，簠身方柱体，直壁，内圆外方，平底。通高 21.0、罐深 16.5、罐外口方径 10.9、内口圆径 5.0、壁厚 0.9、底径 8.0 厘米（图一五三，2;彩版六五，3）。

3．陶盏托

5 件。通体可见拉坯痕。

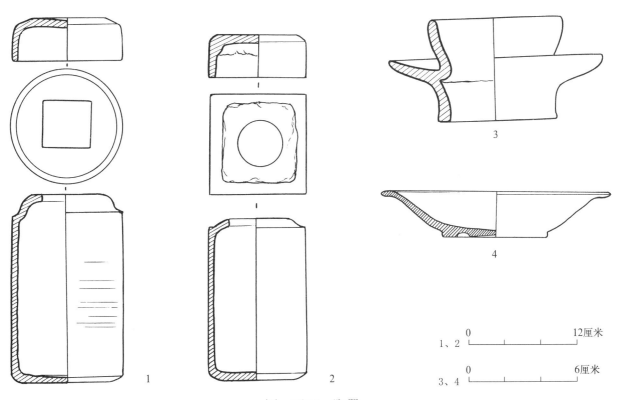

图一五三　陶器

1.陶簋M26：5　2.陶簠M26：18　3.陶盏托M26：3　4.陶碟M26：16

标本 M26 ：3，出土于墓室东扰土内。浅盘托，托盘周缘略上斜，托口圆唇，底部圈足。通高5.5、口径7.3、托盘径11.8、足径6.6厘米（图一五三，3；彩版六六，1）。

4．陶碟

1件。

标本 M26 ：16，出土于墓室扰土内。敞口平沿尖圆唇，弧腹斜下收，圜底浅圈足，底外起圈。通高2.5、口沿径12.5、足径5.6厘米（图一五三，4）。

5．双耳陶扁壶

1件。

标本 M26 ：6，出土于墓室西南部，体部扁圆，直口微敞，方唇，口部下两侧对称双耳，束长颈，弧肩鼓腹高圈足，体部正反两面的颈部及腹部各附一个兽面形装饰，壶体饰以圈带分为四区，区间分饰以方形或圆形回纹。通高15.0、口扁径4.6、耳高2.3、足扁径6.4厘米（图一五四，1；彩版六五，4）。

6．陶灯

1件。

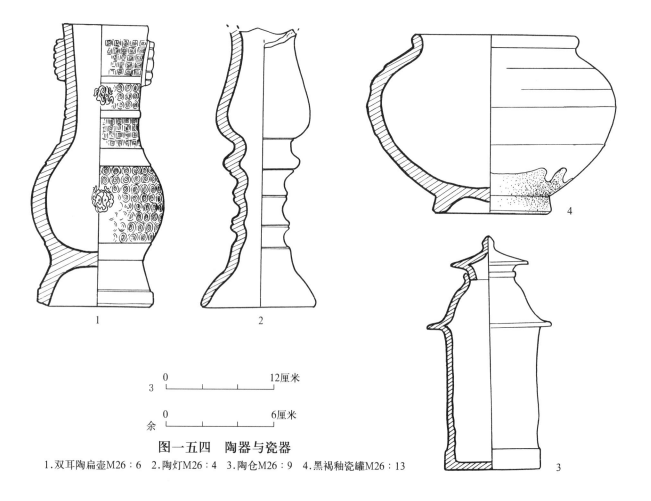

1　　　　　2

3　├── 0 ────────── 12厘米 ──┤

余　├── 0 ────────── 6厘米 ──┤

图一五四　陶器与瓷器

1.双耳陶扁壶M26：6　2.陶灯M26：4　3.陶仓M26：9　4.黑褐釉瓷罐M26：13

标本 M26：4，出土于墓室东南部扰土内。残，仅存下半部。通体可见拉坯痕。烛台柄上部略垂鼓似瓶身，中空，下部饰三周竹节凹弦纹，底部为敞口喇叭状。残高 14.7、底径 6.3 厘米（图一五四，2）。

7．陶仓

2 件。通体可见拉坯痕。仓内均残留有粮食朽灰颗粒。

标本 M26：9，出土于墓室西南部，由仓身及仓盖组成，圆筒形，仓身肩部凸起一周宽平沿，沿上似覆碗状，直口方圆唇，直身微收，平底；仓盖似盉状，折平沿，上部高竖尖圆纽。通高 25.0、仓口径 5.5、沿径 13.7、底径 10.8、盖高 4.5、盖径 8.5 厘米（图一五四，3；彩版六六，2）。

（三）瓷器

共 2 件。

1．黑褐釉瓷罐

1 件。

标本 M26：13，出土于墓室西棺内。通体可见拉坯痕。罐身内外施釉，外部施釉至腹部，不到底，下半部露白胎。直口微敞，圆唇，斜肩鼓腹弧下收，圜底凸脐，圈足微外撇。罐内存朽木若干，有炭化痕迹。通高 9.5、口径 9.0、足径 6.5 厘米（图一五四，4；彩版六六，3）。

2．钧窑碗底残片

1 件。采集自墓室填土中。仅存底部残片，碗内施蓝釉，外壁底部及圈足露胎，胎色较黄且包含较多砂砾。

（四）金银器
"泰定四年"金钱

1 枚。

标本 M26：19，出土于墓室西棺内北部。方孔圆钱。钱文"泰定四年"，正书直读。钱径 1.5、孔径 0.5、厚 0.05 厘米，重 0.4 克（图一五五，1；彩版六六，4）。

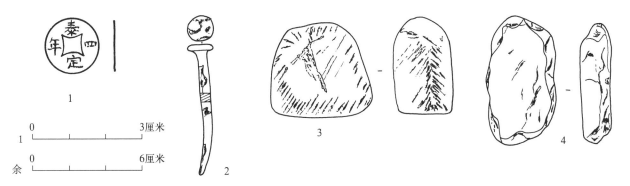

图一五五　遗物

1．"泰定四年"金钱M26：19　2．铁棺钉M26：22　3、4．镇墓石M26：采1、2

（五）铁器

铁棺钉

1件。

标本 M26：22，采集于墓室内。铁质，顶头呈圆形，钉长 7.0、钉头圆径 1.5 厘米（图一五五，2）。

（六）镇墓石

镇墓石

2块。天然河石，未经人工加工（彩版六六，5）。

标本 M26：采 1，采集于墓室东北角。表面杂色近青黑。长 5.0、宽 5.5、厚 3.2 厘米（图一五五，3）。

标本 M26：采 2，采集于墓室西南角。石英岩质，表面呈白色。长 7.0、宽 3.5、厚 1.5 厘米（图一五五，4）。

（七）其他

帽子

1件。

标本 M26：20，出土于墓室西棺内。

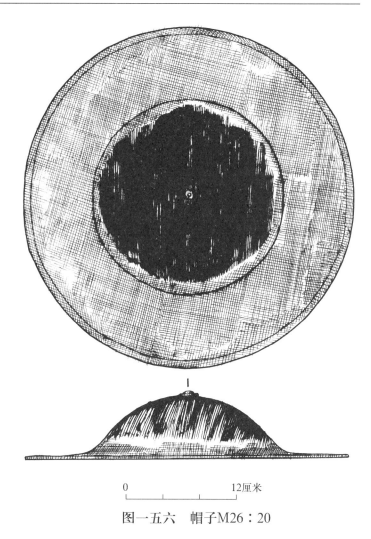

图一五六　帽子M26：20

钹笠帽，内为白藤编制，外罩黑纱，顶部中间垂棕色丝线穗子。出土时可见宽边缘保存较为完整，帽缘径残存 35.0、帽内径为 20.3、帽高 7.0 厘米（图一五六；彩版六六，6）。

第八节　M32

一　墓葬形制

该墓系竖穴墓道土洞墓，坐北朝南。由墓道、封门、墓室及壁龛等部分组成，平面略呈铲形，方向 175°。水平总长 5.50、墓底距地表深约 9.40 米（图一五七；彩版六七，1）。

1.墓道

平面略呈梯形，长 2.00、南宽 0.70、北宽 0.88 米，底部为平底，距地表深度为 9.40、残高约 3.00 米，壁面竖直，平面光滑，在墓道南端东西壁，向北 0.22 米处各有竖向修造的脚窝，各壁脚窝上下间距约 0.60 米，脚窝呈小洞式，宽 15、高 10、进深 20 厘米。填土为深褐色五花土，未经夯打（彩版六七，2）。

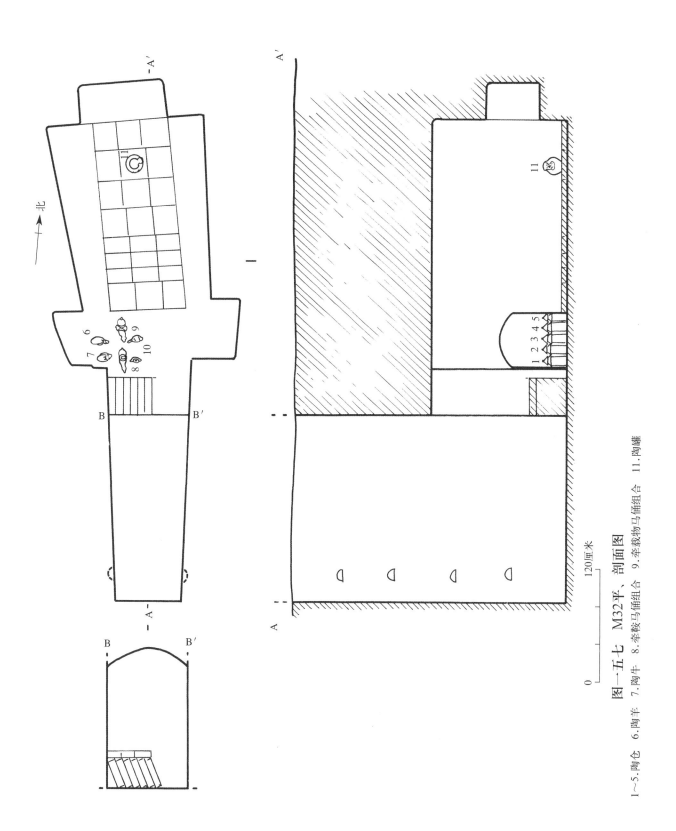

图一五七　M32平、剖面图

1～5.陶仓　6.陶羊　7.陶牛　8.牵鞍马俑组合　9.牵载物马俑组合　11.陶罐

2. 封门

位于墓室南端入口处，门洞平面呈梯形，进深约0.50、南宽0.88、北宽0.92米。拱顶，洞高1.50米。土坯封门，由6块土坯斜铺底面，上平铺垒砌。残高45、宽88厘米，厚度与土坯长度相等。土坯宽约15、长约32、厚约5厘米。

3. 墓室

平面略呈梯形。土洞拱顶，东西两壁坍塌严重，顶部基本保存完好，由于两壁坍塌，弧高不明显，墓室内未发现盗洞。墓底长2.60、南宽1.66、北宽1.90、洞高1.50米。在墓室中部偏北（紧靠北壁）用方砖铺砌棺床，长2.10、宽0.90、高出墓底0.05米。方砖长宽30、厚5厘米，排列较整齐，保存较完整。填土为五花土及坍塌的土块等（彩版六七，3）。

在墓室南端东西壁及北壁中部各开设一个壁龛，平面略呈长方形，拱顶土洞式，修造较粗糙。东壁龛进深0.25、宽0.65、高0.72米；西壁龛进深0.30、宽0.60、高0.74米；北壁龛高出墓底0.30、进深0.32、宽0.96、高0.60米（图一五八；彩版六八，1、2）。

葬具：已朽成棺灰，灰迹呈灰褐色，从朽痕观察，木棺为南北向放置于棺床之上。

葬式：不见人骨，葬式不详。

该墓共出土随葬物35件，主要有陶器、瓷器、铜钱等。其放置位置可分为四组：第一组放置于墓室西龛内，器类有：陶仓、陶羊、陶牛；第二组放置于墓室封门内，器类有：鞍马、陶马、陶俑；第三组放置于墓室东龛内，器类有：陶侍俑、陶碗、陶盏、陶盏托、陶匜、陶瓶、陶罐、陶盆、陶三足盆、陶盒、陶灶、陶猪；第四组放置于墓室中北部，器类有：瓷罐、铜钱（彩版六八，1、2）。

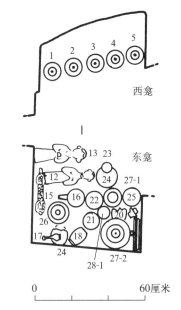

图一五八　M32壁龛器物分布平面图
1~5.陶仓　12、13.陶女俑　15.陶龙　16.陶匜
17.陶瓶　18、20.陶罐　19.陶盒　21~23、
25.陶碗　24.陶盆　26~28.陶托盏组合

二　出土遗物

（一）陶俑及家畜模型
共6件（组）。

1. 牵鞍马俑组合

由牵马俑1、鞍马1组成。出土于墓室西龛口。

标本M32：8，男俑为婆焦发式，脑后两侧垂双辫，头戴前檐帽，帽后垂缨，身穿右衽交领窄袖长袍，腰束窄带，垂铊尾于腰后，袍下着长裤覆于鞋面；头部微左侧，双手抱拳笼于袖内位于胸前；站姿立于长方形踏板上。通高29.0、踏板长10.1、宽约7.7、厚约1.0厘米。鞍马膘肥体壮，头小臀肥，额前分鬃，披鬃束尾；模塑出鞍鞯、障泥、勒镫、络头、鞦、鞘，并有攀胸；站姿立于踏板上。

通高 30.0、通长 30.0、踏板厚 1.0 厘米（图一五九；彩版六九，1、2）。

2. 牵载物马俑组合

由牵马俑 1、载物马 1 组成。出土于墓室西龛口。

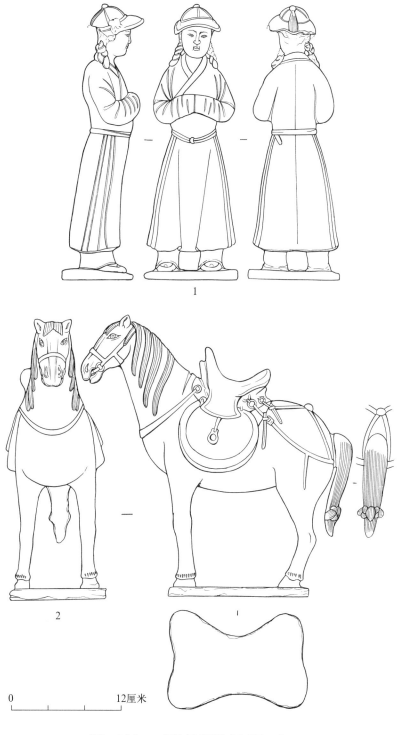

图一五九　牵鞍马俑组合 M32：8

　　标本 M32：9，男俑头戴前檐帽，帽后垂缨，帽下露出束发披于脑后，身穿右衽交领窄袖长袍，腰束窄带，垂双铊尾于腰后，袍下着长裤覆于鞋面；头略右转，右臂微抬握拳于身侧，呈牵引状，左手微曲肘垂于身侧，站姿立于长方形踏板上。通高 29.0、踏板长 9.0、宽约 7.2、厚约 1.0 厘米。载物马膘肥体壮，头小臀肥，额前分鬃，披鬃束尾，马身模塑出障泥、勒、镫、络头、鞦、鞘，并有攀胸，障泥上载有虎皮裹囊，虎皮头左尾右，其上作交叉捆扎状。通高 29.0、通长 31.2、踏板厚 1.0 厘米（图一六〇；彩版六九，3、4）。

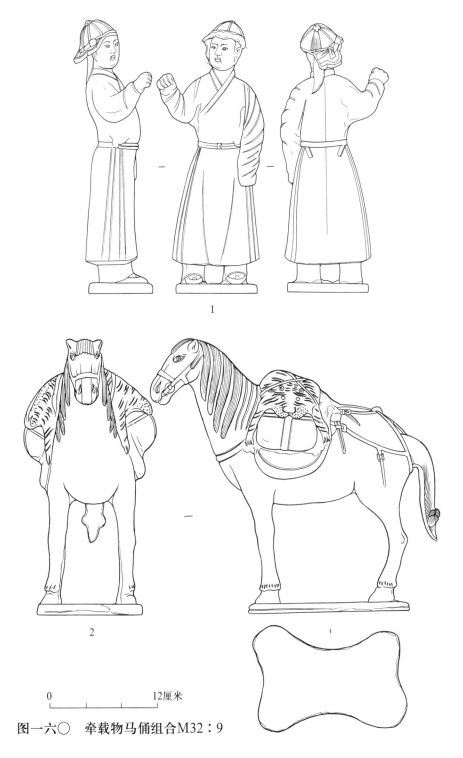

0　　　　　　　12厘米

图一六〇　牵载物马俑组合 M32：9

3.女侍俑

出土于墓室东龛。长圆脸；身穿左衽交领窄袖短襦，胸前结带饰，襦下露软带，下着长裙，微露尖头履，直身立于长方形踏板上。共计2件，分2型。

Ⅰ型　1件。造型与M19、M26出土女侍俑相同，面部细节刻画有差。

标本M32：12，头梳盘龙髻，面微向左侧，双手抱拳笼于袖内位于胸前。通高30.0、踏板长10.0、宽约7.2、厚约1.2厘米（图一六一，1；彩版七〇，1左、2左）。

Ⅱ型　1件。

标本M32：13，正视前方，梳双鬟髻于脑后；双手笼于袖内位于胸前。通高29.1、踏板长9.5、宽约7.0、厚约1.2厘米（图一六一，2；彩版七〇，1右、2右）。

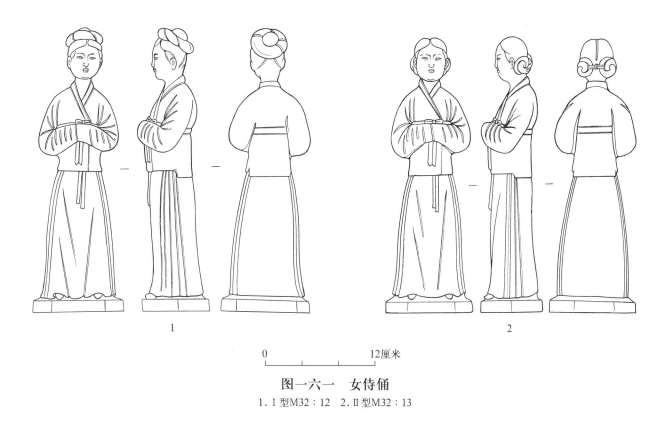

0　　　　　　　12厘米

图一六一　女侍俑
1.Ⅰ型M32：12　2.Ⅱ型M32：13

4.陶牛

1件。

标本M32：7，出土于墓室西龛。卧姿，昂首，略向右侧，角上弯，尾右卷贴于臀右，四体弯曲卧于长方形底座上。通高9.7、通长15.9、底座长11.9、宽约5.4、厚约1.1厘米（图一六二，1；彩版七〇，3）。

5.陶羊

1件。

标本M32：6，出土于墓室西龛。卧姿，昂首，盘角，扁尾下垂，四体弯曲卧于长方形底座上。

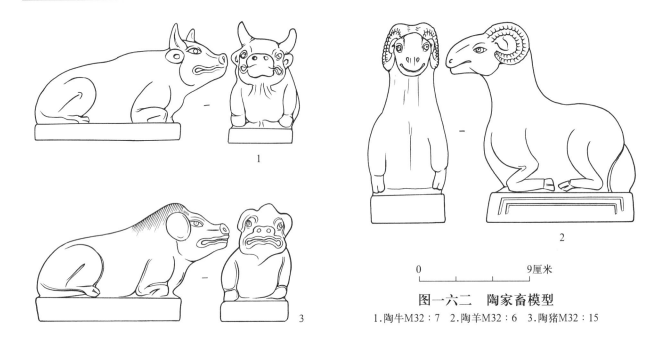

图一六二　陶家畜模型

1.陶牛M32：7　2.陶羊M32：6　3.陶猪M32：15

通高 16.0、通长 15.5、底座长 12.0、宽约 6.0、厚约 2.4 厘米（图一六二，2；彩版七〇，4）。

6.陶猪

1 件。

标本 M32：15，出土于墓室西龛。卧姿，头抬起略向右，目上视，耳后贴于两侧，长吻前伸，獠牙外露，鬃毛高竖，短尾弯向右侧，四体弯曲卧于长方形底座上。通高 10.3、通长 16.0、底座长 12.0、宽约 5.6、厚约 1.5 厘米（图一六二，3；彩版七〇，5）。

（二）陶器

共 11 件（组）。

1. 陶碗

3 件。出土于墓室东龛。通体可见拉坯痕。分 3 型。

Ⅰ型　1 件。

标本 M32：20，敞口，圆唇，弧腹下收，圜底下部中间凸起，矮圈足。通高 5.0、口径 12.5、足径 4.2 厘米（图一六三，1；彩版七一，1 左）。

Ⅱ型　1 件。

标本 M32：21，敞口方唇，浅腹弧下收，圜底，矮圈足削边。通高 5.5、口径 13.5、足径 4 厘米（图一六三，2；彩版七一，1 中）。

Ⅲ型　1 件。

标本 M32：22，敞口，圆唇，弧腹下收，圜底下部中间凸起，矮圈足削边。通高 5.5、口径 13.2、足径 4.2 厘米（图一六三，3；彩版七一，1 右）。

2. 碟盏组合

4组。每组为1件托碟与1件小盏组成，小盏置于托碟之上。出土于墓室东龛。分3型。

Ⅰ型 标本 M32：26，小盏，敞口，方圆唇，弧腹斜收，平底。高3.1、口径9.7、足径2.8厘米。托碟，敞口，平沿，方唇，弧腹斜收，圆底，矮圈足。高2.3、口沿径13.0、足径5.0厘米（图一六四，1；彩版七一，2）。

Ⅱ型 标本 M32：27，小盏，敞口，方唇，弧腹斜收，平底。高2.9、口径9.5、足径3.0厘米。托碟，敞口，宽平沿，方唇，弧腹斜收，腹部有棱，平底内凹。高2.3、口沿径12.8、底径4.5厘米（图一六四，2；彩版七一，3）。

Ⅲ型 标本 M32：28，小盏，敞口，方唇，弧腹下收，平底。高3.0、口径9.5、足径2.6厘米。托碟，敞口，斜平沿，方唇，弧腹斜收，腹部有棱，平底内凹。高2.3、口沿径12.4、底径4.2厘米（图一六四，3；彩版七一，4）。

3. 陶盏托

6件。通体可见拉坯痕。出土于墓室东龛。分6型（彩版七一，5）。

Ⅰ型 1件。

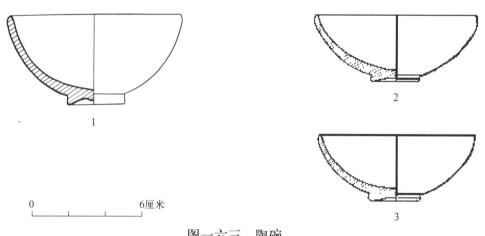

0 —————— 6厘米

图一六三 陶碗

1. Ⅰ型M32：20 2. Ⅱ型M32：21 3. Ⅲ型M32：22

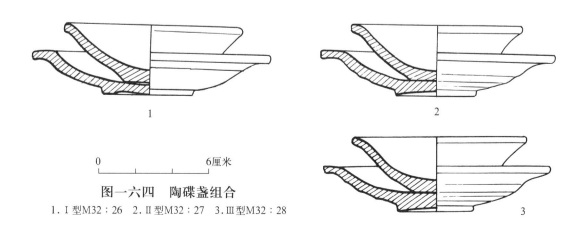

0 —————— 6厘米

图一六四 陶碟盏组合

1. Ⅰ型M32：26 2. Ⅱ型M32：27 3. Ⅲ型M32：28

标本M32：29，浅盘托，托盘周缘略上弧，托口尖圆唇，底部圈足微内敛。通高4.8、口径5.7、托盘径10.2、足径4.5厘米（图一六五，1）。

Ⅱ型　1件。

标本M32：30，浅盘托，托口尖圆唇，底部圈足直壁斜底。通高5.7、口径6.7、托盘径11.5、足径5.2厘米（图一六五，2）。

Ⅲ型　1件。

标本M32：31，浅盘托，托口尖圆唇，底部圈足。通高6.0、口径6.8、托盘径11.7、足径4.3厘米（图一六五，3）。

Ⅳ型　1件。

标本M32：32，浅盘托，托口尖圆唇，底部圈足略矮。通高4.8、口径5.8、托盘径10.6、足径4.7厘米（图一六五，4）。

Ⅴ型　1件。

标本M32：33，浅盘托，托口尖圆唇，底部圈足微外撇。通高6.3、口径6.0、托盘径11.7、足径5.2厘米（图一六五，5）。

Ⅵ型　1件。

标本M32：34，浅盘托微平，托口尖圆唇，底部圈足较高微外撇。通高6.1、口径6.0、托盘径11.3、足径4.6厘米（图一六五，6）。

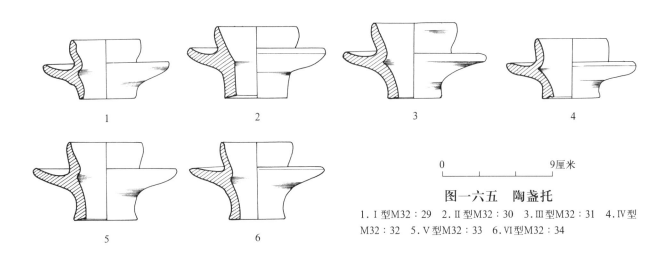

图一六五　陶盏托
1.Ⅰ型M32：29　2.Ⅱ型M32：30　3.Ⅲ型M32：31　4.Ⅳ型M32：32　5.Ⅴ型M32：33　6.Ⅵ型M32：34

4.陶盆

2件。出土于墓室东龛。通体可见拉坯痕。分2型。

Ⅰ型　1件。

标本M32：24，敞口，折平沿微上卷，方唇，浅腹斜收，平底微凹。通高3.0、口径13.0、底径6.7厘米（图一六六，1）。

Ⅱ型　1件。

标本M32：25，敞口，卷沿，圆唇，腹部斜下收，平底微凹。通高4.6、口沿径15.0、底径8.0厘米（图一六六，2）。

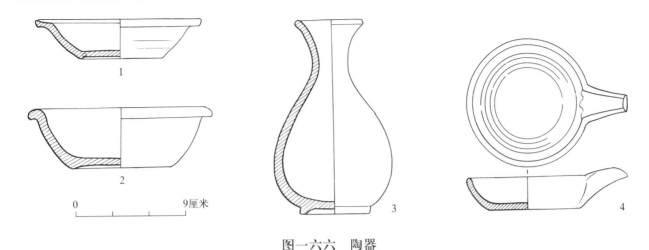

图一六六　陶器

1. I 型陶盆M32：24　2. II型陶盆M32：25　3.玉壶春瓶M32：17　4.陶匜M32：16

5.玉壶春瓶

1件。瓶身通体可见拉坯痕。

标本 M32：17，出土于墓室东龛。敞口，圆唇，长束颈，溜肩，鼓腹，圈足。通高15.5、口径5.5、足径6.2厘米（图一六六，3；彩版七二，1）。

6.陶匜

1件。匜身可见拉坯痕。

标本 M32：16，出土于墓室东龛。呈瓢形，敞口，圆唇，浅腹弧壁，平底，口沿外伸出短流。通高3.0、匜体高2.5、口径10.1、流口宽1.3、流长3.6厘米（图一六六，4；彩版七二，2）。

7.陶罐

1件。

标本 M32：18，出土于墓室东龛。通体可见拉坯痕。大直口微敞，尖圆唇，束颈，矮领，圆肩，斜腹下收，平底微凹。通高14.7、口沿径8.8、底径6.8厘米（图一六七，1）。

8.陶盒

1件。

标本 M32：23，出土于墓室东龛。通体可见拉坯痕。圆形，盒盖面微鼓，顶部略平；子母口微敞，圆唇，斜壁浅腹，矮圈足。通高4.6、腹径9.1、盒身口径7.0、足径5.9、盖高2.6、盖径9.6厘米（图一六七，2；彩版七二，3）。

9.陶仓

5件。通体可见拉坯痕。内皆残留有粮食朽粒。出土于墓室西龛（彩版七二，4）。

标本 M32：4，由仓身及仓盖组成，呈圆筒形，仓身肩部凸起一周宽平沿，沿上似覆碗状，直口，方唇，直身微弧收，平底微凹；仓盖似盔状，折平沿，上部高竖尖圆纽。通高24.0、仓口径6.0、沿

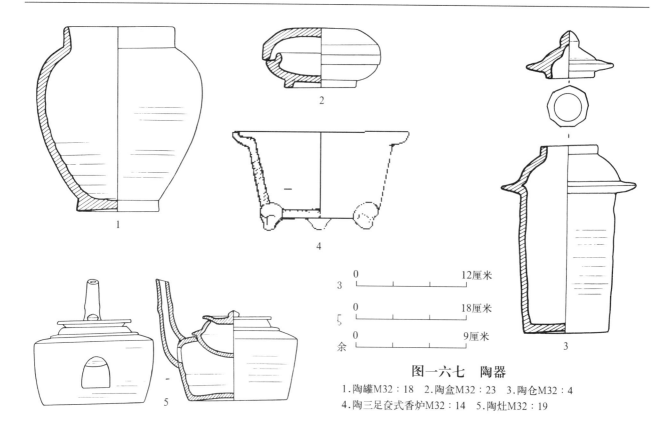

图一六七　陶器
1.陶罐M32：18　2.陶盒M32：23　3.陶仓M32：4
4.陶三足奁式香炉M32：14　5.陶灶M32：19

径14.5、底径9.2、盖高5.0、盖径9.8厘米（图一六七，3）。

10.陶三足奁式香炉

1件。

标本M32：14，出土于墓室东龛。通体可见拉坯痕。方圆唇，子母口，大口深腹斜收，平底，贴附三足，足尖微外撇。通高7.5、口径14.0、底径8.8厘米（图一六七，4；彩版七二，5）。

11.陶灶

1件。

标本M32：19，出土于墓室东龛。通体可见拉坯痕。由灶台、釜、釜盖组成，圆形灶台，券形灶门，与灶门正对处有圆筒形直立烟筒与火膛相通；釜圆形，敛口，圆底，口沿外有一道凸棱；釜盖边沿凸起，盖面下凹，中间有一尖圆形纽。通高19.6、烟筒高14.0、灶台面径19.0、灶门高5.0、宽4.5、灶台底径16.5、釜深5.2、釜口径9.7、沿径14.4、盖径12.0、盖高2.5厘米（图一六七，5）。

（三）瓷器

黑釉瓷罐

1件。

标本M32：11，出土于墓室中部北侧。通体可见拉坯痕。敞口，圆唇，矮束颈，圆肩，鼓腹弧收，肩部上均匀分布有四个小圆纽，圜底，矮圈足。肩部施黑釉，腹部为赭色，施釉不到底，口沿处露胎。

通高 12.3、口径 10.2、足径 7.2 厘米（图一六八；彩版七二，6）。

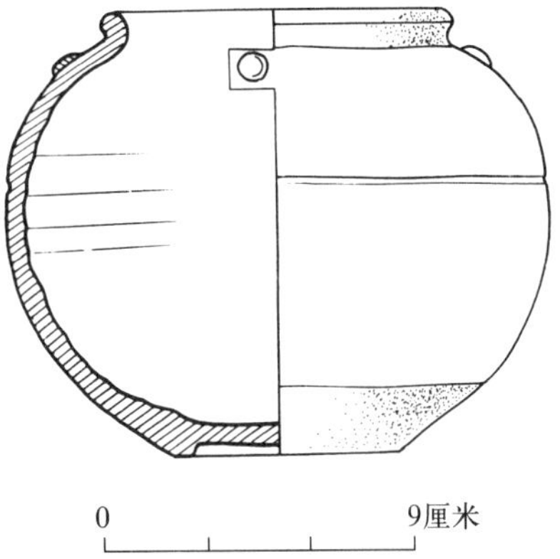

（四）铜器

铜钱

2 枚。墓室填土中出土。

标本 M32：10，宋代熙宁元宝 2 枚。残缺锈蚀严重，钱文模糊。

图一六八　黑釉瓷罐 M32：11

第九节　采集墓志

刘黑马家族墓共出土墓志 5 件，其中刘黑马墓志 1 盒、刘元振墓志 1 方、刘元振夫人郝柔墓志 1 盒、刘元亨墓志 1 方、刘天杰墓志 1 方。此外，在墓地范围内还采集到其家族成员墓志 2 件，其中刘天与墓志 1 方、刘君墓志（残）1 方。现录文并简释，后附刘黑马家族谱系一览表（表七）。

1. 刘天与墓志

1 方。

标本采：墓志 1，刘天与墓志为青石质。盖佚。志石面阴刻楷书 27 行，行满 28 字，共计 674 字。志石边缘残损较严重，志石面亦有损。志石长 54.5、宽 51.0、厚 15.0 厘米（图一六九）。墓志录文如下：

□□□顺大夫廣安府知府兼管事府護軍奧魯勸農事劉公墓誌銘並序 /
前渠州儒學正李庸撰 /
公諱天與，字穹賜，世居龍興威寧。高祖諱伯林，以劉爲氏。壬申 /
□祖聖武皇帝□兵南下，首先率衆歸附聖元，官至諸軍兵馬都 /
元帥、西京留守，諡忠順公。曾大父諱時，襲職元帥。祖諱嶷，字孟方，佩金虎 /
符，河東陝西等路都總管萬戶、成都路經略使，諡忠惠公。父元超，年十二 /
世祖潛邸，選當質子，先卒。母太□，也可那延耶律公之女，誕公丙辰五月 /
□□□□□。中統改元，公□□年，詔旨佩金符，京兆路諸軍奧魯官。 /
至元庚午□□□路瀘州知州□□□裁授忠顯校尉、順慶路判官。既冠， /
勇慕讀書，閑於□□，敦孝弟，尚義氣，其儀威奇異，有如神人。己醜， /
宣授昭信校尉、渠州□□□□。□德敦然□□□備，又屢感牛產二犢， /
禾生雙穗。大德己亥，按□□□□□□□□，官如故。三載之中，政 /
蹟益著。癸卯，陞武德將軍、梁山州知州、□□□□□□順大夫、廣安府知 /
府兼諸軍奧魯勸農事。蜀省廉司以公廉善政，□□良爲駈，刑獄冤滯 /
者悉委公結之，時譽一無閒言。皇慶壬子，省摘更修巴山驛路，疾終渠 /
江縣館，四月初三日也，壽五十有七。渠州廣安官民聞之，不憚江山千里， /
臻喪次，致祭悲痛。感公三十餘年，轉仕川蜀，恩化若此。室萬戶石抹氏女，忠惠公之甥也。 /
母儀婦道，德賢備矣。又室宣撫彭君之女。子四人：長 /

0 ⸺⸺⸺⸺ 9厘米　　图一六九　刘天与墓志拓片

完者、次□□、脱脱、奴奴；孙五人：哈赤、怗减赤、蛮蛮、寿童、纳速秃；女三：长适 /
彭氏，宣抚之孙；二□□。延祐改元，完者捧公柩归葬奉元咸宁县洪固乡 /
凤棲原之先茔。石抹氏延祐丁巳九月甲子有十日疾卒，春秋六十有二， /
是年十月甲午祔焉。完者、脱脱手疏德善请铭，仆以渠州儒学正门下积 /
年，义不可辞，乃铭曰： /

陰修克躬，冥報必豐。忠順忠惠，又生是公。五歲授官，/
世罕與同。既冠蒞政，嘉聲隆隆。股膺孝弟，和氣融融。/
軀幹魁偉，貌象峥嵘。三十餘年，爲國效忠。巴山雲棧，/
載雨載風。悠悠蒼天，何數不容。刻之□石，永磨無窮。/

刘天与，史书无载，其墓志中记述了以下几点：

第一，刘天与（字穹赐）高祖为忠顺公刘伯林，曾祖刘时曾袭诸军兵马都元帅一职（史书无载，且与《刘黑马墓志》中所述"……时，隐德不仕"有所抵牾），祖父忠惠公刘嶷（黑马）。其父刘元超（史书无载，且未记名于《刘黑马墓志》中）曾在少年时代（年十二）入"世祖潜邸选当质子"，或与京兆贺氏家族中的贺胜[1]同时以质子的身份进入忽必烈的关中藩邸为宿卫；其母耶律氏出身也可那延耶律秃花家族。

第二，刘天与生于丙辰年（1256年）五月，卒于皇庆壬子年（1312年）四月，夫人石抹氏出身汉军万户石抹札剌家族，为忠惠公刘黑马之甥，葬于延祐四年（1317年）。再娶宣抚彭氏之女。共生子四人，孙五人，皆以蒙古名：完者、□□、脱脱、奴奴；哈赤、帖灭赤、蛮蛮、寿童、纳速秃；生有三女，其中长女嫁入其再娶彭氏家族（彭夫人之侄）。

第三，耶律秃花、石抹也先（石抹札剌之父）、刘黑马等皆属于木华黎麾下高级指挥官，且均为契丹人[2]。此方墓志透射出其家族间（父族、母族、妻族）延续着紧密的姻亲联系，对进一步研究蒙元时期契丹人的婚姻关系提供了新资料。

第四，刘天与因病卒于任上，卒前奉命"更修巴山驿路"，并提及相关地名，为元代驿路研究提供了资料。

第五，墓志撰文者李庸为前渠州儒学正，为刘天与及妻石抹氏二子完者、脱脱所请，以积年之谊为之撰写墓志铭文。

第六，可补墓志脱字处为：

首题：□□□顺大夫——大元中顺大夫；

正文第二行：□祖圣武皇帝——太祖圣武皇帝。

2.刘惟德墓志

1方。

标本采：墓志2，刘君（惟德）墓志为青石质。盖佚，残缺，仅存部分志石。残存阴刻楷书8行，53字。残长20.0、残宽18.0、厚12.5厘米（图一七〇）。墓志录文如下：

……信校尉管军上千户劉君墓……/

……字惟德，姓劉氏，其先宣德州……/

………率衆歸附 /

………留守天下兵馬都元帥……/

………同三司上柱國，追……/

[1] 宋濂等：《元史·贺胜传》，卷一百七十九，列传第六十六，中华书局。
[2] 黄时鉴：《木华黎国王麾下诸军考》，《元史论丛》第一辑，中华书局，1982年。

表七 刘黑马家族谱系一览表

刘伯林
西京留守兼兵马副元帅元帅忠顺公

刘时·康氏

刘嶷（黑马）·贾氏（夫人）、魏氏、张氏、完颜氏、蒲察氏、孟氏、高氏、薛氏
河北陕西等路都总管万户成都路经略使赠太傅、秦国忠惠公

刘元振妻郝柔：太原五路万户郝和尚拔都之堂妹
刘玮妻廉氏：平章公廉希宪之女
刘元超妻耶律氏：也可那延耶律花家族之女
刘天祥妻田氏：南京路总管田大成之女
刘天杰妻马氏：成都路路总管之女
刘天杰妻王氏：姜堡村王君之女
刘天与妻石抹氏：刘嶷之甥，万户石抹札刺家族之女
刘天与妻彭氏：宣抚彭君之女
刘天与妻长女婿彭君之孙、宣抚彭君之女
刘天祥妻田氏：南京路总管田大成长女

刘元振
成都副万户、潼川路副招讨使、怀远公

刘元正
管人匠达鲁花赤

刘元贞

刘元礼
怀远大将军、延安路总管

刘元济
成都府路总管

刘元德
山西等路管民总管

刘元珫
山西西路奥鲁管万户

刘元亨
山西东路征行两路千户

刘元超·耶律氏
世祖潜邸质子

刘氏子
四川山西五路宣授金牌武略将军

刘氏女十六人

刘氏子三人

刘惟德
□信校尉管军上千户

刘纬·廉氏
正奉大夫、陕西行省参知政事

刘天祥·田氏
（据大唐西市博物馆藏《田大成墓志》增补）

刘氏女四人

刘天与·石抹氏、彭氏
中顺大夫广安府知府兼管军奥鲁农事

刘天杰·马氏、王氏

刘文亮侍梁邸

刘文锋奉御

刘文素

刘文蒨

刘文暐

刘文箸

刘文策

刘文绰

刘氏女婿管思梁诚

刘氏女婿万户征世昌

刘氏女婿奉御张岑

刘氏幼女二人

刘文饶·清氏

刘文焕·张氏

刘文彦·张氏

刘文礼·赵氏

刘氏女婿耶律氏

刘氏女婿杨氏

刘完者

刘口口

刘脱脱

刘奴奴

刘哈赤

刘怙天赤

刘蛮蛮

刘芳童

刘纳速秃

刘氏女婿彭氏

刘氏幼女二人

刘褚

刘谕

刘溥

刘浩

…………授都總管萬户……/

…………開府儀同……/

…………秦國……/

刘惟德，史书无载，墓志残存字提及其先祖籍贯及官职，表明其属于刘黑马家族成员，本人官职为"□信校尉管军上千户"，元代武散官有承信校尉、昭信校尉，从六品，未能详知刘惟德所居散官职位。

从该墓志残文识断，其文法与刘元振墓志相似，推测刘惟德应与刘元振为兄弟行，为刘黑马子男十四人中除元振、元贞（不仕）、元正（管人匠达鲁花赤）、元礼（都总管奥鲁万户）、元济（成都府路总管）、元德（山西等路管民总管）、元琰（山西西路奥鲁万户）、元亨（山西东西两路征行千户）、元超（世祖潜邸质子，先卒，广安府知府兼管事府护军奥鲁劝农事刘天与之父）及刘天杰之父（四川、山西五路宣授金牌武略将军）等十人之外者，其因刘黑马卒葬时年幼，名讳等未被载入墓志。

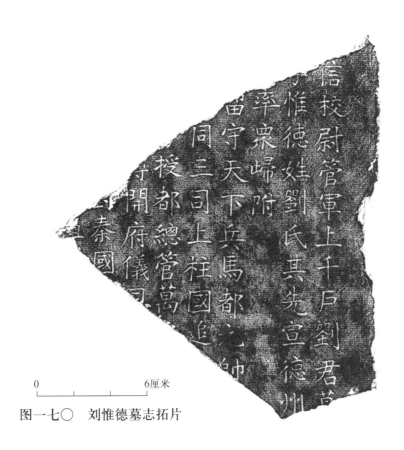

图一七〇　刘惟德墓志拓片

第七章　结语

第一节　陕西地区蒙元墓葬的发现与研究

宋元时期的陕西历史是以战争为轴心的历史，宋辽夏金元各方势力以陕西为战场的角逐，使陕西的文化具有了多种因素的撞击与融合；陕西京兆府也是元世祖忽必烈龙潜时期藩邸儒士们经营之处，蒙元统治初期，廉希宪、商挺等人的治陕方略在忽必烈继承大统后迅速普及至华夏大地，在中国历史文化传统的延续上起到了不容忽视的作用。

近年来在陕西省基本建设考古发掘中，发现了一批蒙元墓葬，极大地丰富了对陕西地区蒙元墓葬的认识，同时也为开展深入研究奠定了出土的实物资料基础。

一　陕西地区蒙元墓葬的发现情况

在20世纪的考古发现中，陕西地区蒙元墓葬的考古发掘起步虽早，但与其他时期的墓葬考古相比，由于墓葬多属零星发现，基础工作相对薄弱，各项研究受到制约。现有成果多为图录和简报，对出土蒙元墓志的刊布与考释也有涉及，相比而言，对元墓壁画的探讨与研究较为深入。

现阶段一般结合考古发现将元墓大体分为三期，即蒙古时期、元朝前期及元朝后期，其中蒙古时期为成吉思汗八年至元世祖至元八年（1213～1271年），有元一代以至大到延祐年间（1308～1320年）为界再分为两期；根据考古资料显示陕西关中地区、甘肃地区及河南地区的蒙元墓葬具有相似性，同属于一个小的分区[1]。陕西地区蒙元墓葬主要分布在西安及其周边地区，墓葬年代则自蒙古国时期至元代中晚期均有对应。自新中国成立以来，陕西地区蒙元墓葬在西安中心区域中多为配合基本建设进行发掘，而周边地区则多属于生产取土发现。在此对陕西地区蒙元墓葬发现情况按照其发现发掘时间为序进行介绍（表八）。

另外，还有一些散见的与蒙元墓葬有关的资料，如《中国古代雕塑图典》中就收录有西安湖广义园（西安市草场坡，今长安大学校址）出土的牵马俑等一批元代陶俑。在陕西历史博物馆内也藏有一批元代陶俑，其中包括1950年长安县韦曲耶律世昌墓出土的灰陶女立俑、1964年西安沙坡新安机械厂出土的灰陶女立俑、西安市东郊沙坡出土的灰陶髡发（婆焦）男立俑、1956年西安郊区出土的彩绘牵马男立俑、西北大学工地出土的灰陶色目俑[2]及1998年西安市东桃园村出土的元代挟物侍

[1] 秦大树：《宋元明考古》，文物出版社，2004年。

[2] 胡小丽、姜涛：《陕西历史博物馆馆藏宋元明陶俑精选》，《陕西历史博物馆馆刊》（第6辑），陕西人民教育出版社，1999年。

表八 陕西地区蒙元墓葬发现情况统计表 (墓葬信息已刊布，统计截至2017年12月)

墓葬	发现时间	资料来源	备注
耶律世昌夫妇墓	1950年	此墓葬资料未系统刊布，墓中出土陶俑及墓志曾收录于现藏博物馆图录	发现于长安区韦曲，有墓志（现藏于西安碑林博物馆）
兴平元墓	1954年	陕西省文物管理委员会：《陕西兴平县西郊清理宋墓一座》，《文物》1959年第2期	该墓葬时代应为蒙元初期
洪庆塬元墓 M106	1954年5月	陕西省文物保护研究院编著，姜宝莲主编：《二十世纪五十年代陕西考古发掘资料整理研究》，三秦出版社，2015年	西北工程地区文物清理工作队随工清理
洪庆塬元墓 M131			
洪庆塬元墓 M132			
洪庆塬元墓 M133			
西安玉祥门外元墓	1954年12月	陈有旺：《西安玉祥门外元代砖墓清理简报》，《文物参考资料》1956年第1期	该墓未被盗掘破坏，陕西省文物管理委员会随工清理
西安西郊小土门村M0·1	1955年	陕西省文物保护研究院编著，姜宝莲主编：《二十世纪五十年代陕西考古发掘资料整理研究》，三秦出版社，2015年	西北工程地区文物清理工作队随工清理
西安西郊小土门村M46			
西安西郊大土门村元墓M1	1955年1~9月		
西安西郊大土门村元墓M5			
西安西郊大土门村元墓M22			
西安西郊大土门村元墓M48			
西安西郊大土门村元墓M206			
西安西郊大土门村元墓M247			
西安西郊大土门村元墓M254			
西安市东郊高楼村元墓M618	1955年3~4月		

西安东郊王家坟（黄河机械厂14街坊）元墓M69	1956年1～11月		
西安东郊洪庆镇804厂元墓M4	1956年3～9月		
西安东郊洪庆镇804厂元墓M60			
西安西郊经二十八路元墓M1	1956年		
西安西郊元墓M263	1956年5月	雷文汉：《西安西郊发现元代小型土室墓》，《考古通讯》1957年第1期	随工清理
西安西郊元墓M136	1956年5月	雷文汉：《西安西郊发现元代小型土室墓》，《考古通讯》1957年第1期	随工清理
西安西郊元墓M145	1956年5月	雷文汉：《西安西郊发现元代小型土室墓》，《考古通讯》1957年第1期	随工清理
西安西郊枣园村元墓M2	1956年5月		西北工程地区文物清理工作队随工清理
辅昌夫妇墓	1956年8月		西北工程地区文物清理工作队随工清理。出土有墓志及买地券
西安李家村元墓M3	20世纪50年代	陕西省文物保护研究院编著，姜宝莲主编：《二十世纪五十年代陕西考古发掘资料整理研究》，三秦出版社，2015年	西北工程地区文物清理工作队随工清理。
西安李家村元墓M5	20世纪50年代		
西安李家村元墓M10	20世纪50年代		
西安西北医学院元墓M2	1956年		
西安草场坡湖广义园元墓M1	20世纪50年代		
西安草场坡湖广义园元墓M2	20世纪50年代		

西安红庙坡新安砖厂元墓M1	20世纪50年代	《西安北郊红庙坡元墓出土一批文物》，《文博》1986年第3期	—
段继荣夫妇墓	1956年10月	王玉清、杭德州：《西安曲江池西村元墓清理简报》，《文物参考资料》1958年第6期	农民取土发现，陕西省文物管理委员会发掘清理，有墓志（现藏于西安碑林博物馆）
西安碑林区文艺南路元墓	1974年	陕西省文物局：《陕西第三次全国文物普查丛书·碑林文物》，陕西旅游出版社，2012年	—
西安碑林区草场坡元墓			—
陕西户县贺胜墓	1978年4月	咸阳地区文物管理委员会：《陕西户县贺氏墓出土大量元代俑》，《文物》1979年第4期	咸阳地区文物管理委员会与户县文化馆合作发掘，有墓志
陕西户县贺仁杰墓	1978年4月	咸阳地区文物管理委员会：《陕西户县贺氏墓出土大量元代俑》，《文物》1979年第4期	咸阳地区文物管理委员会与户县文化馆合作发掘，有墓志
陕西户县贺贲墓	1978年4月	咸阳地区文物管理委员会：《陕西户县贺氏墓出土大量元代俑》，文物1979年第4期	咸阳地区文物管理委员会与户县文化馆合作发掘
宝鸡大修厂元墓	1980年8月	刘宝爱、张德文：《陕西宝鸡元墓》，《文物》1992年第2期	配合基建，发掘清理
长安凤栖原元墓	1981年3月	袁长江：《长安凤栖原元墓建筑结构》，《文博》1985年第2期	被盗，西安市文物局考古队清理
刘义夫妇墓	1983年11月	陈安利：《西安东郊元刘义世墓清理简报》，《文博》1985年第4期	取土发现，陕西省博物馆陈安利至现场调查，有墓志，现藏西安碑林博物馆
西安红庙坡元墓	1985年1月	卢桂兰、师晓群：《西安北郊红庙坡元墓出土一批文物》，《文博》1986年第3期	被毁，文物系民工交送陕西省博物馆
张翼夫妇墓	1986年	陈安利：《西安出土〈元故韩城尹张君墓志铭〉考释》，《考古与文物》1995年第2期	墓志现藏西安碑林博物馆
延安虎头峁元墓	1987年6月	延安市文化文物局：《延安虎头峁元代墓葬清理简报》，《文博》1990年第2期	施工发现，延安市文化文物局及文管会抢救性清理。共2座
西安曲江李新昭墓	1987年9月	马志祥、张孝绒：《西安曲江元李新昭墓》，《文博》1988年第2期	取土发现，送交陕西省博物馆，马志祥、张孝绒至现场调查，有朱书买地券。其旁另有一元墓，亦被破坏
西安南郊山门口元墓	1988年8月	王九刚、李军辉：《西安南郊山门口元墓清理简报》，《考古与文物》1992年第5期	西安市文物局考古队配合基建，发掘清理
张按答不花及夫人李云线壁画墓	1998年3月	陕西省考古研究所：《陕西蒲城洞耳村元代壁画墓》，《考古与文物》2000年第1期	陕西省考古研究所保护性的考古清理，壁画上有墨书款识

延安洛川潘窑科村元墓	1999年	洛川县博物馆：《陕西洛川县潘窑科村宋墓清理简报》，《考古与文物》2004年第4期	该墓为元墓。洛川县博物馆调查清理
榆林鱼河峁镇沙墕村元代壁画墓	2000年	姬翔月：《陕西榆林发现的元代壁画》，《文博》2011年第6期	榆林市文物保护研究所征集
西安电子城元墓	2001年	翟春玲、翟荣、贾小燕：《西安电子城出土元代文物》，《文博》2002年第5期	基建破坏，送交西安市文物管理部门
韩氏及妻吕氏合葬墓	2001年7～9月	西安市文物保护考古所编著：《西安韩森寨元代壁画墓》，文物出版社2004年。（西安市文物保护考古所：《西安东郊元代壁画墓》，《文物》2004年第1期）	基建挖土发现，严重盗扰，西安市文物保护考古所抢救性发掘，有买地券
西安曲江孟村元墓	2002年3月	陕西省考古研究所：《西安市曲江乡孟村元墓清理简报》，《考古与文物》2006年2期	陕西省考古研究所配合基建，清理发掘，有朱书买地券但已剥落不可识
西安市灞桥区十里铺街办李家堡村元墓	2003年	邢福来、肖健一、田亚岐、张建林：《陕西南北朝隋唐及宋元明清考古五十年综述》，《考古与文物》2008年第6期	陕西省考古研究所配合基建，清理发掘
西安潘家庄元墓M122	2003年5月～2004年5月	西安市文物保护考古所：《西安南郊潘家庄元墓发掘简报》，《文物》2010年第9期	未经盗扰，保存较好。配合工程建设，西安市文物保护考古所发掘清理
西安潘家庄元墓M184	2003年5月～2004年5月	西安市文物保护考古所：《西安南郊潘家庄元墓发掘简报》，《文物》2010年第9期	未经盗扰，保存较好。配合工程建设，西安市文物保护考古所发掘清理
西安潘家庄元墓M238	2003年5月～2004年5月	西安市文物保护考古所：《西安南郊潘家庄元墓发掘简报》，《文物》2010年第9期	未经盗扰，保存较好。配合工程建设，西安市文物保护考古所发掘清理
王世英夫妇墓	2005年1月	西安市文物保护考古所：《西安南郊元代王世英墓清理简报》，《文物》2008年第6期	早年被盗，西安市文物保护考古所配合基建，清理发掘。有墓志
西安泾河工业园区元墓	2005年	资料未详细刊布，信息来源：邢福来、肖健一、田亚岐、张建林：《陕西南北朝隋唐及宋元明清考古五十年综述》，《考古与文物》2008年第6期	陕西省考古研究所配合基建，清理发掘
武敬墓	2008年	陕西省考古研究院：《西安南郊皇子坡村元代墓葬发掘简报》，《考古与文物》2014年第3期	陕西省考古研究所配合基建，清理发掘，有墓志
武敬家族成员墓	2008年	陕西省考古研究院：《西安南郊皇子坡村元代墓葬发掘简报》，《考古与文物》2014年第3期	陕西省考古研究所配合基建，清理发掘
西安雁塔南路元墓	2009年8月	张小丽、袁长江：《西安雁塔南路发掘一元代墓葬》，《中国文物报》2009年10月9日第4版（总第1766期）	未被盗扰。基建挖土发现，西安市文物保护考古所抢救性发掘
傅元明夫妇墓（单晶硅片厂M11）	2009年	张全民、郭永淇：《西安长安凤栖原墓葬发掘》，《2009中国重要考古发现》，文物出版社，2010年	配合基建，西安市文物保护考古所抢救性发掘。有墓志

单晶硅片厂 M12	2009年	张全民、郭永淇：《西安长安凤栖原墓葬发掘》，《2009中国重要考古发现》，文物出版社，2010年4月	配合基建，西安市文物保护考古所抢救性发掘
单晶硅片厂 M10	2009年	张全民、郭永淇：《西安长安凤栖原墓葬发掘》，《2009中国重要考古发现》，文物出版社，2010年	配合基建，西安市文物保护考古所抢救性发掘
刘黑马家族墓	2009年	本报告	配合基建，陕西省考古院在长安韦曲街道夏殿村西实施抢救性发掘，计12座，其中出土5方（盒）墓志，另在发掘工地范围采集2方残志
西安咸阳国际机场元墓	2009年	刘呆运、徐雍初、苏庆元：《陕西咸阳渭城底张墓葬及陶窑2009年发掘》，《2009中国重要考古发现》，文物出版社，2010年	陕西省考古研究院配合西安咸阳国际机场二期扩建工程发掘
张弘毅夫妇合葬墓	2011年6月	西安市文物保护考古研究院：《西安曲江元代张达夫及其夫人墓发掘简报》，《文物》2013年第8期	未被盗扰。配合基建，西安市文物保护考古所抢救性发掘。有墓志
张弘毅夫人刘氏墓	2011年6月	西安市文物保护考古研究院：《西安曲江元代张达夫及其夫人墓发掘简报》，《文物》2013年第8期	未被盗扰。配合基建，西安市文物保护考古所抢救性发掘
袁贵安夫妇墓	2012年	西安市文物保护考古研究院：《西安曲江缪家寨元代袁贵安墓发掘简报》，《文物》2016年第7期	未被盗扰。配合基建，西安市文物保护考古所抢救性发掘。出土有朱书买地券
周至县西关刘氏墓	2012年7月	刘汉兴、高小猛：《周至县建筑工地发现一座元墓》，汉唐网2012年8月15日报道	西安市文物保护考古研究所与周至文化局在周至县城西南部"上林小镇"基建工地联合发掘，有朱书买地券
航天城元墓	2013年12月	西安市文物保护考古研究院：《西安航天城元代墓葬发掘简报》，《文博》2016年第3期	西安市文物保护考古研究院配合秦美置业有限公司蓝山水岸项目基建发掘，有朱书买地券
蒲城平路庙元墓M22	2013年11月～2014年3月	陕西省考古研究院：《2014年度考古年报》（内部资料）	陕西省考古研究院配合神渭输煤项目蒲城终端站基建发掘
榆林高镇罗圪台村元代壁画墓	2014年		陕西省考古研究院抢救发掘
西安南留村元墓	2015年	陕西省考古研究院：《2015年度考古年报》（内部资料）	陕西省考古研究院配合陕西西安监狱迁建基建工程发掘
咸阳北杜村元墓M5			陕西省考古研究院配合基建项目发掘

卫俑[1] 等，这些发现至今未见详细材料刊布，但对陕西地区蒙元墓葬的研究提供了重要的线索。

通过对上述统计资料观察和分析，陕西地区蒙元墓葬多为各个时期配合基本建设的考古发掘清理，一是发现的墓葬数量较少，尤其是保存完整且据典型意义的墓葬单位数量十分有限；二是墓葬信息提取的全面性、科学性存在不足，使陕西地区蒙元墓葬的考古学研究成果略显单薄。

二　陕西地区蒙元墓葬的研究综述

在对关中地区元墓的综合研究方面，秦大树先生指出其墓葬形制形式多样，多见长方形与方形的土洞墓、砖室墓，也有八角形的砖砌壁画墓及石室墓；而墓主身份以贫民及中下级官吏为主；墓内壁面少装饰，流行多小龛；而随葬器物中除类型丰富的陶俑、陶动物俑外，流行以仿《三礼图》器形的灰陶礼器为墓圹仪物的风潮[2]。

在对于八角形墓室的研究方面，有学者认为"八角形仿木结构砖石墓葬在北宋仁宗以后流行，其形制来源于瘗埋佛僧舍利的地宫和墓塔以遍及全国的佛塔，但其精神内核则是中国古代'象八方'的观念，这种观念是在民间堪舆思想和佛教观念的融合过程中，重新诠释后的再创造。八角形墓室的建筑是中国传统墓葬'天覆地载'思想在北宋朝的延续"并指出"八角形成为具有代表性的墓室建筑形制，开始出现在北宋朝的中原地区（包括河南的两京地区和两京以北的山西、河北一带）和辽代兴宗重熙年间以后的辽属北方地区"[3]，这种墓葬形制随宋辽金延续至元代早期，如河北石家庄后太保村元代史天泽家族墓地的早期墓葬[4]，河南洛阳伊川M4元墓[5]，山西孝义梁家庄大德元年（1297年）墓[6]、交城县八角形画像石墓[7]、文水北峪口墓[8] 等，甘肃彰县汪世显家族墓地中较早的墓葬[9] 也出现了方形墓框上做出八角形叠涩顶的形制，而陕西地区出现八角形墓室的元代墓葬也非孤例，还有蒲城县东阳乡洞耳村张按答不花墓[10] 及延安虎头峁元墓[11] 等。

对元代陶俑的研究现状，主要体现在中国雕塑艺术史的研究方面，如王子云先生在《中国雕塑艺术史》[12] 一书中对元明清三代的雕塑艺术的阐述中指出，元代的"匠户"管理体制阻碍和限制了工匠的积极性和创造性，在一定程度上阻碍了雕塑技术的发展，是中国的雕塑艺术进一步走向世俗化和衰萎时期。由于元代统治阶层所抱有的民族歧视，"以致在一般的贵族官僚墓葬中，随葬俑人也多用蒙古人像，间或有少数采自中亚的'色目人'，这在元代一般墓俑中是常见的"，并特别列举了陕西西安耶律世昌墓、段继荣墓、贺氏家族墓中所出的陶俑及陶明器，认为其"在塑造技法上，虽显得简单，但交待明确，更能以抓住人物的典型形象，并充分体现出中国古代造型艺术的地方民族风

[1] 师小群、万晓：《新征集文物述要》，《陕西历史博物馆馆刊》（第7辑），三秦出版社，2000年。

[2] 秦大树：《宋元明考古》，文物出版社，2004年。

[3] 易晴：《试析河南北宋砖雕壁画墓八角形墓室形制来源及其象征意义》，《中原文物》2008年第1期。

[4] 河北省文物研究所：《石家庄后太保村史氏家族墓发掘报告》，《河北省考古文集》，东方出版社，1998年。

[5] 吕劲松：《洛阳伊川元墓发掘简报》，《文物》1993年第5期。

[6] 山西省文物管理委员会：《山西孝义下土京和梁家庄金元墓发掘简报》，《考古》1960年第7期。

[7] 商彤流：《山西交城县的一座元代石室墓》，《文物季刊》1996年第4期。

[8] 冯文海：《山西文水北峪口的一座古墓》，《考古》1961年第3期。

[9] 甘肃省博物馆等：《甘肃漳县元代汪世显家族墓葬》，《文物》1982年第2期。

[10] 陕西省考古研究所：《陕西蒲城洞耳村元代壁画墓》，《考古与文物》2000年第1期。

[11] 延安市文化文物局：《延安虎头峁元代墓葬清理简报》，《文博》1990年第2期。

[12] 王子云：《中国雕塑艺术史》（第八章），岳麓书社，2005年。

格";段继荣墓中所出的一件女俑"不仅比例合度，姿态表情也自然而富有生气，而且塑作手法细致，衣裙棱角分明，是一件艺术性较高的人物雕塑佳作"，认为元代工匠在塑制这些陶俑时，虽是上承唐宋俑而来的一个短暂时期，却创做出了强烈的时代特点和时代精神。王仁波先生为《陕西陶俑精华》作序中认为："宋辽金元明是中国古代陶俑的衰落期，大型墓葬中的陶俑已经结束了它们的黄金时代，而逐渐被纸人、纸马所代替。……纸明器的盛行，必然导致陶俑的衰落，但是这一时期的墓中仍有一些陶俑出土。……元代陶俑大都为深灰胎，不上釉，有的面貌类似色目人。西安曲江池元墓出土的彩绘女立俑、陶马，陕西户县元贺氏墓出土的灰陶马、牵马俑、骑马俑、骆驼等等，这些陶俑在表现技巧、制作手法上，有一定的艺术水平，但比起秦汉唐时期的陶俑不免逊色，已成'人事有代谢，往来成古今'之势。"[1] 蒲城洞耳村"大朝国至元六年"墓与西安韩森寨元墓是迄今为止陕西发现并公布的 2 座蒙元时期壁画墓。对蒲城洞耳壁画墓介绍及研究的先后有呼林贵、刘合心、徐涛先生《蒲城发现的元墓壁画及其对文物鉴定的意义》[2]，杨哲峰先生《从蒲城元墓壁画看元代匜的用途》[3]，刘恒武先生《陕西蒲城洞耳村元墓壁画》[4]、《蒲城元墓壁画琐议》[5]，孙大伦先生《洞耳壁画"童子戏花图"小识》[6]、《蒲城洞耳元墓壁画临摹随记——兼谈其现实主义创作方法及艺术的时代风尚》[7]、《陕西蒲城洞耳元墓壁画的艺术特征》[8]、《元墓壁画中的水墨写意性》[9] 等；2004 年西安市文物保护考古所出版了《西安韩森寨元代壁画墓》一书，这是陕西元墓的第一本考古报告，为陕西元代历史、文物、考古、美术、音乐、古建等方面的研究提供了信实的内容。

　　根据元墓壁画中的人物形象及陶俑造型，对中国服饰史中元代服饰研究的影响也日趋成熟，在《中国服装史》[10] 及《中国古代服饰研究》[11] 中都有所体现，专门对元代服饰研究的还有《元代妇女服饰简论》[12] 一文。孙机先生在《介绍自丹麦回归的中国文物》一文中对元俑的帽式（瓦楞帽、钹笠帽）、服饰及发式（婆焦、不狼儿）的特点进行了介绍，可做为对出土陶俑定名及分型定式的依据；他还就元代陶马的马鞍及陶马车的系驾方式做了初步的研究[13]。陈定荣先生则结合《元史·舆服志》对宋元墓葬出土"牵马俑"的性质及其文化含义进行了诠释[14]。基于综上研究，本报告在整理编写过程中，亦对陕西地区蒙元墓葬出土陶俑进行了梳理，在其类型及组合关系等相关方面试撰文分析[15]。在此对陕西地区蒙元墓葬出土陶俑情况进行介绍（详见表九、一〇）。

[1]　王仁波：《中国历代陶俑概说》，《陕西陶俑精华》，陕西人民美术出版社，1987年。

[2]　徐涛：《发现的元墓壁画及其对文物鉴定的意义》，《文博》1998年第5期。

[3]　杨哲峰：《城元墓壁画看元代匜的用途》，《中原文物》1999年第4期。

[4]　刘恒武：《陕西蒲城洞耳村元墓壁画》，《收藏家》1999年第2期。

[5]　刘恒武：《蒲城元墓壁画琐议》，《考古与文物》2000年第1期。

[6]　孙大伦：《洞耳壁画"童子戏花图"小识》，《文博》2005年第2期。

[7]　孙大伦：《蒲城洞耳元墓壁画临摹随记——兼谈其现实主义创作方法及艺术的时代风尚》，《陕西历史博物馆馆刊》（第12辑），三秦出版社，2005年。

[8]　孙大伦：《陕西蒲城洞耳元墓壁画的艺术特征》，《考古与文物》2006年第2期。

[9]　孙大伦：《元墓壁画中的水墨写意性》，《文博》2006年第6期。

[10]　黄能馥、陈娟娟：《中国服装史》，中国旅游出版社，2001年，第254、255页。

[11]　沈从文：《中国古代服饰研究》，北岳文艺出版社，2002年，第535页。

[12]　陈高华：《元代妇女服饰简论（上）——服装和化妆》，《北京联合大学学报（人文社会科学版）》，2008年第3期。陈高华：《元代妇女服饰简论（下）——发式、首饰、缠足和鞋》，《北京联合大学学报（人文社会科学版）》，2008年第4期。

[13]　孙机：《介绍自丹麦回归的中国文物》，《追索流失海外的中国文物》，文物出版社，2008年，第9～11页。

[14]　陈定荣：《宋元时期牵马俑及其文化含义》，《东南文化》1990年第1期。

[15]　杨洁：《陕西地区出土蒙元陶俑类型分析》，《文博》2013年第5期。杨洁：《陕西关中蒙元墓葬出土陶俑的组合关系及相关问题》，《考古与文物》2015年第4期。

　　另外,谢明良先生指出元代陕西行省境内(今陕西、甘肃两省的部分地区)曾存在着模仿《三礼图》礼器为墓圹仪物的风潮[1]。在对铁牛铁猪类厌胜镇墓物的出现、流行等进行列举分析中,已有学者涉及到对元代墓葬墓仪制度的研究[2]。而在元代金银首饰的样式与工艺研究领域,亦有学者对元代“满池娇荷叶簪”、金镶绿松石耳环等的工艺品评上独具见解[3],特别值得一提的是在此次刘黑马家族墓地的发掘中也出土了相类样式的元代首饰。

　　在蒙元墓葬出土遗物的研究方面,由于墓志数量少,相关研究成果也极有限。据已发表资料统计,西安碑林博物馆内收藏有蒙元墓志10方、圹记1方及买地券1方[4];《陕西碑石精华》中收录有蒙元墓志等4方[5];《咸阳碑刻》中收录蒙元墓志等3方[6];《户县碑刻》中收录蒙元墓志等4方[7];《高陵碑石》中收录元代墓志等3方[8];陕西历史博物馆藏墓志1方[9]其他还有见诸考古简报及考释、述要类文章的蒙元墓志若干。陕西地区蒙元墓葬墓主身份多为中下级官吏及平民,志文内容多较为简单;仅户县贺氏家族墓中贺胜、贺仁杰墓志,咸阳郝天泽墓志等由于志主身份显赫,其中的内容可与元史史料相互勘正,而其他较有文献价值的应是记有蒙元初期蒙宋、蒙金战争及汉人归附内容的几方志石,如耀州知州冯时泰墓志等。在此对陕西地区蒙元墓葬出土墓志情况进行介绍(详见表一一)。

　　与陕西史前及周秦汉唐考古等相比,对元代墓葬的考古学研究具有一定的滞后性,首先是在对出土遗物(陶俑、陶明器)的定名、随葬品的种类数量及组合、墓葬形制的多样化及其形成来源、墓主身份等级与墓葬形制的关系、葬地研究等方面,其次是对出土墓志的考释与对蒙元史陕西地方史的补遗等。根据陕西地区元墓考古研究现状,亟需对现已发现的元代墓葬给予梳理并展开对其墓葬形制、随葬品组合等的进一步研究,并结合出土墓志为陕西地区蒙元史的研究提供新的资料。2009年发现的长安区夏殿村刘黑马家族墓地是迄今为止元代在陕西地位最高的汉人世侯——天成刘氏的家族墓群,出土有墓志的元墓4座,从墓志所记载的下葬年代显示,这批家族墓地自大朝中统三年(1262年)最少延续至大元至正二十年(1360年),时间跨度近百年。此次出土的墓志铭文记录较为翔实,通过对其释读可整理出天成刘氏家族七代谱系,并为进一步研究汉人世侯群体在元地位变迁所反映出来的元代社会问题提供新鲜的实物资料。通过1年多的发掘及整理工作,12座墓葬排列有序,墓葬形制清晰,随葬品丰富且具有典型性,出土墓志的记载可增补史阙;现阶段已发表相关简报4篇[10]以及墓志考释研究3篇[11],随着对汉人世侯刘黑马家族墓的进一步整理与研究,希望以科学、系统的考古

　　[1]　谢明良:《北方部分地区元墓出土陶器的区域性观察——从漳县汪世显家族墓出土陶器谈起》,《故宫学术季刊》(第19卷),2002年第4期。

　　[2]　孟原召:《唐至元代墓葬中出土的铁牛铁猪》,《中原文物》2007年第1期。

　　[3]　扬之水:《宋元金银首饰的样式与工艺(中)》,《收藏家》2007年第4期。

　　[4]　高峡主编:《西安碑林全集》(九五卷),广东经济出版社,1999年。赵力光主编:《西安碑林博物馆新藏墓志汇编》,线装书局,2007年。

　　[5]　余华青、张廷皓主编:《陕西碑石精华》,三秦出版社,2006年。

　　[6]　王友怀主编:《咸阳碑刻》,三秦出版社,2003年。

　　[7]　何炳武主编:《户县碑刻》,三秦出版社,2005年。

　　[8]　吴刚主编:《高陵碑石》,三秦出版社,1993年。

　　[9]　陕西历史博物馆编:《风引菲歌:陕西历史博物馆藏墓志萃编》,陕西师范大学出版社,2017年。

　　[10]　李举纲、李明、袁明、杨洁:《西安长安区发现元代汉人世侯刘黑马家族墓葬》,《中国文物报》2010年1月15日第4版。李举纲、李明、袁明、杨洁:《西安长安区夏殿村元代刘黑马家族墓地》,《2009年中国考古重要发现》,文物出版社,2010年。李举纲、杨洁:《蒙元世相:蒙元汉人世侯刘黑马家族墓的考古发现》,《收藏》2012年第15期。陕西省考古研究院:《西安南郊大朝刘黑马墓发掘简报》,《考古与文物》2015年第4期。

　　[11]　李举纲:《西安南郊新出土〈刘黑马墓志〉考述》,《考古与文物》2015年第4期。李举纲:《元刘天与墓志及相关问题探析》,《文博》2015年第2期。樊波:《陕西出土蒙元墓志中的宋蒙泸州之战》,《四川文物》2015年第6期。

报告形式助力于陕西地区元代墓葬考古学研究的进程，并为相关的历史研究、文献研究等提供二重证据法的"地下之新材料"。

表九　西安地区蒙元时期出土陶俑纪年墓葬一览表（资料信息已刊布，统计时间截至2016年底）

墓主	身份	葬时	出土陶俑	资料出处	备注
段继荣及夫人刘氏	京兆总管府奏差提领经历	段继荣卒葬于蒙哥汗二年（1252年），夫人刘氏葬于至元三年（1266年）	男俑、女俑、陶马（鞍马、裸马、辕马、骖马）、陶车	《西安曲江池西村元墓清理简报》，《文物参考资料》1958年第6期	1956年陕西省文物管理委员会于西安曲江池西村清理，此墓未被盗掘
傅元明及夫人王氏	元都总管万户府都总领	蒙哥汗四年（1254年）	男俑、女俑及陶狗、陶鸡、陶马（辕马、骖马）、陶车	《西安长安凤栖原墓葬发掘》，《2009中国重要考古发现》，文物出版社，2010年	2009年西安市文物保护考古研究所发掘于长安区凤栖原焦村
刘黑马	大朝宣差都总管万户成都路经略使	大朝中统三年（1262年）	男俑	本报告	2009年陕西省考古研究院于长安区韦曲街道夏殿村西发掘
刘元振及夫人郝柔	元成都路经略使怀远大将军行军副万户	刘元振葬于至元十二年（1275年），郝柔葬于大德六年（1302年）	骑马俑、男俑、女俑、陶龙、陶牛、陶羊、陶猪、陶狗、陶鸡、陶骆驼、陶马（鞍马、载物马、辕马、骖马）、陶车、陶剑、陶伞、陶骨朵、陶伞状杖、陶方凳	本报告	2009年陕西省考古研究院于长安区韦曲街道夏殿村西发掘
袁贵安	安西府咸宁县东关北坊永兴街居民	元贞元年（1295年）	男俑、女俑、陶牛、陶羊、陶猪、陶狗、陶鸡、陶骆驼、陶马（鞍马、载物马、骖马）	《西安曲江缪家寨元代袁贵安墓发掘简报》，《文物》2016年第7期	2012年西安市文物保护考古研究院发掘于西安市曲江乡缪家寨
贺仁杰及夫人刘氏	元故光禄大夫平章政事商议陕西等处行中书省事	贺仁杰葬于大德十一年（1307年），刘氏早卒葬		《陕西户县贺氏墓出土大量元代俑》，《文物》1979年第4期	1978年发掘于户县秦渡公社张良寨村

武敬	元延安路医学教授	皇庆二年（1313年）	男俑、女俑、陶鸡、陶马（鞍马、载物马、辕马、骖马）、陶车	《西安南郊皇子坡村元代墓葬发掘简报》，《考古与文物》2014年第3期	2009年陕西省考古研究院于长安区韦曲镇黄子坡村发掘。此墓未被盗掘
王世英夫妇	元忠勇校尉、同知耀州事	王世英葬于大德十年（1306年），萧氏葬于延祐三年（1316年）	骑马俑、男俑、女俑、陶龙、陶牛、陶羊、陶猪、陶狗、陶鸡、陶马（鞍马、载物马、辕马、骖马）、陶车、陶剑、陶伞	《西安南郊元代王世英墓清理简报》，《文物》2008年第6期	2005年西安市文物保护考古所发掘。此墓虽早期被盗，但前室随葬器物未被扰动，陶俑多施有彩绘
辅昌及妻于氏、上官氏	平民	延祐三年（1316年）迁葬并合葬	男俑、女俑、陶龙、陶马	《二十世纪五十年代陕西考古发掘资料整理研究》，三秦出版社，2015年	1956年西北工程地区文物清理工作队发掘于西安南郊通讯学校所在地24甲8号房基西端（M43），墓志现藏于西安碑林博物馆
奉元路周至县西关刘某	平民	至治元年（1321年）	陶俑、陶马、陶狗、陶羊	《周至县建筑工地发现一座元墓》，汉唐网2012年08月15日报导	2012年西安市文物保护考古研究院于周至抢救性发掘
李新昭	平民	泰定二年（1325年）	男俑、女俑、陶羊、陶猪、陶狗、陶鸡、陶马（鞍马、载物马、辕马）、陶车	《西安曲江元李新昭墓》，《文博》1988年第2期	1987年陕西省博物馆征集于雁塔区曲江乡岳家寨
耶律世昌及夫人石抹氏	元安西路耀州尹	泰定三年（1326年）	武士俑、男侍俑、女俑、陶龙、陶牛、陶羊、陶鸡、陶马（鞍马、载物马、辕马、骖马、骑马俑）	现藏于陕西历史博物馆。该墓出土骑马俑曾发表于刘兴珍、郑经文主编：《中国古代雕塑图典》，文物出版社，2006年	1950年发现于陕西省西安市长安韦曲

贺胜夫妇	元故左丞相开府仪同三司上柱国赠推忠宣力保德功臣太傅秦国公	泰定四年（1327年）	骑马俑、骑驼色目俑、陶骆驼、陶马（鞍马、载物马）、武士俑、男俑、女俑、陶龙、陶牛、陶羊、陶猪、陶狗、陶鸭、陶鸡	《陕西户县贺氏墓出土大量元代俑》，《文物》1979年第4期	1978年陕西咸阳地区文物管理委员会与户县文化馆在户县秦渡公社张良寨村共同发掘。此次发掘的户县贺氏家族墓墓主为贺贲、贺仁杰、贺胜三代，其中陶俑主要出土于贺胜墓及贺贲墓中
张弘毅及妻武氏、李氏、赵氏	平民	张弘毅葬于后至元五年（1339年），三位夫人　葬	陶俑、陶龙、陶牛、陶羊、陶猪、陶狗、陶鞍马	《西安曲江元代张达夫及其夫人墓发掘简报》，《文物》2013年第8期	2011年西安市文物保护考古研究所于原新开门村北侧发掘。4人合葬墓，保存完整
刘义及妻于氏	虎贲籍民户	至正四年（1344年）	男俑、女俑、陶龙、陶马（鞍马、载物马）、陶猪、陶羊、陶狗、陶猫	《西安东郊元刘义世墓清理简报》，《文博》1985年第4期	1983年西安灞桥区洪庆公社惠家庄大队社员送交于陕西省博物馆。墓志现藏于西安碑林博物馆

表一〇　陕西地区蒙元时期出土陶俑无纪年墓葬一览表（按资料信息刊布时间排序，统计时间截至2016年底）

墓葬	发掘位置	资料出处及备注
西安玉祥门外元墓（M1）	西安玉祥门外建中路2号北段路西约20米	《西安玉祥门外元代砖墓清理简报》，《文物参考资料》1956年第1期。双人合葬；据出土铁钱"大德通宝"可知该墓应晚于元成宗时，大德（1300年）以后
贺贲墓（M3）	1978年发掘于户县秦渡公社张良寨村	《陕西户县贺氏墓出土大量元代俑》，《文物》1979年第4期
西安北郊红庙坡元墓	西安北郊红庙坡	《西安北郊红庙坡元墓出土一批文物》，《文博》1986年第3期。该墓葬被毁，墓葬形制及随葬品摆放位置均不详。陶车残，仅存车辕及车轮。据该墓出土的墨书八思巴文字青白瓷盘推断，该墓墓主埋葬时间为1325至1368年间
曲江岳家寨元墓	雁塔区曲江乡岳家寨，该墓位于李新昭墓北侧	《西安曲江元李新昭墓》，《文博》1988年第2期。1987年陕西省博物馆征集于雁塔区曲江乡岳家寨，该墓被毁，随葬品摆放位置及数量等不详。陶车具残，仅存龙首车辕

宝鸡大修厂元墓	宝鸡市福临堡大修厂	《陕西宝鸡元墓》，《文物》1992年第2期。1980年出土，现藏于宝鸡渭滨区文管所
延安虎头峁元墓	延安市南柳林乡虎头峁村	《延安虎头峁元代墓葬清理简报》，《文博》1990年第2期。共计2座墓，其中M1出土有朱书买地券，可辨识"大元"字样。1987年出土，现藏于延安市文化文物局
西安市南郊山门口元墓	西安市南郊山门口乡沙滹沱村南陕西省果品研究所基建工地	《西安南郊山门口元墓清理简报》，《考古与文物》1992年第5期。该墓葬被毁，随葬品摆放位置均不详；陶车残，仅存车辕2件及车轮2件，俑制作粗糙、马具等皆为贴塑，应属于蒙元早期
东桃园村元墓	西安市西郊东桃园村	《新征集文物述要》，《陕西历史博物馆馆刊》第七辑，三秦出版社，2000年
西安电子城元墓	西安电子城开发公司基建工地	翟春玲、翟荣、贾小燕：《西安电子城出土元代文物》，《文博》2002年第5期。该墓葬被毁，墓葬形制及随葬品摆放位置均不详。俑身高度分两种类型
曲江孟村元墓（M8）	曲江乡孟村北（西安理工大学曲江校区2号学生公寓楼基槽东南部）	《西安市曲江乡孟村元墓清理简报》，《考古与文物》2006年第2期。墓葬完整，未经扰动
西安雁塔南路元墓（M1）	西安市大雁塔南侧的雁塔南路	张小丽、袁长江：《西安雁塔南路发掘一元代墓葬》，《中国文物报》2009年10月9日第4版。2009年西安市文物保护考古研究所配合基建发掘，完整无盗扰。据该墓出土的"至大通宝"和蒙文"大元通宝"推断，该墓葬上限应不早于元武宗至大三年（1310年）
长安凤栖原单晶硅片厂元墓（M10）	西安市长安区韦曲街道办事处焦村傅元明夫妇墓附近	《西安长安凤栖原墓葬发掘》，《2009中国重要考古发现》，文物出版社，2010年
长安凤栖原单晶硅片厂元墓（M12）	西安市长安区韦曲街道办事处焦村傅元明夫妇墓附近	《西安长安凤栖原墓葬发掘》，《2009中国重要考古发现》，文物出版社，2010年

世家星城元墓M122	西安南郊潘家庄	《西安南郊潘家庄世家星城元墓发掘简报》，《文物》2010年第9期。双人单棺合葬；未经盗扰，出土于西龛；马具为贴塑，应属元代早期
世家星城元墓M184	西安南郊潘家庄	《西安南郊潘家庄世家星城元墓发掘简报》，《文物》2010年第9期。独葬；未经盗扰，出土于棺南两侧
世家星城元墓M238	西安南郊潘家庄	《西安南郊潘家庄世家星城元墓发掘简报》，《文物》2010年第9期。双人双棺合葬；未经盗扰，出土于墓室内南部东西两侧；未见车具。其陶羊造型无角
草场坡元墓	西安市碑林区草场坡村	《陕西第三次全国文物普查丛书·碑林文物》，陕西旅游出版社，2012年
坡西村元墓	咸阳市泾阳县中张镇（燕王乡）坡西村	《陕西第三次全国文物普查丛书·碑林文物》，陕西旅游出版社，2012年
武敬家族成员墓（M43）	长安区韦区镇黄子坡村（航天科技产业园神州二路与韦鸣路交汇处的东北隅）	《西安南郊皇子坡村元代墓葬发掘简报》，《考古与文物》2014年第3期。配合基建，未被盗掘
长·洪206工地（M131）	西安市灞桥区洪庆塬洪庆村（原属于长安县管辖）206厂工地南三号房中部	《二十世纪五十年代陕西考古发掘资料整理研究》，三秦出版社，2015年
西安西郊56·230工地（M2）	西安西郊莲湖区枣园村附近三明渠附近	《二十世纪五十年代陕西考古发掘资料整理研究》，三秦出版社，2015年
55（56）·005工地3#（M1）	西安西郊新华印刷厂以东、大土门村以南，纬十六街以南。国营113、114场建设工地3号房基下	《二十世纪五十年代陕西考古发掘资料整理研究》，三秦出版社，2015年
55（56）·005工地3#（M2）	西安西郊新华印刷厂以东、大土门村以南，纬十六街以南。国营113、114场建设工地3号房基下	《二十世纪五十年代陕西考古发掘资料整理研究》，三秦出版社，2015年
55（56）·005工地3#（M5）	西安西郊新华印刷厂以东、大土门村以南。国营113、114场建设工地3号房基东头114厂福利区	《二十世纪五十年代陕西考古发掘资料整理研究》，三秦出版社，2015年
55（56）·005工地3#（M247）	西安西郊新华印刷厂以东、大土门村以南，纬十六街以南。国营113、114场建设工地3号房基东北角	《二十世纪五十年代陕西考古发掘资料整理研究》，三秦出版社，2015年

55（56）·005工地5#（M206）	西安西郊新华印刷厂以东、大土门村以南，纬十六街以南。国营113、114场建设工地5号房基东北角	《二十世纪五十年代陕西考古发掘资料整理研究》，三秦出版社，2015年
55（56）·005工地14#（M22）	西安西郊新华印刷厂以东、大土门村以南，纬十三街路北114厂福利区，2号甲街坊14号房基下	《二十世纪五十年代陕西考古发掘资料整理研究》，三秦出版社，2015年
56·169/西北医学院元墓	西安南郊郝家村西北医学院工地	《二十世纪五十年代陕西考古发掘资料整理研究》，三秦出版社，2015年
西·李105工地（M106）	西安南郊李家村附近煤矿管理局105工区房子东南角	《二十世纪五十年代陕西考古发掘资料整理研究》，三秦出版社，2015年
洪庆村元墓（M132）	西安东郊灞桥区洪庆村	《中国国家博物馆馆藏文物研究丛书·陶俑卷》，上海古籍出版社，2015年
航天城元墓	西安市长安区南郊航天产业园内	《西安航天城元代墓葬发掘简报》，《文博》2016年第3期

表一一　陕西地区出土蒙元时期墓志情况统计表

墓志、墓碑、买地券	年代	信息来源	来源及现存地点
傅元明墓志	蒙哥汗四年（1254年）	张全民、郭永淇：《西安长安凤栖原墓葬发掘》，《2009中国重要考古发现》，文物出版社，2010年	2009年长安凤栖原出土，西安市文物保护考古研究院藏
段继荣墓志	至元三年（1266年）	《西安碑林全集》；《西安曲江池西村元墓清理简报》；《一九四九——一九八九四十年出土墓志目录》	1956年西安南郊曲江池出土，西安碑林博物馆藏
（道）斡勒守坚墓志	中统二年（1261年）	《西安碑林全集》	西安碑林博物馆藏
刘黑马墓志	中统三年（1262年）	《西安南郊大朝刘黑马墓发掘简报》，《考古与文物》2015年第4期	陕西省考古研究院藏
刘元亨墓石	不详		陕西省考古研究院藏

刘惟德墓志（残石）	不详		陕西省考古研究院藏
雷士元墓志铭并盖	至元三年（1266年）	《高陵碑石》	1958年高陵县姬家乡湾雷村出土，并存此
韩瑞墓志	至元六年（1269年）	《长安新出墓志》，文物出版社，2011年	长安区博物馆藏
雷德谊墓志铭并盖	至元七年（1270年）	《高陵碑石》	1960年高陵县姬家乡年家村出土，高陵县文化馆藏
（僧）任崇鼎墓志（塔铭）	至元八年（1271年）	《西安碑林全集》	1956年西安南城门出土，西安碑林博物馆藏
郝仲威墓志	至元九年（1272年）	《元郝仲威墓志考略》（《碑林集刊》第十七辑）	陕西三原县出土
周妻耶律氏墓志（砖志）	至元十年（1273年）	《西安碑林全集》	西安碑林博物馆藏
赵崇简墓志	至元十一年（1274年）		西安博物院藏
曹世昌墓志	至元十二年（1275年）	《陕西碑石精华》	西安市出土，西安市文物保护考古研究院藏
刘元振墓志	至元十二年（1275年）		陕西省考古研究院藏
田大成墓志	至元十二年（1275年）		大唐西市博物馆藏
吴清墓志	至元十二年（1275年）		大唐西市博物馆藏
师弼墓志	至元十四年（1277年）	《西安碑林博物馆新藏墓志编》	1997年西安市长乐坊出土，西安碑林博物馆藏
辅昌砖墓志	至元十七年（1280年）	《西安碑林全集》；《二十世纪五十年代陕西考古发掘资料整理研究》，三秦出版社，2015年，下册第243～246页，"附录"，下册第405页	1956年长安县韦曲出土，西安碑林博物馆藏

冯时泰墓志	至元十八年 （1281年）	西安碑林博物馆编：《西安碑林博物馆新藏墓志　编》（下），线装书局，2007年，第997～999页；杜文：《元耀州知州〈冯时泰墓志铭〉考释》，《碑林集刊》（十一），陕西人民美术出版社，第2005年；杨洁：《再读元〈耀州知州冯时泰墓志铭〉》，《碑林集刊》（十六），三秦出版社，2010年	1960年长安县韦曲出土，西安碑林博物馆藏
辅昌墓志	至元二十三年 （1286年）	《西安碑林全集》	1956年西安南郊出土，西安碑林博物馆藏
王铸墓志	至元二十四年 （1287年）		西安博物院藏
贾进本墓志	至元二十五年 （1288年）		陕西省考古研究院藏
张翼墓志	至元二十六年 （1289年）	《西安碑林全集》	西安碑林博物馆藏
李居仁墓志	至元二十七年 （1290年）		西安博物院藏
姜从善买地券（砖）	至元二十八年 （1291年）	《西安碑林全集》	西安碑林博物馆藏
耶律秃满答儿墓志	至元二十八年 （1291年）	《陕西碑石精华》	西安市出土，西安市文物保护考古研究院藏
胡全墓志	至元二十九年 （1292年）	《北京图书馆中国历代石刻拓本汇编》第48册	西安市长安县出土，墓志石现藏地不详
（道）张德琳墓志	至元二十九年 （1292年）	《咸阳碑刻》	泾阳县蒋路乡安吴村存
（僧）义公和尚塔铭	至元三十一年 （1294年）	《户县碑刻》	1995年由户县石井乡弥陀寺转藏户县文物管理委员会

袁贵安墓志	元贞元年 （1295年）	《西安曲江缪家寨元代袁贵安墓发掘简报》，《文物》2016年第7期	2012年西安市文物保护考古研究院配合基建发掘
范祖文墓志	元贞元年 （1295年）		大唐西市博物馆藏
张辅臣墓志	大德二年 （1298年）		西安碑林博物馆藏
王进墓志	大德三年 （1299年）		西安市富力城出土，陕西省考古研究院藏
郭汝弼墓志	大德三年 （1299年）		陕西省考古研究院藏
高林墓志	大德三年 （1299年）	《风引薤歌：陕西历史博物馆藏墓志萃编》，陕西师范大学出版社，2017年	陕西历史博物馆藏
王进墓志	大德三年 （1299年）		陕西省考古研究院藏
窦允中墓志	大德三年 （1299年）		陕西省考古研究院藏
李圭墓志	大德五年 （1301年）	《元代李圭墓志考》，《文物》1998年第6期	1974年西安市南郊陕西师范大学原苹果园出土，现藏陕西师范大学图书馆
郝柔墓志	大德六年 （1302年）		陕西省考古研究院藏
冯士安墓志	大德七年 （1303年）	《北京图书馆中国历代石刻拓本汇编》第48册；《陶斋藏石记》卷43；《故宫博物院藏历代墓志汇编》第一册，紫禁城出版社，2010年	故宫博物院藏
王文墓志	大德八年 （1304年）		西安博物院藏
张楫墓志	大德八年 （1304年）		西安博物院藏

郝天泽墓志	大德九年 （1305年）	《咸阳碑刻》	三原县出土，三原县博物馆藏
曹世良墓志	大德九年 （1305年）		大唐西市博物馆藏
严毅墓志	大德九年 （1305年）	《大唐西市博物馆藏墓志》， 文物出版社，2012年	大唐西市博物馆藏
吴天祐墓志	大德十年 （1306年）		西安博物院藏
张楫妻高氏墓志	大德十年 （1306年）		西安博物院藏
王世英墓志	大德十年 （1306年）	《西安南郊元代王世英墓清理 简报》	2005年西安雁塔南路出土，西安市文物保护 考古研究院藏
徐宽墓志	大德十年 （1306年）	《咸阳碑刻》	兴平市出土，兴平市文化馆藏
张谦墓志	大德十一年 （1307年）	《长安新出墓志》，文物出版 社，2011年	长安区博物馆藏
贺仁杰墓志	大德十一年 （1307年）	《陕西碑石精华》，《户县碑 刻》，《陕西户县贺氏墓出土 大量元代俑》	1953年陕西省户县秦渡镇张良寨村出土，张 良寨村戏楼座内存
任谦墓志	至大元年 （1308年）		西安博物院藏
窦居义墓志	皇庆二年 （1313年）		陕西省考古研究院藏
杜季昌墓志	延祐元年 （1314年）		西安博物院藏
刘天与墓志	延祐四年 （1317年）		陕西省考古研究院藏
郭宗敏墓志	延祐五年 （1318年）	《西安碑林全集》	1949年前西安南郊瑞乐村出土，西安碑林博 物馆藏

武敬墓志	皇庆二年（1313年）	《西安南郊皇子坡村元代墓葬发掘简报》，《考古与文物》2014年第3期；段毅：《元代医学教授武敬墓志考略》，《碑林集刊》（二十），三秦出版社，2014年	2008年陕西省考古研究院发掘
辅昌墓志	延祐三年（1316年）	《二十世纪五十年代陕西考古发掘资料整理研究》，三秦出版社，2015年	西安碑林博物馆藏
尚好信墓志	至治三年（1323年）		西安博物院藏
耶律世昌墓志	泰定三年（1326年）	《西安碑林全集》	1950年长安县韦曲出土，西安碑林博物馆藏
贺胜墓志铭	泰定四年（1327年）	《户县碑刻》，《陕西户县贺氏墓出土大量元代俑》	1953年陕西省户县秦渡镇张良寨村出土，户县文物管理委员会藏
刘逵墓志	至元三年（1337年）		西安博物院藏
张弘毅（达夫）墓志	至元五年（1339年）	《西安曲江元代张达夫及其夫人墓发掘简报》，《文物》2013年第8期	该墓为张达夫及其妻武、李、赵氏合葬，另有西侧5米处M5为其妻刘氏墓，西安市文物保护考古研究院藏
刘义墓志	至正四年（1344年）	《西安东郊元刘义世墓清理简报》，《文博》1985年第4期	1983年西安市灞桥区洪庆公社惠家庄出土，西安碑林博物馆藏
张敬墓志	至正十七年（1357年）		三原博物馆藏
刘天杰墓志	至正二十年（1360年）		陕西省考古研究院藏
郑继祖墓志	至正二十七年（1367年）		西安市文物保护考古研究院藏

第二节　刘黑马家族墓墓葬形制及其葬具使用情况

此次发掘的十二座墓葬均为土洞墓，墓底距地面多在 10 米左右；其特点为：狭长的斜坡窄台阶墓道，平面呈梯形的大型天井；墓室内设有壁龛，摆放部分随葬器物；前后室形制的较为常见，采用砖封门或土坯封门，有的还在封门之外竖有石板或墓志。十二座墓葬中发现有三种葬具，分别为：木棺、陶棺（火葬）、石函（火葬）。列举分析如下：

M8 为单室土洞结构，墓室穹窿顶，北半部用一层条砖铺设棺床，原应有木棺 1 具，已朽成灰迹，置于砖铺棺床中部。原应为墓室后室的空间被改建为一个底部与墓室地面平齐的壁龛，在墓室东、西及西南壁上各开有一个浅龛，底部与墓室底平齐。墓室穹窿顶保存完整，顶部中央还凿有圆形藻井，为推测其他墓葬墓室顶部形状提供了依据。

M9 为单室拱顶土洞结构，墓室较为狭窄，其中北部使用条砖铺设棺床。在墓室东北部的填土内发现少量烧骨残块。根据出土的少量铁棺钉，推测原使用有木棺。北壁及东西两壁各开设一小龛用来放置随葬器物，龛底高于墓室底部。

M15 为前后室拱顶土洞结构，后室顶部为东西向拱弧，后室中部堆积有被盗掘破坏的 2 具棺木残迹，呈南北向并列放置状，从盗扰后散乱的大块棺椁残迹和棺底残存迹象观察东棺内外共分 3 层，从外向里：第一层为外层木棺、第二层为木炭渣夹层、第三层为内层木垫层，棺底残留有水银；根据西棺棺底残存痕迹观察，其为双层棺底，中间夹有排列有序的铜钱和纺织物，均朽蚀严重。前室顶部为南北向拱弧，出土有 1 具陶质棺具（残毁）及木枕 1 件，均为葬具。

刘元振墓（M16）亦为土洞前后室结构，棺具置于后室，后室以低矮的生土台上铺设青砖作为棺床，其上呈南北向东西并置两具木棺（朽残，仅保留有棺底部分），棺内壁还保留有装饰的织物残迹；西棺棺底发现有一件残碎的龟纽盖簠形陶仿礼器，其中残留有水银痕迹；东棺内北部残留一件铜盒（M16：13），残损锈蚀严重，棺内中部残存一面铜镜（M16：12），镜面朝下，镜表残留有织物痕迹；两棺有被早期盗扰的迹象，棺盖置于棺旁。前室中部放置有郝柔墓志及数量众多的随葬明器，为郝柔入葬时放置，东西两壁的小龛底部与墓室地面平齐，其中放置的随葬明器包括刘元振夫妇二人分别入葬时的随葬明器，推测小龛并非此墓葬初建时所设计，而是时隔 27 年后在郝柔入葬时因需摆放第二套随葬明器而进行的扩建，另外，其以刘元振墓志充当石封门封堵于砖封门之外。

刘黑马墓（M17）为土洞前后室结构，后室以低矮的生土台上铺设青砖作为棺床，其上残留有朽木痕迹，推测原置有木棺。前室放置有侧开小孔的青石函 1 具（缺盖），东西壁各设有 3 座小龛，龛内使用多层条砖铺设使其底部高于前室地面，推测这些小龛是在建造墓葬时就进行了设计的。使用石板封门，墓门与狭长的斜坡台阶式墓道之间设置土圹式天井用以下棺。刘黑马墓的结构与曲江孟村元墓[1]较为相似，区别在于东西壁小龛数量较多。

M19 为单室土洞结构，墓室穹窿顶，葬有四具木棺，木棺腐朽损毁严重，棺灰呈灰褐色，从残存朽痕观察，在墓室中部由东向西依次南北纵向放置棺木四具，其中东 2 号棺残存部分侧板，板厚 0.10米；棺内随葬有黑釉瓷罐（M19：13）1 件，放置于棺内东北处。棺内北部残存发辫 1 段，棺底还残留有黑色碳渣。东、西壁南部及北壁中部各开有一个平顶土洞式小龛，底部与墓室底部平齐。东、

[1]　陕西省考古研究所：《西安市曲江乡孟村元墓清理简报》，《考古与文物》2006年第3期。

西两壁小龛进深仅 0.2～0.3 米，相对壁面平齐光滑的墓室而言，龛壁修造较为粗糙。此墓墓室结构与后至元五年（1339 年）张达夫夫妇合葬墓（M6）及其夫人刘氏墓（M5）相近，其多人合葬形式也具有相同性。

M20 为竖穴墓道前后室土洞结构，后室穹窿顶，中部偏东东西并置两具南北向棺木，已朽成灰迹，东棺内多数骨骼已成黄色粉末，葬式不详；西棺内骨骼堆置一起，有焚烧的迹象。北壁开设有一个平顶土洞式小龛；前室拱顶，南端东西两壁各开设一个拱顶土洞式浅龛。

M25、M26 皆为前后室土洞结构，后室拱顶，内葬木棺两具，北壁开设一小龛；前室穹窿顶，南端东西两壁各开设一浅龛。M25 墓室后室为砖铺地，上东西并置两具南北向棺木，朽烂严重，西侧木棺糟朽程度尤甚，仅存棺灰，东侧木棺残存棺木及漆皮。M26 墓室后室中部东西并置两个南北向棺木，其东棺棺板已朽，底板厚 0.06 米；西棺棺椁坍塌，棺底厚 0.12 米，为双层底板，中间夹木炭渣，厚 0.04、棺底板厚 0.06～0.02 米，此棺内北端发现白藤纱帽一顶（M26：20）及"泰定四年"金钱 1 枚（M26：19）。

刘天杰墓（M27）为单室土洞结构，墓室穹窿顶，北部呈南北向并置两具棺木，棺内人骨因糟朽及盗扰已不存，棺木内残存有木炭颗粒。其中东棺存糟朽棺板，上置铜钱若干枚；西棺残存底部及部分棺侧板，棺底为多条木板拼接而成，分为三层；北壁及西壁各开有一个小龛，推测小龛内原应放置有随葬品，但因近期被盗扰的缘故（盗洞系炸药爆破冲击而成），在发掘时呈空置状况；较为特殊的是刘天杰墓志镶嵌于距墓底约 5.20 米处的天井北壁上（影壁）。

刘元亨墓（M31）为前后室土洞墓，相较规模较小，缩短了墓道的长度。墓室前室顶部因塌毁严重，形制不详，其北部偏中位置东西向放置长方形青石函一具，因早期被盗，函盖已被盗墓者移至南侧，靠放在石函南壁上。函盖面上有阴线刻出 19 经 19 纬交错而成的围棋盘，其上还象征性的标示出"天元"及四角"星"位置。石函内尚残留有朽木灰、铁棺钉少量，应为木质骨灰盒朽质，因盗扰腐朽严重，形状尺寸已不详。墓主骨架均呈黑色粉末及块状，应为火化后放入骨灰盒内，再置于石函内。后室为拱顶，部分随葬品置于后室内，因无大量随葬品而没有扩建东西壁龛。

M32 为竖穴墓道单室土洞结构，墓室拱顶，墓室中部偏北（紧靠北壁）用方砖铺砌棺床，其上残留有棺痕，棺灰呈灰褐色，从朽痕观察，为一具南北向放置的棺木。墓室南端东西壁及北壁中部各开设一个壁龛。

综上，大部分墓葬墓室顶部均因遭到不同程度的破坏而塌毁，但根据 M8 保存下来的完整墓室顶部来看，多数墓室采用了穹窿顶并在顶部中间凿出圆形藻井的样式，此种墓顶样式也可见于建造于元大德十年（1306 年）的王世英墓[1]。刘黑马家族墓地的组成是以其家族第一代成员刘黑马墓（M17）为中心点，第二代成员刘元振墓（M16）、刘元亨墓（M31）等，第三代成员刘天杰墓（M27）等为三层阶梯状顺序排列，其中 M9、M32 两座墓葬应属于该家族第二代成员墓葬；M8、M15、M25、M26 则属于该家族第三代成员墓葬，尤其是其中 M25、M26 两座墓葬的建成年代应接近于刘天杰墓（M27）；另外 M19、M20 墓道缩短，墓葬位置距离位于中心的刘黑马墓较远，推测其时代略晚，可能属于家族墓中排序较后的第四代成员墓葬。

根据刘黑马家族墓 12 座墓葬位置、形制及葬具使用等情况（表一二），比照西安地区其他元墓形制，并以墓志所载墓主入葬时间可大致推测墓葬建成时间。

---

[1] 西安市文物保护考古所：《西安南郊元代王世英墓清理简报》，《文物》2008年第6期。

从上述 12 座墓葬葬具观察，木棺被作为其家族的主要葬具使用，木棺底部使用碳渣夹层防潮，棺内使用织物装饰，棺表面原应用漆保护并装饰。棺内装殓物品除衣帽首饰外，还有铜镜、瓷罐等。M15 与 M27（刘天杰墓）中各有一具木棺棺底铺有铜钱，M15 与 M16（刘元振墓）中棺具内发现水银，M15 前室还使用了一具陶棺。另外较为特殊的是 M17（刘黑马墓）与 M31（刘元亨墓）中都使用了石函作为葬具，石函烧骨葬还保留有辽金以来女真人的葬俗，对此问题，秦大树先生认为："蒙古时期北方地区战乱频繁，体现在墓葬上表现出一种继承、变化相交错的局面。许多新的文化特征出现了，而且其出现并没有什么地域渊源，却似乎与墓主人的族属有相当强的关联"[1]。这一问题在西安市长安区焦村傅元明墓（M11）中也有所体现，该墓头龛中放置有藏有烧骨的石函，其墓室中另有两具木棺，据该墓墓志记载，墓主傅元明葬于 1254 年，下葬之时其夫人王氏等皆未亡故，墓中木棺应为后来葬入家族成员（或为夫人王氏等人）的殓具。傅氏家族曾"徙居西京天成县"，据《元史》记载，刘黑马祖父刘伯林以金朝威宁防城千户之职归降蒙古，后屯兵驻守西京天成多年 [2]。

表一二 刘黑马家族墓地墓葬形制及葬具分析简表

墓葬	狭长斜坡台阶墓道			竖穴土圹墓道			壁龛情况	墓室顶部情况	形制相近的墓葬
	单室	前、后室		单室	前、后室				
		前室	后室		前室	后室			
M17		石函（无盖）	砖棺床，木棺				前室6壁龛，东、西各3	前室穹窿顶，后室推测为拱顶	曲江孟村元墓[1]
M16			砖棺床，木棺2				前室3壁龛，东1、西2	前室穹窿顶，后室推测为拱顶	
M31		石棺					后室演变为北壁龛	前室不详，后室拱顶	
M9	砖棺床，木棺						3壁龛，北、东、西各1	拱顶	潘家村M122[2]
M32				砖棺床，木棺1			3壁龛，北、东、西各1	拱顶	
M8	砖棺床						4壁龛，北、东、西、西南各1	穹窿顶，凿有圆形藻井1	
M15		陶棺1	木棺2				无	前、后室拱顶	雁塔南路元墓[3]

[1] 秦大树：《宋元明考古》，文物出版社，2004年，第229页。

[2] 《元史》卷一四九"列传第三十六·刘伯林"，中华书局，1976年，第十二册，第3515、3516页。

M25			砖棺床，木棺2			3壁龛，后室北及前室东、西各1	前室穹窿顶，后室拱顶	
M26			木棺2			3壁龛，后室北及前室东、西各1	前室穹窿顶，后室拱顶	
M27	木棺2					2壁龛北、西各1	穹窿顶	
M19	木棺4					3壁龛北、东、西各1	穹窿顶	后至元五年（1339年）张达夫夫妇合葬墓（M6）及夫人刘氏墓（M5）[4]
M20					木棺2	3壁龛，后室北及前室东、西各1	前室穹窿顶，后室拱顶	

1 陕西省考古研究所：《西安市曲江乡孟村元墓清理简报》，《考古与文物》2006年第2期。
2 西安市文物保护考古所：《西安南郊潘家庄元墓发掘简报》，《文物》2010年第9期。
3 张小丽、袁长江：《西安雁塔南路发掘一元代墓葬》，《中国文物报》2009年10月9日第4版（总第1766期）文物考古周刊。
4 西安市文物保护考古研究院：《西安曲江元代张达夫及其夫人墓发掘简报》，《文物》2013年第8期。

第三节 随葬品分类及特点

十二座墓葬虽多数已被盗扰，但出土遗物种类仍然十分丰富，按照质地分类的标准包括金、银、铜、铁、瓷、陶、玉料饰、纺织品等，其中陶质明器类数量最多，均为细泥灰黑陶，主要器类有：

A. 俑类明器：镇墓俑（坐龙）、男女侍俑、车马俑、骑马俑、马、骆驼、家畜（鸡、羊、猪、牛、狗）等。

B. 器用类明器：饮食用具（碗、盘、瓶、盏托、罐等）、生活用具（盒、炉、灯、灶、仓等）、祭礼用具（炉、簋、簠等仿《三礼图》器形）。

瓷器中有生前使用的钧窑碗（如M27刘天杰墓中出土），也有各种釉色的瓷罐，制作相对较为粗糙。此家族墓葬中出土瓷器情况详见表一三。

铁牛、铁猪、五色河石等与陶质墓龙同作为墓葬中的镇墓神物使用，体现了具有道教因素影响的民间信仰。

铁棺钉等属于棺具残件。

此外，出土有一批工艺精美的金银铜玉首饰，包括金满池娇发簪、金折股发钗、金嵌宝石天茄耳环等，为墓主生前配饰之物，与藤帽、铜镜等墓主生前用具作为装殓物品而随身下葬。

表一三　刘黑马家族墓出土瓷器一览表

墓葬	葬时	标本号	名称	质地	数量	出土位置	备注
M16 刘元振及夫人郝柔合葬墓	至元十二年十一月（1275年）葬，大德六年（1306年）五月，夫人郝柔祔葬	1	白瓷碗残片	瓷	1件	墓室前部封门后	残，可复原。敞口，尖圆唇，斜腹下收，圈足。通体施灰白色薄釉，圈足底残留有支烧的痕迹。通高6.5、径14.6、足径5.5厘米
		2	青瓷罐残片	瓷	1片	墓室前部封门后	残。直口，方唇，矮领，领下饰两道凸旋纹，其上贴附有系，残缺，圆肩，肩下残佚。内外均施青色薄釉，釉面有开片。残高4.0、口径约为9.0厘米
		57	茶叶末釉瓷盆	瓷	1件	墓室前部封门后	缸胎的茶叶末釉瓷。折平沿，方圆唇，腹部斜收，平底。瓷盆内外施酱褐色薄釉，口沿上露胎，胎质粗。通高12.5、口沿径38.0、底径20.0厘米
		采集	青瓷残片	瓷	2片	墓室前部封门后	残，其中1片为青瓷碗口沿处残片
M19		13	黑釉瓷罐	瓷	1件	墓室东侧②棺内	通体可见拉坯成型的痕迹，直口微敞，方唇，圆肩鼓腹弧收，圈足，内高外低，足底平，足端外侧斜削一刀，内外施黑釉，外壁施釉不到底。通高9.5、罐深7.5、口径8.5、腹径13.0、足径6.5厘米
		20	青黄釉瓷罐	瓷	1件	墓室西侧④棺内	通体可见拉坯成型的痕迹，直口方唇，双层台状沿，圆肩鼓腹弧收，圜底矮圈足，内外施淡青黄色釉，外壁施釉不到底。通高10.5、罐深9.7、口径8.5、腹径14.6、足径6.0厘米
		22	小瓷罐	瓷	1件	墓室西侧④棺内	钧窑瓷。口部略残，直口尖圆唇，圆肩，五瓣瓜棱状鼓腹弧收，圜底矮圈足，内外施蓝色釉，外壁挂釉厚重，施釉不到底。通高4.3、罐深3.6、口径2.6、足径2.7厘米
		32	黄褐釉瓷盆	瓷	1件	墓室南部	残。敞口卷折沿方唇，微折腹斜下收，壁形底，足端旋削成外高内低状，内外施黄褐色釉，外壁施釉不到底。通高12.0、口沿径29、底径13.0厘米
M26		13	黑瓷罐	瓷	1件	墓室西棺内	内有物。通体可见拉坯成型的痕迹。罐身内外施釉，外部施釉至腹部，不到底，下半部露白胎。直口微敞，圆唇，斜肩鼓腹弧下收，圜底凸脐，圈足微外撇。通高9.5、口径9.0、足径6.5厘米

M27 刘天杰及 夫人王氏 合葬墓	至正二十 年（1360 年）十一 月	6	瓷碗	瓷	1件	墓室西部	钧瓷：釉色蓝，窑变，施釉不及底，露出素胎圈足，碗外壁腹部挂釉滴较厚。直口，圆唇，斜腹，平底小圈足，足底斜削。通高7.0、口径15.6、底径5.0厘米
		7	瓷碗	瓷	1件	墓室西部	钧瓷：釉色蓝，窑变，施釉不及底，露出素胎圈足，碗外壁腹部挂釉滴较厚。直口，圆唇，斜腹，平底小圈足，足底斜削。通高7.0、口径15.6、底径5.0厘米
		8	瓷碗	瓷	1件	墓室西部	钧瓷：釉色蓝，窑变，施釉不及底，露出素胎圈足，碗外壁腹部挂釉滴较厚。直口，圆唇，斜腹，平底小圈足，足底斜削。通高7.0、口径15.6、底径5.0厘米
M32		11	黑釉贴鼓钉瓷罐	瓷	1件	墓室中北侧	耀州窑。残。通体可见拉坯成型的痕迹。肩部施黑釉，腹部为赭色，施釉不到底，口沿处露胎。敞口，圆唇矮束颈，圆肩鼓腹弧收，肩部上均匀贴饰4个圆形鼓钉装饰，圆底矮圈足。通高12.3、口径10.2、足径7.2厘米

一 陶俑及家畜模型

通过对其出土陶俑样式的观察，分为镇墓俑、出行车马俑、男俑、女俑及家畜动物五类。

1.镇墓俑
具有镇墓性质的坐式墓龙。

2.出行车马
如果按照陶俑出土位置分析随葬组合关系，其中出行车马则占据着墓葬中随葬内容的核心地位，主要包括骑马俑、牵马组合俑、车马组合俑、牵驼组合俑4种。

（1）骑马俑：出土于大德六年（1302 年）刘元振郝柔夫妇合葬墓中，主要表现为头戴钹笠帽，发式为婆焦不狼儿样式，身穿右衽交领窄袖瓣线袄，腰束革带，足蹬靴骑坐于鞍马上的造型，不同样式有腰负包囊、背负匣筒两种，均呈乘马奔驰或行走的动态。

（2）牵马组合：陶马造型在此组合内分为鞍马、载物马两种。鞍马造型以鞍鞯俱全的立姿为主，有个别单独塑造出宽大的鞍袱组合在马背上的样式，如 M19 出土者。载物马背上多塑造出饱满的虎皮裹囊，其上还见捆缚有收合起来的交床 [1] 样式。以上陶马在出土时多与屈肘举臂呈牵引状的男俑

---

[1] 胡三省注：《资治通鉴》唐纪五十八《穆宗睿圣文惠孝皇帝中》"长庆二年……十二月，辛卯，上见群臣于紫宸殿，御大绳床"云："余按交床、绳床，今人家有之，然二物也。交床以木交午为足，足前后皆施横木，平其底，使错之地而安；足之上端，其前后亦施横木而平其上，横木列窍以穿绳缘，使之可坐。足交午处复为圆，穿贯之以铁，敛之可挟，放之可坐；以其足交，故曰交床……"，中华书局，2011年。

组合而立，因而定义为牵马组合。在对鞍马造型进行观察后，发现有两种不同的塑造方式，其一造型显粗糙，对马的外形塑造比例失调、鞍鞯缰络等马具附件等皆为捏塑后附贴于马身，而马鬃、鼻、眼、口部等细节亦为在泥胎上进行手刻再入窑烧造成陶质；其二造型标准，对马的外形塑造比例准确，鞍鞯缰络等马具附件及马鬃、鼻、眼、口部等细节皆为模具一体塑成，烧造质地坚硬、陶皮表面经打磨或上彩。这两种塑造方式制作的陶鞍马在刘元振与妻郝柔合葬墓中同时出土，但或因两位墓主人下葬时间相差27年而入葬时间不同，推测属于两套随葬品。

（3）驭车马组合：表现为一车四马组合。陶马造型分为背上配有辕具的服马及光背仅有络头的骖马两种。陶车为厢体车造型，车盖平面呈长方形，顶部略呈穹窿状，上插饰顶珠，前端出檐，四周流苏下垂；车厢左右两壁上部为仿木竖向窗棂格，下侧有弧形防泥板；双车辕；双车轮轴中间穿圆孔，以木轴连接。陶车马出土时与屈肘伸手呈扶辕状的男俑组合而立，因而定义为驭车马组合。在被盗掘破坏的墓葬中往往无完整成套品，以出土有车辕、车轮、车顶盖或服马、骖马等为判断该墓原是否随葬有车马组合。

部分墓葬中出土的陶车车辕首部塑造为螭首样式，可参考《元史·舆服志》记载："车舆，除不得用龙凤文外，一品至三品许用间金妆饰银螭头、绣带、青幔，四品、五品用素狮头、绣带、青幔，六品至九品用素云头、素带、青幔"。[1]

（4）牵驼组合

出土于大德六年（1302年）刘元振与夫人郝柔合葬墓。刘元振与夫人郝柔分别下葬于至元十二年（1275年）与大德六年（1302年），下葬时间相差27年，其墓葬中随葬品也明显呈现两套组合关系，其中一套色目人牵光背双峰驼俑的造型为其他元墓中所未见：双峰驼造型瘦硕，驼鼻上穿孔并塑造出其穿鼻的棍子，前后峰左右耷下，表现出来一种经过长途跋涉刚刚卸下鞍褥及囊箧的状态，而与其一起出土的色目人俑被刻画为络腮胡须，小眼高鼻，宽肩瘦腰腆腹的形象，其头缠巾，身穿右衽交领窄袖袄，腰束带，下着裤，足穿络缝靴，头部微右扬，右臂曲肘握拳中空似攥物平抬于身前，左手微曲肘握拳中空置于左腹侧，双手做牵引状，拧眉张口，似乎在吆喝着骆驼前行，其组合表现力尤其生动。另外两组同墓出土的牵驼组合，造型与户县贺胜墓所出者相似，驼峰被厚厚的花罽鞍褥所覆盖，与其同时出土的色目人俑具有着深目高鼻络腮胡须的西亚人特征，头戴钹笠帽，脑后垂单辫，身穿右衽交领窄袖长袍，腰束窄带，足穿络缝靴。

3. 男俑

辽契丹、金女真、元蒙古人皆有髡发习俗，通过对辽、金、元壁画墓中男子形象的观察及史料所载其民族特征的分析，可知其髡发样式有别。宋人郑思肖记载："鞑主剃三塔辫发，顶笠、穿靴……三塔者，环剃去顶上一弯头发，留当前发，剪短散垂，却折两旁垂缩两鬓悬加左右肩衣袄上，曰不狼儿，言左右垂鬓，碍于回视，不能狼顾"[2]；明人李祯也曾描述元人形象："宗王贵戚咸来会，嵩呼万岁齐齐跪。绯缨帽妥钵焦圆，黑瓣髻纫卜郎锐"[3]，其中提及元代蒙古贵族们夏捺钵时，头戴绯缨帽，留"钵焦"并将黑色的发辫结成"卜郎"的样式。可知蒙元时期男子发式以额前蓄刘海（婆焦）、后脑结发辫（不

[1] 【明】宋濂等撰：《元史》卷七十八志第二十八"舆服一"，中华书局，1976年，第1943页。

[2] 【宋】郑所南：《心史》卷下"大义略述"，《郑思肖集》，上海古籍出版社，1991年。

[3] 【明】李昌祺：《剪灯余话》卷五"至正妓人行"，《剪灯新话（外两种）》，上海古籍出版社，1981年。

狼儿）为主，有别于辽金时期的契丹、女真样式。另外明代叶子奇记录元人"官民皆戴帽，其檐或圆或前圆后方，或楼子，盖兜鍪之遗制也。其发或辫，或打纱練椎，庶民则椎髻。衣服贵者用浑金线为纳失失，或腰线繡通神襕。然上下均可服，等威不甚辨也。北人华靡之服，帽则金其顶，袄则线其腰，靴则鵝其顶"[1]，对元人衣着特点进行了描述。

从目前出土的陶俑观察，男俑造型与以上文献记载相近，在发式、帽式及服饰方面，具有较为鲜明的特点：

以婆焦不狼儿发式为主，此种发式在蒲城洞耳壁画墓中多处可见[2]。另外在刘黑马墓中出土有双辫垂于脑后而前额无余发的陶俑，其服饰及发式接近于河南焦作西冯封金代砖雕墓出土的杂剧俑[3]，更符合《大金国志》中对女真人发式的描述："金俗好衣白，辫发垂肩，与契丹异（耳）垂金环，留颅后发，系以色丝"[4]。

按帽式主要分为：钹笠帽、前檐帽、后檐帽、瓦楞帽、幞头、武弁、平巾帻、巾子等。《元史·舆服志》中记录寒暑不同，按冬夏服有暖帽、后檐帽、钹笠之分，如天子质孙服中有"红金褡子暖帽""白金褡子暖帽""宝顶金凤钹笠""珠缘边钹笠""黄牙忽宝贝珠子带后檐帽""七宝漆纱带后檐帽"等[5]，在《老乞大》中亦载有庶民百姓所戴的"青毡钵笠儿"等[6]，钹笠帽为蒙古人夏日所戴的"凉帽"，"前檐帽"见载于《元史·世祖昭睿顺皇后传》："胡帽旧无前檐，帝因射，日色炫目，以语后，后即益前檐，帝大喜，遂命为式"[7]，此两种帽式均曾在甘肃漳县汪世显家族墓中有实物出土[8]。幞头、平巾帻、唐巾、武弁等常见于仪卫服色："交角幞头，其制，巾后交折其角。……唐巾，制如幞头而撱其角，两角上曲作云头。……平巾帻，黑漆革为之，形如进贤冠之笼巾，或以青，或以白。武弁，制以皮，加漆。"[9]

从服饰观察，分为：

其一，内着对领曳地长袍，外罩方领窄袖衫，腰间束带，如刘黑马墓中出土的3件陶俑。

其二，身着团领、方领或交领的窄袖衫，团领及方领者生动的塑出了左肩上的扣襻，腰间用革带束两周，一周束于腰部，一周束于上腹部，插尾端于腰带后侧，亦有将外罩衫下摆缠裹于腰后者，下着裤，束于鞋袜内，并用带系扎于小腿。

其三，身着右衽交领窄袖长袍，袍下着长裤覆于鞋面。

其四，为骑马俑身着的右衽交领窄袖辫线袄，腰束革带，足穿络缝靴。此种服饰在蒲城洞耳壁画墓中多处可见，如对坐图中男墓主即身着白色右衽交领窄袖辫线袄，深色革带上缝有红色辫线制成的宽阔围腰，足蹬棕色络缝靴，献酒图、乐舞图中亦出现身着此种服饰的男子形象。此种服饰始于金[10]，沿传至明，蒙元时期多为武者穿着。按《元史·舆服志》记载："辫线袄，制如窄袖衫，腰作辫线细折；……窄袖袄，长行舆士所服，绀緅色"[11]。

[1] 【明】叶子奇：《草木子》"杂制篇"，中华书局，1959年，第61页。

[2] 陕西省考古研究所：《陕西蒲城洞耳村元代壁画墓》，《考古与文物》2000年第1期。

[3] 河南省博物馆、焦作市博物馆：《河南焦作金墓发掘简报》，《文物》1979年第8期。

[4] 【宋】宇文懋昭撰，崔文印校正：《大金国志校证》第三十九卷"男女冠服"条，中华书局，1986年，第552页。

[5] 《元史》卷七十八志第二十八"舆服一"，第1938页。

[6] 庄吉发译：《清语老乞大》，（台北）文史哲出版社，1976年。

[7] 《元史》卷一百一十四列传第一"后妃一"，第2872页。

[8] 甘肃省博物馆、漳县文化馆：《甘肃漳县元代汪世显家族墓葬简报之一》，《文物》1982年第2期。

[9] 《元史》卷七十八志第二十八"舆服一"，第1939、1940页。

[10] 见河南焦作《河南焦作金墓发掘简报》，《文物》1979年第8期。

[11] 《元史》卷七十八志第二十八"舆服一"，第1941页。

另外有少数的色目人造型，多与骆驼等同时出土，本文将其归分为牵驼组合中。

4.女俑

按其发式分为盘龙髻、双鬟髻样式；未见蒙古妇女所冠"罟罟冠"及"团衫"形象，而做汉人女子装束，究其原因或如《事林广记》中所载："固姑，今之鞑旦、回回妇女戴之，以皮或糊纸为之，朱漆剔金为饰，若南方汉儿妇女则不得戴之"[1]，其服饰多表现为两种：

其一，上身穿窄袖衣外罩半臂，下着长裙微露尖头履；在西安韩森寨元代壁画墓的甬道西壁散乐图上，可以清晰的看到左侧两位手持拍板或乐器架的女子身着服饰与其样式相同，上身为红色交领左衽窄袖衣，外罩月白色半臂，下身系长裙，裙下着长裤，微露足尖[2]。另有蒲城洞耳壁画墓中对坐图侍立于女主人身边的捧盒侍女，其身着服饰也与其相符[3]。

其二，上身穿左衽窄袖短衣下着长裙微露尖头履。一般胸前皆有结带饰，而系长裙的飘带也从衣下露出垂在身前。

其造型多为以下四种：笼袖侍立、搭巾侍立、捧盒侍立、执物侍立，其形象多见于宋金以来砖石雕刻及墓葬壁画中，另有安康白家梁宋墓出土陶捧物女俑亦可资借鉴观察。

5.家畜模型

主要为卧牛、卧羊、卧猪、卧犬、立鸡。此外，马及骆驼归入出行组合类。

在墓葬中还出土有一些陶质配件，有陶车的零件如车辕、车轮、车顶饰，陶马的配件如鞍袱，另有剑、杖、伞、骨朵、杌子等，为仪仗队伍中的男俑们手持物品。它们的存在至少证明了在被盗扰严重的墓葬中曾经随葬有车马、仪仗俑群。

二　陶器

陕西蒙元墓葬中随葬的陶器中有如《三礼图》器形的组合及符合《大汉原陵秘葬经》中所记载的象征着"五谷仓"的陶囷明器等普遍存在。"五谷仓"始于周礼致奠[4]，晚唐时期则附会为葬礼引魂[5]，后在宋金元时期墓葬中的使用较为普遍，而充满浓郁复古气息的《三礼图》器形陶明器或具有相同性质。此类明器在元代墓葬中被选择使用并形成一股风潮，其内涵应具有相同性，是对墓主致祭使用的明器。

在陕西关中腹心的咸阳市兴平县曾发现一座完整的仿木结构砖室装饰墓[6]，其中出土的陶俑包括完整的十二件头戴五梁冠绿釉拱手坐俑及一件头戴东坡巾长须老者形象的陶俑，在汉中石马坡宋墓（M2）及洋县宋绍熙三年（1193年）彭杲夫妇墓所出陶俑中皆可找到相同的样式，此外还出土了两

[1]　【宋】陈元靓编：《事林广记》後集卷十"服饰类·固姑"，中华书局（至顺年间建安椿庄书院刻木影印本），1963年内部刊行。

[2]　西安市文物保护考古所编著：《西安韩森寨元代壁画墓》，文物出版社，2004年。

[3]　陕西省考古研究所：《陕西蒲城洞耳村元代壁画墓》，《考古与文物》2000年第1期。

[4]　陈公柔：《士丧礼、既夕礼中所记载的丧葬制度》，《考古学报》1956年第4期。

[5]　徐苹芳先生引自北京图书馆藏敦煌写本《杂抄》伯2721原件照片录文，《唐宋墓葬中的"明器神煞"与"墓仪"制度——读〈大汉原陵秘葬经〉札记》，《考古》1963年第2期。

[6]　陕西省文物管理委员会：《陕西兴平县西郊清理宋墓一座》，《文物》1959年第2期。此墓为金墓，见徐苹芳：《金元墓葬的发掘》，《新中国的考古发现和研究》，文物出版社，1984年第5期，第606页。

件男侍俑、一件鞍鞯齐备的陶马、铁猪铁牛、象征着祭祀用器的豆、簋、簠以及瓶、罐、钵、碗等陶明器。依《大汉原陵秘葬经》按图索骥，大概可以蠡测十二件坐俑与十二元辰有关，而长须老者俑则表现的是"蒿里老翁"，加上铁牛铁猪，基本构成了兴平元墓中的镇墓神物组合，而其余的随葬明器则表现出具有复古意味的祭祀功能，与陕西元墓随葬器物可直接关联。

在蒙元时期日常使用的饮食器具中，匜（马盂）、玉壶春瓶等较为多见，其中"马盂"因其形似先秦时期盥洗器而长期以来被习称为"匜"，已有学者对其用途及定名进行研究[1]，可确认其为酒具。除杨峰哲先生文中所统计的出土元代瓷质"匜"外，近期西安市文物保护考古研究院发掘的元代后至元五年（1339年）张达夫夫妇合葬墓（M6）中还出土有1件流下带系的青花人物故事匜[2]，其原放置于墓室东侧供案上，案上还摆放有白瓷玉壶春瓶、白瓷单耳杯、白瓷盏及盏托（3套），与大朝至元六年（1269年）蒲城洞耳壁画墓西北壁上所绘"备酒图"中器具组合相近。与此墓相邻的张达夫继室夫人刘氏墓（M5）中出土有形制相似的陶质明器，如匜、玉壶春瓶、单耳杯及盏托等，陶皮黑亮，制作规整（表一四～一七）。

通过与已公布的陕西地区蒙元墓葬资料中出土陶明器器形对比可知：

第一，刘元振墓（M16，1302年）中随葬的陶龟纽簠、簋亦见于宝鸡元墓、张达夫墓（1339年）及红庙坡元墓中出土，但张达夫墓（1339年）、红庙坡元墓中所出者与刘元振墓及宝鸡元墓中随葬者相比器形较为低矮，可以看出此种器形的保留以及变化。另外，在延安虎头峁M1中曾出土有1件鸟形陶明器（残），疑为仿《三礼图》中所载的"玉爵"。

第二，M19中随葬的六棱双耳瓶与王世英墓（1316年）、潘家庄M184、雁塔南路元墓出土者相同。

第三，贯耳扁瓶器形仿汉代投壶式样，直颈较长，腹部扁圆，圈足，颈部两侧对称贴附竖直的管状贯耳。M26中随葬的仿贯耳云雷纹扁瓶与李新昭墓（1325年）、潘家庄M122、宝鸡元墓出土者相同。此后，此种扁瓶腹部纹饰从云雷纹变化为八卦纹，仿贯耳的样式也变化为王世英墓（1316年）中所出六棱瓶附耳的样式，形成八卦纹扁瓶的器形出现在张达夫墓（1339年）、刘义墓（1344年）、红庙坡元墓及延安虎头峁M1中。

第四，刘黑马墓（M17，1262年）与刘元亨墓（M31）中出土随葬明器风格造型相近，其陶匜、盒造型腹部较深，不同于其他墓葬出土者；陶烛台造型相近，皆为六节喇叭高圈足台座；还出土有仿刻花瓷盘样式的陶盘及陶茧形壶明器残片，在段继荣墓（1266年）中出土有完整的茧形壶明器。以上三座可归为蒙元前期墓葬。另外，刘元振墓（M16）中出土的陶方灶与段继荣墓（1266年）出土者形制相同，此方灶应为刘元振入葬时（1275年）随葬明器。

第五，M20中出土的陶仓形制较为特殊，仓盖仿草笠状，仓身仿四柱支撑并围挡以席状编织纹，云足高座，制作细致，其造型与贺胜墓（1327年）、刘义墓（1344年）、红庙坡元墓、延安虎头峁M1出土者相似。

第六，刘元振墓（M16，1302年）中随葬的陶烛台柄部为竹节与花苞共用，其造型与贺胜墓（1327年）出土者相似。

[1] 杨哲峰：《从蒲城元墓壁画看元代匜的用途》，《中原文物》1999年第4期。扬之水：《元代金银酒器中的马盂和马杓》，《中国历史文物》2008年第3期。
[2] 西安市文物保护考古研究院：《西安曲江元代张达夫及其夫人墓发掘简报》，《文物》2013年第8期。

表一四　刘黑马家族墓中出土的仿《三礼图》器形的陶明器统计表

墓葬	簠	簋	龟纽	龟纽簋
M8		✓		
M15	✓			
M16	✓	✓	✓	✓
M26	✓	✓		

表一五　刘黑马家族墓中出土的复古样式陶明器统计表

墓葬	六棱双耳瓶	贯耳扁瓶	兽足炉	鼎式炉	奁式炉	茧形壶
M16			✓	✓		
M17			✓			✓
M19	✓				✓	
M25					✓	
M26		✓				
M31						✓
M32					✓	

表一六　刘黑马家族墓中出土的日常饮食、茶、酒用器统计表

墓葬	碗	盆	盘	碟	杯盏	盏托	勺	执壶	温盏	梅瓶 大口	梅瓶 小口	玉壶春瓶	匜(马盂)	罐	器盖
M8	✓	✓	✓		✓	✓				✓	✓			✓	✓
M9		✓	✓		✓		✓					✓	✓	✓	
M15	✓	✓		✓		✓								✓	
M16	✓		✓			✓	✓			✓	✓	✓	✓	✓	✓
M17	✓			✓	✓	✓		✓	✓				✓		
M19		✓												✓	
M20	✓					✓									
M25		✓		✓		✓								✓	
M26				✓	✓										
M27						✓									
M31	✓		✓								✓			✓	✓
M32	✓	✓			✓	✓						✓	✓	✓	

表一七 刘黑马家族墓中出土的生活日用模型明器统计表

墓葬	方灶	圆灶	仓	灯	烛台	盒	盂
M8		✓	✓	✓		✓	
M9		✓	✓				
M16	✓	✓	✓		✓		
M17					✓	✓	✓
M20			✓				
M25		✓					
M26			✓	✓			
M27	✓						
M31		✓			✓	✓	
M32		✓	✓				

第七，M26 中陶灯柄部为花苞状，底部残，其造型与张达夫墓（1339 年）、刘义墓（1344 年）中所出相近。

另外，刘元振墓（M16，1302 年）中随葬的"郭家造"铭文陶四曲海棠形长盘可与陕西蒲城洞耳壁画墓中所绘的墓主夫妇身后桌上陈设的四曲海棠形长盘进行比对。

三 金银器

在被盗扰严重的刘黑马墓（M17）后室棺床上出土有白玛瑙质的巾环，玉如意簪、折股钗，及白玛瑙、绿松石质地的串珠。另外曾被盗掘的 M19 木棺内也出土了劫后幸存的木梳、钗环等金银首饰及红玛瑙、白玛瑙、紫水晶、松石等质地的珠饰。这些物件均属于墓主生前使用的"头面"首饰，随墓主装殓下葬，其中折股金钗、满池娇金簪、银如意簪、金累丝蝴蝶镶绿松石耳环、银鎏金镶绿松石耳环等为宋元时期女性使用的流行样式，与湖南宋元窖藏金银器[1]可相比较鉴赏，在其定名方面可参考扬之水先生的研究成果[2]。

刘黑马墓（M17）中出土的银耳环残件（M17：36）与江西永兴县北宋刘沆夫妇墓（见《奢华之色》卷一图 1-34：1）及湖南常德三湘酒厂宋墓（见《湖南出土金银器》图 24）出土的金耳环造型相似，具有简练素雅的特点。同墓出土的玉如意簪（M17：34）、银如意簪残件（M17：33）及 M19 出土的银如意簪残件（M19：8）与湖南临湘陆城南宋一号墓及沅陵元代黄氏夫妇墓出土的金耳挖簪（见《奢华之色》卷一插图二、三）造型相近，以其簪首顶端打弯如耳挖状，按扬之水先生据故宫本《碎金》考证定名。白玛瑙巾环（M17：29）为男子头巾用物，巾环源自于辽金，后流行至宋元明。玛瑙饰（M17：28）形似觿角状，原应为镶嵌物，如辽金宋元男子所佩服之"事件儿"中的解锥，可

[1] 俞燕姣：《湖南出土金银器》，湖南美术出版社，2009 年。

[2] 扬之水：《奢华之色：宋元明金银器研究》，中华书局，2010 年。

参见湖南石门雁池乡元代银器窖藏中出土者（见《奢华之色》卷一图1-59：4）。刘黑马墓中出土的两枚"天下太平"金钱（M17：26）及M26出土的"泰定四年"金钱（M26：19）均属于吉语或年号钱，为压胜所用，多见于湖南宋墓，可参见湖南长沙洪山庙宋墓出土的"长命富贵"钱等（见《湖南出土金银器》图37）。

M19中的金银首饰在四具木棺的棺痕内皆有出土，其中在东侧①棺内发现较为丰富，西侧④棺内仅见一对样式较为简单的银鎏金镶绿松石耳环。一对工艺精细的金累丝蝴蝶镶绿松石耳环（M19：35、40）分别出土于东侧②棺与西侧③棺内，因墓葬曾被盗扰，究竟是下葬时刻意而为或是被扰动之故，现已难做论断，但从其棺痕观察，东侧②棺应为M19的男性墓主葬具，而其他三具木棺应为其女性配偶的葬具。

M19东侧①棺内出土的满池娇金簪（M19：6）是元代簪饰的典型样式之一，湖南临澧新合元代金银器窖藏、益阳八字哨元代银器窖藏及湖北武汉周家田元墓等均曾有相近式样的簪饰出土（见《奢华之色》卷一图1-23：1、图1-23：2、图1-23：4），其簪首皆为舒展开来的荷叶形，其上又饰以戏水鸳鸯等题材构成一幅池塘小景，以扁平的簪脚焊接于荷叶背，簪脚上錾刻折枝莲花纹。

同棺内还出土了折股金钗两件，其中M19：4与湖南临澧县新合乡龙岗村元代金银器窖藏出土的金螭虎钗（见《湖南出土金银器》图108）及沅陵元代黄氏夫妇墓出土的银摩羯衔花折股钗式样相近（《湖南出土金银器》图51）。

M19：3与M19：28是一对金镶绿松石耳环，是风行元代的"时样"耳饰，按扬之水先生考证为故宫本《碎金》中所记载的"天茄"，以不规则形状的宝石穿系于金银等材质制成的花叶下状似头顶花叶的茄形而得名，此种式样在湖南临澧县新合乡龙岗村元代金银器窖藏（见《湖南出土金银器》图144、145、146）、河北石家庄元代史天泽家族墓及浙江海宁智标塔地宫（见《奢华之色》卷一图1-45：2、3、4）等多处皆有相似者出土，而出土于M19东西侧④棺内的一对银鎏金镶绿松石耳环（M19：26）当为此种式样的简化形式。

M19东侧②棺与西侧③棺内分别出土的一对金累丝蝴蝶镶绿松石耳环（M19：35、40）工艺精湛，其以累金丝编结缠枝纹为筐底，其宝筐边沿还使用了时称"黏缀"的金粟珠焊接工艺，湖南临澧县新合乡元代金银器窖藏内出土的"金累丝蝶赶菊耳环"亦使用了此种工艺（见《奢华之色》卷一图2-10）。

尤为难得的是在M19东侧②棺内发现了一件残存的木梳M19：29，但因此墓曾被盗扰之故，是否为男性墓主装殓之物亦难下断论。在湖南出土有多件梳背装饰华丽的玳瑁梳或黄杨木梳，为女子插梳发饰之用（见《奢华之色》卷一第105～116页）。

四　铜镜

1.刘元振与郝柔合葬墓出土铜镜（M16：12）保护

刘元振及夫人郝柔墓（M16）共出土两枚铜镜，其中东棺中部出土的M16：12铜镜面表层上残存有包裹的织物，其镜背锈蚀严重，其上亦残留有织物，从其边缘未遮盖的局部纹饰观察，其纹样为孔雀瑞兽葡萄纹。文保人员将M16：12铜镜从发掘现场提取保护，并对其状况做出初步的分析，由陕西省考古研究院路智勇与西北大学文化遗产学院周怡杉共同报告，见附录二。

2. 刘黑马家族墓葬出土铜镜的时代判断

刘元振与郝柔合葬墓西棺中随葬的桃形仙人龟鹤齐寿具柄铜镜（M16：14），其纹饰题材流行于宋金时期，而其镜缘凸起，压于镜柄凸边之上，具有金代铜镜的特征。

刘元振与郝柔合葬墓东棺中随葬的孔雀瑞兽葡萄镜（M16：12），其纹饰题材流行于唐代，但出于文保原因，对其表面附着的土锈、铜锈及包裹的纺织物未进行剥离，尚不能判断其为唐代铜镜或是宋仿唐式铜镜。另外，此镜与1954年12月发掘的西安玉祥门外元墓中出土者相似，该元墓中还出土有金镶嵌玉人耳环1对、铜巾环2件、银簪1件。

刘天杰墓中随葬的神人禽兽铜镜（M27：10），其纹饰流行于东汉时期，但从其镜钮顶部较平、钮座饰联珠纹、铜质黄中闪红、铭文字迹模糊等现象观察，具有宋仿汉式镜的特征。

M15墓室后室中部西棺中随葬的莲花纹铜镜（M15：13），其纹饰浅雕，线条粗而不流畅，镜钮小而平，窄平素缘，镜体较小而轻薄，并因含铅锌比例较高而铜质黄亮，符合金代铜镜的特征。

M19墓室中随葬有铜镜两枚：莲花卷草纹铜镜（M19：21）、青盖镜（M19：30）。其中M19：21内区主纹饰与M15：13相同，皆为粗线条、浅浮雕表现的莲花纹，外区饰缠枝卷草纹，镜钮小而平，镜体轻薄，具有金代铜镜的特征。标本M19：30的纹饰题材流行于汉代，虽表面锈蚀严重，但可看到其纹饰较为模糊粗略，镜钮较小而中孔较大，具有宋仿汉式镜的特征。

程长新、程瑞秀两位先生在《铜镜鉴赏》[1]一书中对宋金时期铜镜及仿古镜的时代特征进行了梳理归纳，认为宋金时期仿汉唐式样铜镜是源于宋代对古物的崇尚之风在日常生活中的表现，此风尤盛于宣和年间，但从其治镜工艺、铜质等方面与所仿汉镜、唐镜皆有区别，而带有本朝特征。从刘黑马家族墓葬中所发现的6枚随葬铜镜特征观察，其中1枚为唐代式样铜镜（M16：12）而铸造年代尚不能判定，3枚为金代铸造的铜镜（M16：14、M15：19、M19：21），2枚为宋仿汉式镜（M19：30、M27：10）。

需要特别说明的是，陕西地区至今尚未发现与M15：19、M19：21相同或相似的金代莲花纹铜镜。

五　五谷仓、铁牛铁猪、镇墓石及其他镇墓神物

迄今在陕西地区蒙元墓葬中发现的陶质镇墓神煞俑中，出现有凸显道教因素的镇墓将军俑及坐龙两种。镇墓将军俑仅见贺胜墓及耶律世昌墓中出土两例，分别为立姿、坐姿两种。坐龙则在多数墓葬中皆有发现。

具有道教堪舆属性的五方精石起自汉晋并在此后的不同时期以不同形式作为镇墓活动的媒介使用[2]，铁猪铁牛则可能为唐代洛阳道教徒们的新发明，安史之乱后流行于长安并一直沿袭至宋金元[3]。

蒙元墓葬中沿袭使用晚唐五代至宋金多地域墓葬中普遍放置的铁猪铁牛、镇墓石、陶质五谷仓

[1]　程长新、程瑞秀：《铜镜鉴赏》，北京燕山出版社，1989年，第22～44页。

[2]　"镇墓古法有以竹为六尺弓度者，亦有用尺量者。今但以五色石镇之于冢堂内，东北角按青石，东南角按赤石，西南角按白石，西北角按黑石中央按黄石，皆须完净，大小等，不限轻重"，见续修《四库全书》委员会：《重新校正地理新书》卷14，上海古籍出版社，1995年，第113页。

[3]　孟原召：《唐至元代墓葬中出土的铁牛铁猪》，《中原文物》2007年第1期。

等镇墓、厌胜物,具有浓郁的道教因素[1],是对其他陶俑类镇墓神煞的替换和补充。如段继荣墓(1266年)中未使用陶坐龙,但在其甬道内口外侧(墓室内)分别放置有铜猪、铜牛,其墓中还出土有镇墓石4块、茧形壶形制的"五谷仓"5件(内盛有谷粒)。

另外,刘黑马墓中放置有铁板一件(M17:24),其上虽锈迹斑驳,但出土时仍能辨识其上隐约有朱书痕迹。刘元振及郝柔合葬墓前室放置有粗瓷盆1件,出土时还残留着其中的残蜡,应与刘天杰墓西北部所放置的泥烛台(M27:12)性质相仿,可能是放置于墓室中的长明灯(表一八)。

表一八　刘黑马家族墓中出土镇墓、厌胜物整理列表

墓葬	陶坐龙	陶五谷仓	铁牛	铁猪	镇墓石	其他
M8		3				
M9		5			4	
M15			1	1	5	
M16	2	5				"长明灯"粗瓷盆
M17		1(茧形壶)	1(铜质)		3	天下太平金钱2枚、朱书铁板1件
M19			1	1	5	蚌壳2件
M20		2			3	
M25	—	—	—	—	—	
M26		2			2	泰定四年金钱1枚
M27					3	泥台1件
M31		1(茧形壶)				
M32		5				

第四节　存在问题及研究展望

曲江·观山悦建设项目元代刘黑马家族墓葬的发现有着较为重要的价值。一方面是极大地丰富了陕西地区元代考古的资料,拓宽了研究的视野。近60年以来陕西地区已发表的元墓资料仅有10余种,其中许多并非科学发掘,可确认的家族墓也仅有户县贺氏家族墓一例。这次发掘的元代墓葬等级较高、排列有序、形制完整,随葬品种类丰富,对研究陕西地区,尤其是西安附近元墓的形制特征、随葬

---

[1] 徐平芳:《唐宋墓葬中的"明器神煞"与"墓仪"制度:读〈大汉原陵秘葬经〉札记》,《考古》1963年第2期。孟原召:《唐至元代墓葬中出土的铁猪铁牛》,《中原文物》2007年第1期。

器物组合关系及这一时期丧葬文化的源流和演变发展提供了重要的线索。更值得关注的是刘黑马是元太宗窝阔台所立汉军三万户之首,其家族是蒙古国一元朝初期极为重要的一支政治势力,其家族墓葬的发现对于研究元代贵族,尤其是汉军世侯的埋葬制度具有典型意义。另一方面墓葬出土的刘黑马、刘元振等墓志,保存完好,内容完备,可与《元史》等文献相互勘证,多处记述如刘氏家族的世系、婚姻结构(与畏兀儿部人廉希宪家族、契丹人耶律秃花家族、石抹札剌家族、汉人郝和尚拔都家族等联姻)及所参与的重大历史事件(刘整降蒙)等可补史之阙,具有较高的文献研究价值。

在发掘整理过程中,通过与陕西地区其他蒙元时期墓葬在其形制、随葬器物的对比,可以清楚地认识到以下四点:

第一,蒙元时期汉人家族墓葬是对中原北方地区宋金墓葬形制的延续。

通过对陕西地区发现蒙元墓葬的观察,分以下几种情况:一是中小型装饰性墓葬,如大朝至元六年(1267年)蒲城洞耳壁画墓、长安凤栖原元墓、至元二十五年(1288年)韩森寨元墓等,其中蒲城洞耳壁画墓及长安凤栖原元墓墓室皆为八角形砖砌攒尖穹庐顶式,或使用"夫妻对坐图"题材表示的壁画形式表现墓主夫妇(张按答不花及妻李云线)"一堂家庆"[1]的地下阴宅,或使用砖雕仿木结构表现一个投影于地下空间的建筑庭院;韩森寨元墓的墓室则使用了方形砖砌攒尖穹庐顶式,墓室内壁使用砖雕仿木结构与壁画结合的方式,也是对源自宋辽金墓室装饰题材的延续,并包括山水、花鸟等。"夫妻对坐图"在宋辽金元装饰性墓葬中作为专门题材常被使用,其题材肇始于唐、发展于宋、鼎盛于金,至元代走向没落并逐渐消失,多见于北宋黄河流域及北方地区中小型仿木建筑结构雕砖壁画装饰墓葬内,在这种形制的墓葬中较少使用陶俑、陶明器等物品随葬。二是如户县贺氏家族墓,其第二代贺仁杰葬于元大德十一年(1307年),第三代贺胜葬于元泰定四年(1327年),墓葬规模较大,使用砖石合砌的方形墓室,发掘时墓顶及墓室墙壁虽已坍塌,但从散落的砖上仍可看出其原雕刻有纹饰,推测墓室使用了四角攒尖顶,并使用石条铺地、石板或砖砌墓门,在墓道两壁、墓室底部及四壁涂有白灰泥,但未发现壁画;在墓室内随葬有大量陶俑、陶明器,并放置有墓志石。三是如刘黑马家族墓、张达夫墓等,使用单室或前后室土洞墓的形制,穹窿顶或拱顶,穹窿顶部中雕刻有圆形藻井,多数使用砖铺设棺床,墓室内随葬陶俑、陶明器、墓志石等,此类墓葬中包括元大德十年(1306年)王世英墓,其墓室变化为双穹窿顶前后室土洞墓,且墓室内模仿木构建筑的样式,在生土上雕刻出斗拱、梁架及藻井的形状。

在刘黑马家族墓的12座墓葬未发现有砖雕仿木或壁画等刻画装饰,建成于1262年的刘黑马墓及建成于1275年的刘元振墓皆使用前后室结构,其后室拱顶、前室穹窿顶、后室地面略高于前室的特征,与建成于蒙哥汗二年(1252年)的段继荣墓[2]比较,结构较为接近。段继荣墓为前后砖室墓,仍保留有宋金墓葬中流行的砖雕仿木结构装饰,而其墓室前端放置随葬陶俑队列的甬道在刘黑马家族墓中已消失,取而代之为天井与墓室之间的封门门洞。至于刘黑马家族墓多使用长斜坡墓道、带天井的形制,在关中长安地区唐宋时期延续存在,如长安区郭杜三座宋代李唐王朝后裔家族墓中的天圣七年(1029年)李璹墓[3]等。

第二,蒙元时期汉人家族的丧葬文化受北宋时期兴起浓郁的"复古风潮"的浸染。如刘黑马家

[1] 李清泉:《"一堂家庆"的新意象:宋金时期的墓主夫妇像与唐宋墓葬风气之变》,《美术学报》2013年第2期。

[2] 陕西省文物管理委员会:《西安曲江池西村元墓清理简报》,《文物参考资料》1958年第6期。

[3] 西安市文物保护考古所:《西安长安区郭杜镇清理的三座宋代李唐王朝后裔家族墓》,《文物》2008年第6期。

族墓葬中普遍随葬有的仿《三礼图》及复古器形的陶明器，而此类型随葬明器在陕西地区元墓中普遍存在。

第三，刘黑马家族墓中随葬物品从其使用功能上来讲可概括为三大类：墓主生前使用的服饰器用如金银珠玉头面、瓷器、铜镜、铜钱；专供丧葬的陶俑及陶明器等；墓主家族子孙为铭记墓主生前事迹及墓地宅穴方位而设置的墓志石等。此三类随葬物品都延续承传着汉人的丧葬礼俗制度和概念。

第四，从刘黑马家族墓遗迹及遗物中可以看到蒙元时期的关陕地区沿袭着晚唐五代至宋金时期墓葬中普遍放置的铁猪铁牛、镇墓石及"五谷仓"等，反映出民间的道教信仰及堪舆术的盛行在对丧葬习俗所产生的影响。

附录一 元代刘元振墓出土蜡质文物鉴定分析

（杨璐：西北大学文化遗产学院）

（一）实验仪器及测试条件

红外光谱的采集使用德国布鲁克公司生产的 TENSOR 27 型傅立叶红外光谱仪。样品采用 KBr 压片。测试条件为：扫描范围 4000 ~ 400cm⁻¹，光谱分辨率 4cm⁻¹，背景及样品扫描次数为 64 次。

样品的气相色谱质谱分析采用美国安捷伦公司生产的 7890A/5975C 气质联用仪。气相色谱条件：色谱柱为 HP-5MS 石英毛细管柱，30m×0.25m×0.25μm；升温程序为初始温度 50℃，保持 1min 后以 10℃/min 升至终温 320℃保持 11.5 min；进样口温度：300℃；进样方式为不分流；载气为 He (99.999%)。质谱条件：电离方式 EI，电子能量 70ev，接口温度 320℃，离子源温度 180℃。

（二）实验结果

1.红外光谱分析

图 1 为文物样品的红外吸收光谱，图 2 为标准蜂蜡样品的红外吸收光谱。由图 1 可知，样品主要吸收峰位于 2919cm⁻¹ 和 2850 cm⁻¹ 处，分别属于 CH_2-（亚甲基）的不对称振动峰和对称伸缩振动峰，另外在 2000 ~ 500cm⁻¹ 波数范围内有多个小峰存在。其中 1466cm⁻¹ 处为 CH_2- 的变形振动峰；1736cm⁻¹ 处峰为酯结构的羧基 C=O 峰；117cm-1 处的峰为酯的 C-O-C 不对称伸缩振动峰；720 ~ 730cm⁻¹ 处的峰则表示样品中含有大于四个 C 原子数的碳氢链 [2，3]。对比蜂蜡样品的标准谱图可以看出，文物样品与标准谱图的相似度较高。

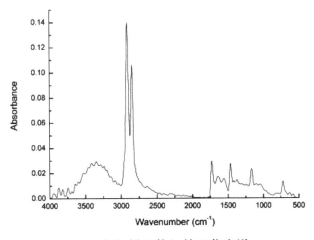

图1 文物样品的红外吸收光谱

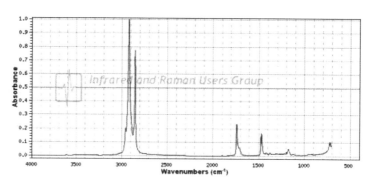

图2 标准蜂蜡样品的红外吸收光谱

2. 气相色谱质谱分析

蜡是不溶于水的固体，温度稍高时变软，温度下降时变硬。其生物功能是作为生物体对外界环境的保护层，存在于皮肤、毛皮、羽毛、植物叶片、果实以及许多昆虫外骨骼的表面。从化学组成上，蜡是高分子一元醇与长链脂肪酸形成的酯质。在化学结构上不同于脂肪，也不同于石蜡和人工合成的聚醚蜡。如蜂蜡的主要组分是长链一元醇（C26～C36）的棕榈酸酯，羊毛蜡含有酯蜡、醇和脂肪酸等 [4-7]。

图 3 是文物样品气质联用分析的总离子流图，表 1 是文物样品气质联用脂肪酸分析的结果。

由表 1 可知，文物样品的主要组成为脂肪酸、长链烷烃、醇类和长链酯等。脂肪酸主要包括 C14～C18 的含偶数 C 原子的一元羧酸，其中棕榈酸（十六烷酸）和硬脂酸（十八烷酸）的相对含量最高；长链烷烃主要集中在 C25～C29 的含奇数碳原子的直链烷烃；醇类的组成则主要为 C 数在 18～26 之间的一元醇；另外在分析结果中还出现了少量反油酸。

长链烷烃是蜡类物质的基本组成，尤其是二十七烷存在于各类蜡中，可作为蜡类物质鉴别的一个重要特征组分 [4-7]。从表 1 中可以看出，在组成文物样品的长链烷烃中二十七烷所占比例最高，另外，分析结果中脂肪酸和一元醇的存在，说明样品主要由高分子一元醇的脂肪酸酯组成。这些都是动、植物蜡的共同特征 [4-7]，因此推断该样品应属于蜡类物质，这与红外光谱的分析结果一致。

在植物蜡中棕榈酸和硬脂酸的含量一般都很低，而在动物蜡中（如蜂蜡）这两种物质的含量则相对较高。从表 1 可以看出，在文物样品中，棕榈酸和硬脂酸的含量均较高，这说明样品应该是动物源蜡 [7，8]。

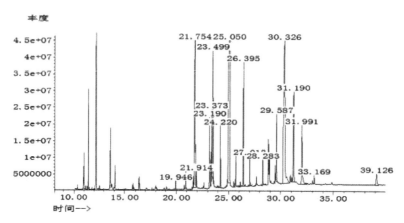

图3 文物样品气质联用脂肪酸分析的总离子流图

表1　文物样品气质联用脂肪酸分析结果

化合物编号	保留时间（分钟）	扫描编号	峰面积（Ab*s）	质谱定性结果
32	19.946	1723	49745588	十四烷酸
37	21.754	2039	1831892862	十六烷酸（棕榈酸）
38	21.811	2049	351339379	十六烷酸（棕榈酸）
39	21.92	2068	131836374	顺式-9-十六烷烯酸
41	22.652	2196	29013519	二十七烷
42	23.19	2290	529510475	反油酸
43	23.373	2322	526771116	十八烷酸（硬脂酸）
44	23.499	2344	1664361546	二十八烷、三十烷、三十四烷
49	24.22	2470	329501179	二十六烷、二十八烷
53	25.050	2616	4482279691	二十七烷
61	26.395	2850	997483294	二十九烷、三十四烷
64	27.013	2958	204867459	二十四烷醇
70	28.283	3180	159338812	二十六烷醇
79	29.593	3409	559690828	二十八烷醇
82	30.549	3576	203360502	二十八烷醇、四十一烷醇
85	31.19	3688	1095891868	三十烷醇
86	31.991	3828	766576337	二十八烷醇
88	33.169	4034	95519455	三十二烷醇
90	39.126	5075	212170554	十六烷酸二十烷酯

表2　文物样品氨基酸分析结果

氨基酸	百分含量（%）
丙氨酸	15.60
甘氨酸	23.63
缬氨酸	2.58
亮氨酸	4.68
异亮氨酸	5.82
脯氨酸	15.98
蛋氨酸	1.61
丝氨酸	7.15
天冬氨酸	2.77
苯丙氨酸	12.15
羟脯氨酸	0
谷氨酸	8.04
赖氨酸	0

为了进一步验证文物样品来源于动物，实验对蜡样品中的蛋白质进行了氨基酸分析，结果见表2。

由表2可以看出，蛋白质中常见的13种氨基酸在文物样品中检测到了11种。这说明文物样品中除了蜡的成分以外，还含有一定量的蛋白质。在样品的氨基酸分析结果中，甘氨酸和脯氨酸的含量最高，这是动物蛋白的明显特征。因此，氨基酸分析结果进一步印证了制作文物样品的蜡为动物源的结论。

（三）结论

根据文物样品的红外光谱分析、气相色谱质谱分析（包括脂肪酸分析和氨基酸分析）的结果，可以推断样品为动物源蜡类物质。

参考文献：

[1] Infrared and Raman Users Group, Available from www.irug.org.FTIR spectral database, beeswax.

[2] M.Odlyha. Investigation of the binding media of paintings by thermoanalytical and spectroscopic techniques. Termochim Acta, 1995, 270: 705-727.

[3] M. Regert, J. Langlois. Elucidation of molecular and elementary composition of organic and inorganic substances involved in 19th century wax sculptures using an integrated analytical approach. Analytica Chimica Acta, 2006, 577: 140-152.

[4] M.Regert, J.Langlois.Characterisation of wax works of art by gas chromatographic procedures. Journal of Chromatography A, 2005, 1091:124-136.

[5] C. Marinach, M.C. Papillon. Identification of binding media in works of art by gas chromatography-mass spectrometry. Journal of cultural Heritage, 2004, (5): 231-240.

[6] I.Bonaduce, M.Colombini. Characterisation of beeswax in works of art by gas chromatography-mass spectrometry and pyrolysis-gas chromatography-mass spectrometry procedures. Journal of Chromatography A, 2004, 1028:297-306.

[7]J.Peris-Vicente, J.V.Gimeno, Adelantado. Characterization of waxes used in pictorial artworks according to their relative amount of fatty acids and hydrocarbons by gas chromatography. Journal of Chromatography A, 2006, 1101:254-260.

[8]E.Manzanoa, L.R.Rodriguez-Simón. Study of the GC–MS determination of the palmitic–stearic acid ratio for the characterisation of drying oil in painting: La Encarnación by Alonso Cano as a case study. Talanta, 2011, 84: 11483154.

[9]M.Regert, S.Colinart, L.Degrand, O.Decavallas. Chemical alteration and use of beeswax through time: accelerated ageing tests and analysis of archaeological samples from various environmental contexts. Archaeometry, 2001, 43: 549-569.

附录二 刘元振与郝柔合葬墓出土铜镜附着纺织品分析报告

（惠任、周怡杉：西北大学文化遗产学院；路智勇：陕西省考古研究院）

考古出土文物中常有铜镜与纺织包裹物（镜衣）一同出土的情况，铜镜本体除锈蚀外一般保存较好，而纺织包裹物常保存不佳，多有泥土等污染覆盖。除了铜镜及纺织文物的常规清理保护需求外，此类铜镜和纺织包裹物在保护修复过程中是否应该分离后单独进行保护，以及分离保护后如何进行保存展示也是需要给予充分重视并加以讨论的问题。不同的保护方案选择决定了不同的保存和保护修复方法，对后续文物信息解读、保存、展示利用以及材质稳定性均存在长期影响。

本次发掘出土的刘元振与郝柔合葬墓出土铜镜及其纺织附着物（M16∶12）可能为镜衣也可能是其他衣物的残片附着，但因织物保存状况差，形制不清，尚无法确定其功用。本分析报告的主要分析对象为铜镜的织物附着物，旨在了解织物保存状况、织物种类、纤维劣化状态，以为铜镜和附着织物后续保护方案的选定提供科学基础信息。

（一）织物病害调查

1.镜背织物病害调查

（1）与土壤接触面

由于大面积土垢覆盖，可观察到织物情况有限，但基本可判定多层织物严重粘连，混杂少量青铜锈。镜缘处可观察到织物与青铜镜以及土垢的结合状态，土垢表面霉菌沾染至丝绸表面，菌落呈圆形点状散落于丝绸表面，菌体表面有白色绒毛，主要出现在左上角、正上方、中部偏右下处。左下方有一处小面积沾染，呈棕褐色（彩版七三，1）。

（2）与镜背接触面

织物板结成块，可以与镜身剥离，织物保存状况极差，韧性极地。织物的病害主要以破裂、污染、粘连、糟朽为主。由于织物的另一面主要是土污染物，在剥离时，容易造成断裂损伤，织物有的断裂成小碎片，有的多出现破裂（彩版七三，2）。织物边缘处有较多的霉菌，白色绒状，点状分布（彩版七四，3）。织物紧贴镜背，织物表面大部分被铜镜锈蚀污染，有的铜锈呈点状附于织物表面。有的铜锈呈片状分布，可能和铜镜纹饰有关（彩版七四，1、2）。织物因在埋藏环境中受土体挤压而紧密贴覆于镜背，织物因镜背表面结构形状而扭曲，有明显印痕。在织物中部有一处扭曲凹陷，推测为镜钮所在位置。在凹陷左上方，有大量墨迹，痕迹边缘清晰整齐，可能为毛笔书写或绘制（彩版七四，4）。织物多层粘连在一起，从织物断裂处可观察到在其中一层纱织物上粘有金箔片（彩版七四，5、6），在金箔片背面还有一些红色颗粒，可能有粘接剂。

2. 镜面织物

由于常年压于镜身下，织物平覆于镜面，织物表面1/3的面积有铜锈及泥土覆盖污染（彩版七五，1）。织物表面接近青铜污染区有白色针状晶体，可能是盐类病害（彩版七五，2）。织物除破裂糟朽外，还有一些破损孔洞。这块织物上有两道缝边，最上层是罗织物、平纹织物和斜纹织物缝制在一起，缝边在铜镜中间位置，从左下向右上方向倾斜，缝边宽1.5厘米。这片织物之下为平纹、斜纹织物缝制在一起，从残缺位置看，缝边宽是0.9厘米。铜镜边缘织物上覆盖有大量污染物，织物板结严重，在上部边缘处织物区域分布少量铜绿色污染物（彩版七五，3）。

3. 镜缘织物病害

镜缘残余织物较少，大多混杂泥土铜锈粘附于镜缘位置，织物与镜缘表面结合不紧密。有的在泥土层下有多层织物粘连，铜锈污染、生物病害明显，微生物呈现白绒毛粘连状。

（二）织物组织工艺

通过对镜背、镜面、镜缘附着织物的显微观察发现，残余织物的组织类型主要包括平纹、斜纹和罗织物，另有结构不明显的织物残留，可能为丝绵絮。通过肉眼和显微镜观察，可基本推定共存在三种组织结构类型的织物：罗织物、平纹织物、斜纹织，三种织物相互粘连。通过体式显微镜观察，对于织物的组织结构、密度、加捻情况、经纬线等信息进行了采集，镜面织物和镜背织物有区别。

1. 镜背织物

（1）平纹织物

平纹织物1，织物呈棕褐色，经纬线方向不确定，将较细的线定为组织线1，较粗的定为组织线2。组织线1为1根，无明显捻向，密度约为35根/厘米；组织线2为1根，无明显捻向，密度约为30根/厘米（彩版七六，1）。

平纹织物2，棕色，有织边。经线1根，无明显捻向，密度约为340根/厘米；纬线1根，无明显捻向，密度约为30根/厘米（彩版七六，2）。

平纹纱，织物的横向可能为纬线，纵向为经线。经线由两根相互绞转并每一纬绞转，经线一组两根，无明显捻向，密度约为15×2根/厘米；纬线1根，无明显捻向，密度约为25根/厘米（彩版七六，3）。

（2）斜纹织物

镜背的斜纹织物有3种。

斜纹织物1，织物为在斜纹地上1/5或者5/1的棕色织物，无织边，横向可能为纬线，纵向为经线。织物经线1根，两股Z捻，密度约为55根/厘米；纬线1根，两股Z捻，密度约为35根/厘米（彩版七六，4、5）。

斜纹织物2，织物为1/2Z和1/2S的异向绫，织物呈棕褐色，无织边，横向可能为纬线，纵向为经线。织物经线1根，无明显捻向，密度约为60根/厘米；纬线1根，无明显捻向，密度约为55根/厘米（彩版七七，1、2）。

斜纹织物3，织物为平纹地斜纹花的暗花织物，无织边，较细的线定为组织线1，较粗的定为组织线2。组织线1，1根，无明显捻向，密度约为60根/厘米；组织线2，1根，无明显捻向，密度约为 50 根 / 厘米（彩版七七，3）。

（3）罗织物

镜背的罗织物为四经绞和二经绞的变化组织，残存面积较小花纹不确定，织物经线 1 根，无明显捻向，密度约为 80 根 / 厘米；纬线 1 根，无明显捻向，密度约为 24 根 / 厘米（彩版七七，4）。

2.镜面织物

（1）平纹织物

平纹织物 1，织物呈棕褐色，经纬线不确定，将较细的线定为组织线 1，较粗的定为组织线 2。组织线 1，1 根，无明显捻向，密度约为 35 根 / 厘米；组织线 2，1 根，无明显捻向，密度约为 30 根 / 厘米（彩版七七，5）。

平纹织物 2，织物呈棕褐色，经纬线不确定，将较细的线定为组织线 1，较粗的定为组织线 2。组织线 1，1 根，无明显捻向，密度约为 365 根 / 厘米；组织线 2，1 根，无明显捻向，密度约为 55 根 / 厘米（彩版七七，6）。

平纹织物 3，织物呈褐色，经纬线不确定，织物较松散，可能为织边位置。将较细的线定为组织线 1，较粗的定为组织线 2。组织线 1，1 根，无明显捻向，密度约为 25 根 / 厘米；组织线 2，1 根，无明显捻向，密度约为 15 根 / 厘米（彩版七八，1）。

（2）斜纹织物

斜纹织物，织物是在 1/2Z 和 1/3S 的异向绫织物，织物呈褐色。经线 1 根，两股 Z 捻，密度约为 50 根 / 厘米；纬线 1 根，两股 Z 捻，密度约为 50 根 / 厘米（彩版七八，2、3）。

（3）罗织物

镜面的罗织物为四经绞素罗织物，织物呈褐色，织物经线 1 根，无明显捻向，密度约为 60 根 / 厘米；纬线 1 根，无明显捻向，密度约为 18 根 / 厘米（彩版七八，4）。

（三）纤维种类及保存状况

1.傅里叶变换红外光谱分析

组成化合物的原子与化学键之间存在振动系统，这种振动一般被分类为伸缩振动和弯曲振动两种形式。振动的频率除与化学键性质有关，也会受到整个分子及环境的影响。化学键振动是一种量子化振动，特定频率的红外线在符合导致化学键能变迁需要时被吸收，随即化学键振动振幅按一定量突然增加。红外光谱分析技术正是利用化学键振动与红外线的这种效应而产生的分析技术。当某一样品接受频率连续变化的红外线辐射时，分子将吸收某些频率辐射的能量消耗于化学键振动，故透射光线在吸收区有所减弱。对透射的红外线强度及其相应波长作图即得到红外光谱。纤维化学构成不同其红外光谱也各有特征，因而可以利用红外光谱分析技术对纺织品文物进行纤维类型鉴定。此外，由老化带来的纤维构成分子改变也可利用由红外光谱分析进行定性、半定量分析，故而可以为纺织品文物的保存状态及老化机理研究提供有价值的参考信息。本分析采用了 BRUKER 公司生产 TENSOR 27 型傅立叶红外光谱仪，在 4000 ～ 400cm-1 波长范围下对铜镜纺织包裹物样品进行分析，样品采用溴化钾压片形式。

通过前期研究对象基本信息提取和病害调查，发现研究对象虽然劣化严重，但仍保留一定光泽度，推测材质为蚕丝可能性较大。因此，以蚕丝红外吸收特征峰信息作为参考（表 1）。

表1　蚕丝红外吸收峰归属表

吸收峰位/cm⁻¹	吸收峰归属
3294.9	−NH伸缩振动
2971.4	−CH₃伸缩振动
2925.8	−CH₂伸缩振动
1646.3	−C=O骨架振动
1535.4	−NH变形振动
1448.2	−NH面内弯曲振动
1234.8	−CN伸缩振动
1164.8	C−O−伸缩振动
1037.6	C−O−伸缩振动

本次分析分别取平纹织物、斜纹织纹织物、四经绞素罗的沾染锈蚀及未沾染锈蚀、无组织结构纤维、现代蚕丝电力纺样品共8个样品进行分析，分析结果见下图（图1～8）。对比8个样品所得红外光谱出峰情况，排除波数2350cm-1处CO2对谱图带来的干扰吸收峰，对比7个文物样品及现代蚕丝电力纺样品谱图，与上表所列出蚕丝红外吸收峰基本一致，推测该铜镜纺织包裹物为丝织品。

2.扫描电子显微镜观察

扫描电子显微镜是目前在科学研究中比较普遍使用的电子显微镜，基本原理为电子束在样品表面进行逐点逐行扫描，随后样品表面逐点发出包含其结构、形态、组分信息的二次电子，由检测器接受成像，从而显示被测样品的形貌。目前该技术广泛应用于物质表面、断面的立体形貌观察。在纺织品文物分析研究中，扫描电镜可以提供纺织品纤维外观特征和表面劣化特征影像信息，从而为纺织纤维鉴定以及纺织品文物的保存状态评估提供依据。古代纺织品文物由棉、麻、毛、丝等天然纤维制成。天然纤维由于形成原因不同，故具有不同纵横截面特征（表2），可作为古代纺织品文物鉴定的有效手段。

表2　天然纤维纵向、截面形态特征表

纤维种类	纵向形态特征	截面形态特征
棉	扁平带状，有天然转曲	椭圆形，有中腔
苎麻	横节，竖纹	腰子形，有中腔及裂缝
黄麻	横节，竖纹	多角形，中腔较大
亚麻	横节，竖纹	多角形，中腔较小
羊毛	表面有鳞片	圆形或接近圆形，有些有毛髓
兔毛	表面有鳞片，鳞片边缘缺刻明显，块状毛髓	哑铃形
桑蚕丝	平直光滑，纵向有条纹	不规则三角形

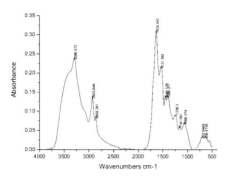

图1　平纹织物样品（未沾染锈蚀）红外谱图

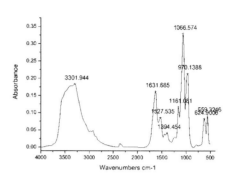

图2　平纹织物样品（沾染锈蚀）红外谱图

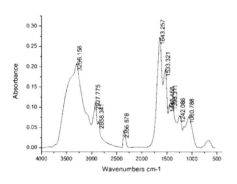

图3　斜纹织物样品（未沾染锈蚀）红外谱图

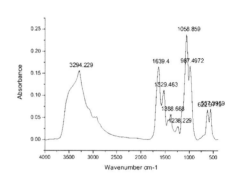

图4　斜纹织物样品（沾染锈蚀）红外谱图

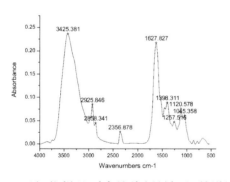

图5　罗织物样品（未沾染锈蚀）红外谱图

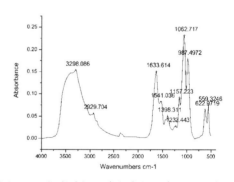

图6　罗织物样品（沾染锈蚀）红外谱图

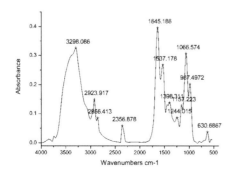

图7　无组织构纤维覆盖物样品红外谱图

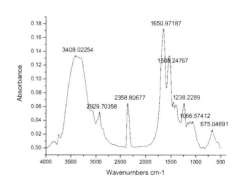

图8　现代蚕丝88电力纺样品红外谱图

在织物使用和保存过程中因破坏因素不同会导致纺织品纤维表面出现不同特征的损伤。通过观察纤维表面的损伤特征、损伤数量、某类损伤出现的频度，结合断口形貌等信息，可以对纺织品文物的老化程度进行定性认识，同时可为探索其劣化机理等提供参证。国内外学者曾利用扫描电镜观察纤维断口的外观形态，分析判断各类断口形貌形成的原因，结合对人工老化和出土古代丝绸样品的断口形貌观察分类和统计，对扫描电镜作为丝绸老化程度定性分析手段进行了实验应用（表3）。

表3　十种纤维断口类型及成因表

断口类型	断口形态	形态描述及成因
1		光滑断口，断口与纤维轴垂直。由于纤维脆弱而造成
2		V型孔断口。由于撕裂或柔韧性断裂造成
3		蘑菇形断口。由于大量塑性形变造成。例如，热量软化纤维使之断裂后急速回缩即会形成该种断口
4		沿轴向劈裂断口。由于承受外部机械应力垂直于纤维轴平面而形成
5		由各组小的形貌单元组成的粗糙外表面。由于微纤维之间的内聚力损失而形成
6		由独立形貌单元组成的裂隙表面。因形貌单元间损失了粘着力而形成
7		长轴劈裂断口。由于纤维表面缺陷造成。一般可在裂隙另一端发现剥落下的残纤维
8		角形断口。纤维折叠部位断裂而成
9		纤维表面磨损产生
10		劈裂。由沿纤维方向多重裂隙造成

本次分析使用了日立株式会社 S-570 型扫描电子显微镜，分别取平纹织物、斜纹织物、罗织物、无组织结构纤维的沾染锈蚀及未沾染锈蚀样品进行纤维纵向形貌观察。平纹织物样品取自镜面、镜背以及与镜背接触一面织物的晕色病害区域。三个样品纤维纵向特征均为平直无节，部分纤维可观察到纵向纹理，与蚕丝纤维纵向形貌特征接近。未沾染锈蚀样品纤维表面污染物覆盖较多，表面缺陷明显，不似新鲜蚕丝表面光滑。断口特征多与1型、2型、7型接近（彩版七九，1、2）。锈蚀沾染区域样品表面及纤维之间填充有大量疑似铜锈污染物，污染物包裹下的纤维纵向形态连续完整，

部分区域断裂出现频度相对较高，断口的特征多与1型、4型、5型特征接近（彩版七九，3、4）。晕色病害区域纤维样品表面整体覆盖不明物污染物，覆盖物表面有不规则微孔。覆盖物下纤维纵向特征破坏严重，单根纤维连续多处断裂，纤维之间严重粘连，断口特征接近1型和5型（彩版七九，5、6）。

斜纹织物分别观察未沾染锈蚀和沾染锈蚀样品各一个。两个样品纤维纵向特征皆平直无节，部分纤维可观察到纵向纹理，与蚕丝纤维纵向形貌特征接近。未沾染锈蚀样品单体纤维表面与新鲜蚕丝相比较为粗糙，但仍保持平直的特征，部分纤维可观察到明显的纵穿纤维的裂隙，断裂出现频率相对较高，断口特征多与7型和8型较为接近（彩版七九，7、8）。沾染锈蚀样品，部分纤维整体沾染覆盖物，单根纤维个体明显，但是大部分纤维表面损伤明显，表面粗糙、结构疏松，断裂出现频度很高，断口特征多与5型接近（彩版八〇，1、2）。

罗织物样品分别观察未沾染锈蚀和沾染锈蚀样品各一个，两个样品纤维特征皆为平直无节，与蚕丝纤维纵向形貌特征最为接近。未沾染锈蚀纤维基本保持纤维单体纵向特征，表面粗糙，其中某些纤维有明显的纵穿纤维的裂隙，断口特征多与5型、7型相近（彩版八〇，3、4）。锈蚀沾染样品糟朽较为严重，除了残留小段纤维可观察到纤维原本纵向特征外，纤维基本已经疏松，丧失纤维束状结构，断口特征多与5型接近（彩版八〇，5、6）。

（四）结语

通过病害调查、显微观察及红外分析，可以确定该铜镜所附着纺织品材质均为蚕丝。因镜面附着织物尚未与铜镜分离，织物粘连未揭展，仅从织物暴露区域可以看到织物类型包含平纹、斜纹以及罗织物，另有一层疑似丝绵絮的包裹层。纤维形貌观察显示，纤维劣化严重，存在不同类型的劣化现象。除了纤维本身因受环境因素影响而产生的自然老化外，从纤维断口的形貌特征推断，纤维的形貌损伤主要由机械挤压、撕裂以及温湿度骤变等因素导致。

镜背织物表层附有较厚的土层污染及部分铜锈污染，织物扭曲形变严重，粘连板结成块，分离揭展粘连织物的难度极大。但因镜背织物整体成块状，可以实现镜背与织物的分离，进而对镜背纹饰进行绘图摄影。镜面比较平滑，经过试验操作，可以将织物从镜面分离，进而开展镜面织物的揭展工作。从保护方案选择的角度，铜镜与织物不经分离揭展，难以实现对铜镜及织物的进一步分析研究和信息提取，因而将二者分离或是下一步的工作方向。在工作过程中，可通过对织物包裹状态进行细致摄影绘图记录，在揭展后对织物的包裹方式进行分析记录，绘图展示。对于后续的保存，因铜镜与丝织物所需保存环境有较大差别，分离后单独保存在相应环境是较为理想的选择。

后　记

刘黑马家族墓地的发掘工作由陕西省考古研究院主持，与其他文物单位工作者共同完成。

考古发掘领队李明，参与发掘的业务干部有陕西省考古研究院李举纲、袁明、刘阳阳；西安半坡博物馆何周德、高云昊；西安碑林博物馆杨洁。

绘图人员为胡春勃、张蕊侠、韩民兴。

拓印人员为李洪涛、韩民兴。

文物照相人员为张明惠、张庆波、罗小幸。

墓葬发掘现场照相人员为李举纲、吕安乐。

金属与织物等文物保护人员为路智勇、宋俊荣、张勇剑。

陶质文物修复人员为柴毅、李艾娟。

发掘现场技工有吕安乐、卞鹏、何存礼、周新利、王军来、宋建华、王小雷。

资料整理与报告编写工作由李举纲、杨洁、夏楠完成。

蜡质品鉴定分析报告由西北大学文化遗产学院杨璐提供。

铜镜纺织品包裹物分析报告由西北大学文化遗产学院惠任、周怡杉及陕西省考古研究院路智勇提供。

刘黑马家族墓出土文物中铜镜（镜面包裹织物）、白藤纱帽等文物在发掘现场提取后直接移交陕西省考古研究院文物保护室，进行保护与修复。

西北大学文化遗产学院陈靓副教授对墓葬出土人骨进行了鉴定。

陕西省文物鉴定中心研究员呼林贵、尹夏清、徐涛、杜文等对墓葬出土瓷器窑口进行了鉴定。

中国社会科学院文学所研究员扬之水对墓葬出土金银首饰定名进行了指导。

英文提要由中央民族大学黄义军教授翻译。

在墓地发掘、文物修复、文物保护与报告编写过程中，陕西省考古研究院前院长王炜林、前副院长张建林等多次莅临现场，给予指导帮助。

文物出版社为本书的出版给予了大力支持。

在此，对于以上考古工作者的付出和支持一并致以感谢！

编者

1. M17刘黑马墓（北—南）

2. M17刘黑马墓封门及盗洞（外）

3. M17刘黑马墓封门（内）

4. M17刘黑马墓石封门上墨迹图像（内）

彩版一　M17刘黑马墓

1．M17刘黑马墓墓志及石槽出土情况（北—南）

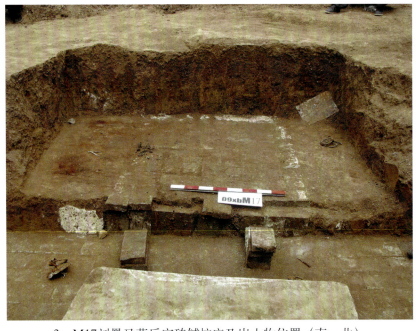

4．采集烧骨

2．M17刘黑马墓出土石槽

5．采集残木片

6．墓室地面发现水银残迹

3．M17刘黑马墓后室砖铺棺床及出土物位置（南—北）

7．采集织物及水银痕迹

彩版二　M17刘黑马墓

2．M17刘黑马墓后室随葬品
出土情况（东—西）

1．M17刘黑马墓前室随葬明器出土情况（西—东）

3．M17刘黑马墓志出土情况（东—西）

彩版三　M17刘黑马墓

1. 男侍俑M17：9、17、19

1. 男侍俑M17：9、17、19（背面）

彩版四　M17出土男侍俑

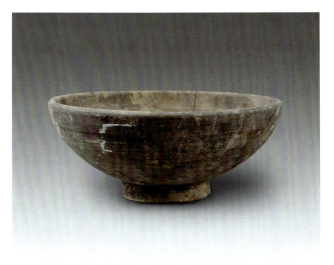

1. 陶碗M17：10

2. 陶盏M17：3、11组合

3. 刻花陶盘M17：4

4. 刻花陶盘M17：12

5. 刻花陶盘M17：43-1

6. 刻花陶盘M17：43-2

彩版五　M17出土陶器

1. 陶盂M17：5

2. 陶温盏、执壶组合M17：6-1、-2

3. 陶茧形壶M17：41

4. 陶匜M17：39

5. 陶烛台M17：15

6. 陶香炉M17：13

彩版六　M17出土陶器

1．玉如意簪M17：34

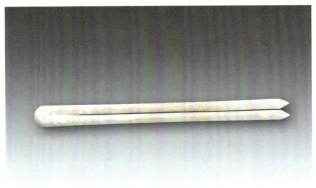

2．玉钗M17：35

3．玛瑙巾环M17：29

4．玛瑙饰M17：28

5．珠饰M17：25

6．金饰M17：27

7．金币天下太平M17：26

8．铜牛M17：2

彩版七　M17出土遗物

1．铜耳环 M17：30

2．铁板 M17：24

3．铁板 M17：24

4．铁辅环 M17：20

5．小铁环 M17：8、铁棺钉 M17：22

6．镇墓石 M17：采1～3

彩版八　M17出土遗物

1．M16刘元振墓（北—南）

2．M16刘元振墓墓室（南—北）

彩版九　M16刘元振墓

1. M16墓室前室及三个壁龛（南—北）

2. M16刘元振墓东龛器物出土情况

3. M16刘元振墓西龛器物出土情况

彩版一〇　M16刘元振墓

1. M16刘元振及郝柔墓室合葬棺出土情况（南—北）

2. M16棺内壁附着织物痕迹

3. M16刘元振墓棺底残留水银

彩版一一　M16刘元振墓

1．M16刘元振墓西棺西北部具柄镜出土情况

2．M16刘元振墓东棺中部铜镜（丝绸镜衣）出土情况

3．M16刘元振墓东棺中部出土铜镜（丝绸镜衣）

4．M16刘元振墓西棺出土情况（南—北）

5．人骨牙齿M16：采

1．A组男仪仗俑

2．A组Ib型男仪仗俑M16：33

3．A组Ib型男仪仗俑M16：33（背面局部）

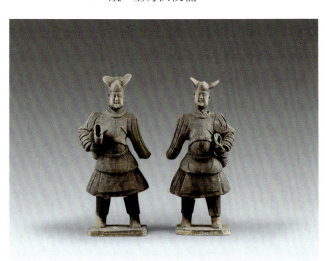

4．A组男仪仗俑M16：39（左）、37（右）

彩版一三　M16出土男仪仗俑

1. B组男仪仗俑

2. B组男仪仗俑

彩版一四　M16出土男仪仗俑

1．B组男仪仗俑M16：111（俑）、96（杌子）

2．B组男仪仗俑M16：87

3．B组男仪仗俑M16：113

4．B组男仪仗俑M16：76

5．B组男仪仗俑M16：75

6．男僮仆俑M16：79

彩版一五　M16出土男仪仗俑

1．A组女侍俑

2．B组女侍俑

彩版一六 M16出土女侍俑

1．牵鞍马俑组合M16：18、132

2．牵鞍马俑组合M16：97

3．牵鞍马俑组合M16：98

4．牵驼俑组合M16：112

彩版一七　M16出土陶俑组合

1. 驭马车组合M16：129

2. 驭马车组合M16：129（组合局部）

3. 陶配件M16：139、140、144、145、141

4. 陶板M16：143

彩版一八　M16出土驭马车组合与陶俑配件

1. 陶牛M16：28

2. 陶羊M16：21

3. 陶猪M16：31

4. 陶狗M16：62

5. 陶鸡M16：48

6. 陶墓龙M16：121

彩版一九　M16出土家畜模型与墓龙

1. 陶簠M16：56、陶簠M16：58

2. 陶簠M16：65、陶簠M16：20

3. 陶香炉M16：55

4. 陶香炉M16：110

5. 陶长盘M16：6

6. 陶长盘M16：6盘底"郭家造"

彩版二〇　M16出土陶器

1. 陶碟M16：120

2. 陶盆M16：67

3. 陶勺M16：147

4. 陶罐M16：119、陶梅瓶M16：126、131

5. 陶玉壶春瓶M16：109（左）

6. 陶玉壶春瓶M16：122

彩版二一　M16出土陶器

1. 陶匜M16：108

2. 陶盒M16：106

3. 陶烛台M16：95

4. 陶灶M16：51、64

5. 白瓷碗M16：1

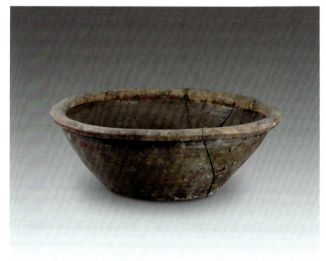

6. 酱釉粗瓷盆M16：57

彩版二二　M16出土陶器

1．珠饰M16∶7

4．M16封门墓志出土情况（南—北）

2．铜镜M16∶14

5．M16墓室前室郝柔墓志出土情况（南—北）

3．织物M16∶15

6．M16采集蜡质品

彩版二三　M16出土遗物

1．M31刘元亨墓葬墓道（北—南）

2．M31刘元亨墓室（南—北）

彩版二四　M31刘元亨墓

1. M31刘元亨墓室后室（东—西）

2. M31刘元亨墓石棺出土情况（东—西）

3. M31刘元亨墓志碑出土情况（南—北）

彩版二五　M31刘元亨墓

1. 陶碗M31：8

2. 陶碗M31：16

3. 陶碟M31：11

4. 刻纹陶碟M31：9

5. 刻纹陶碟M31：10

6. 刻纹陶碟M31：13

彩版二六　M31出土陶器

1．陶梅瓶M31：3

2．陶茧形壶M31：17

3．陶匜M31：4

4．陶盒M31：5

5．陶烛台M31：2

6．陶釜M31：15

彩版二七　M31出土陶器

1. M27刘天杰墓墓道开口（南—北）

2. M27刘天杰墓狭长的台阶墓道（南—北）

3. M27刘天杰墓天井墓志出土情况（南—北）

彩版二八　M27刘天杰墓

1. M27刘天杰墓棺木及出土器物摆放情况（南—北）

2. M27刘天杰墓合葬棺木出土情况（南—北）

彩版二九　M27刘天杰墓

1. M27采集陶片

2. 陶盏托M27：13

3. 陶罐M27：1

4. 黄绿彩釉陶香炉M27：9

5. 黄绿彩釉陶香炉M27：9

6. 黄绿彩釉陶香炉M27：9

彩版三〇　M27出土陶器

1．钧窑碗M27：6～8

4．铜镜27：10

2．钧窑碗M27：6

5．泥台M27：12

3．钧窑碗M27：6

6．镇-墓石M27：采1～3

彩版三一　M27出土遗物

1. M8墓道（南—北）

2. M8天井俯视（东—西）

3. M8甬道及砖封门（南—北）

4. M8封门（南—北）

彩版三二　M8

1．M8墓室顶部圆形藻井（墓室南，下—上）

2．M8墓室北龛及砖砌棺床（南—北）

彩版三三　M8

1. 男仪仗俑M8：22

2. 男仪仗俑M8：22

3. 陶猪M8：26

4. 陶狗M8：6

5. 陶簋M8：15

6. 陶簋M8：10

彩版三四　M8出土陶俑与陶器

1. 陶碗M8：2

2. 陶碗M8：18

3. 陶碗M8：5

4. 陶碗M8：20

5. 陶盏托M8：23-1

6. 陶盏托M8：23-2

彩版三五　M8出土陶器

1. 陶杯M8：4

2. 陶碟M8：16

3. 陶碟M8：17

4. 陶碟M8：19

5. 陶盆M8：21

6. 陶盆M8：3

彩版三六　M8出土陶器

1. 陶梅瓶M8 : 28

2. 陶梅瓶M8 : 7

3. 陶匜M8 : 25

4. 陶盒M8 : 8

5. 陶仓M8 : 11

6. 陶灶M8 : 27

彩版三七　M8出土陶器

1．M9全景（南—北）

2．M9墓道（北—南）

3．M9甬道（北—南）

1. M9天井内盗洞破坏土坯封门（南—北）

2. M9墓室砖铺地俯视（北—南）

1. M9墓室及壁龛随葬器物（南—北）

2. M9墓室西北角及西龛随葬陶器（东—西）

1. 陶鸡M9：13

2. 陶杯碟组合M9：14

3. 陶盆M9：11

4. 陶勺M9：12

5. 陶玉壶春瓶M9：9

6. 陶匜M9：7

彩版四一　M9出土家畜模型与陶器

1. 陶仓M9：5～9

2. 陶罐M9：4

3. 陶灶M9：5

4. 陶灶M9：5

5. 镇墓石M9：15、16、18、17

彩版四二　M9出土遗物

1．M15前后墓室（北—南，后室—前室）

2．M15陶棺出土情况

彩版四三　M15

1. 木枕M15：14出土位置

2. M15墓室后室（西—东）

1. 陶棺（修复后）

3. 木枕M15：采6

2. 陶棺局部（修复后）

4. M15西棺棺底铜钱出土情况

1. 陶簠M15：3

2. 陶碗M15：9、11

3. 陶盏托M15：6-1

4. 陶碟M15：10-2、-1

5. 陶盆M15：7

6. 陶罐M15：8

彩版四六　M15出土陶器

1. 铜镜M15：13

2. 铁猪、铁牛M15：2、1

3. 铁猪、铁牛M15：2、1（底部）

4. 铁棺钉M15：采7

5. 镇墓石M15：采

彩版四七　M15出土遗物

1. M19墓葬全貌（北—南）

2. M19墓道、天井、封门（南—北）

3. M19封门（南—北）

1．M19墓室（南—北俯视）

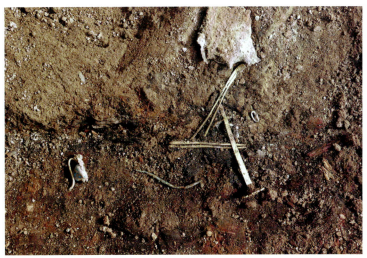

3．M19墓室1号东棺内北部位置首饰出土情况

2．M19墓室内1号东棺残痕（北—南）

1. M19墓室2号木棺残痕（北—南）

3. M19墓室2号木棺内北部残存发辫

2. M19墓室2号木棺内随葬黑釉瓷罐（东—西）

彩版五〇　M19

2．M19墓室4号木棺内随葬瓷罐（东—西）

1．M19墓室4号木棺残痕（北—南）

4．男侍俑M19：51出土情况

3．M19采集木炭

5．陶配件M19：采6

彩版五一　M19及出土遗物

1. 男僮仆俑M19：14

2. 女侍俑M19：15（左）

彩版五二　M19出土陶俑

1. 陶牛M19：2

2. 陶猪M19：18

3. 陶狗M19：24

4. 陶鸡M19：19

5. 陶双耳瓶M19：36

6. 陶三足炉M19：37

彩版五三　M19出土家畜模型与陶器

1. 黄釉瓷罐M19：20

2. 黑釉瓷罐M19：13

3. 钧窑小瓷罐M19：22

4. 钧窑小瓷罐M19：22

5. 钧窑小瓷罐M19：22

6. 褐釉瓷盆M19：32

彩版五四　M19出土瓷器

1．玛瑙珠M19：17

2．紫水晶M19：57

3．铜镜M19：21

4．铜镜M19：21

5．铜镜M19：30

6．铁猪M19：10、铁牛M19：23

彩版五五　M19出土遗物

1. 满池娇金簪M19：6

2. 满池娇金簪M19：6（局部）

3. 满池娇金簪M19：6（局部）

4. 折股金钗M19：4

5. 折股金钗M19：4（局部）

6. 折股金钗M19：4（局部）

7. 折股金钗M19：5

8. 折股金钗M19：5（局部）

彩版五六　M19出土男侍俑

1．金累丝蝴蝶镶绿松石耳环M19：35

2．金累丝蝴蝶镶绿松石耳环M19：35

3．金累丝蝴蝶镶绿松石耳环M19：40

4．金累丝蝴蝶镶绿松石耳环M19：40

5．银鎏金镶绿松石耳环M19：26-1、-2

6．金镶绿松石耳环 M19：3、28

7．饰品M19：11、57-2、57-3、41

8．镇墓石M19：采1～5

彩版五七　M19出土遗物

1．M20墓室全景（北—南）

2．M20墓道（南—北）

彩版五八　M20

3．M20：20、4出土情况

1．M20土坯封门（北—南）

2．M20西棺残痕（北—南）

1. 女侍俑M20：1

2. 陶盏托M20：5

3. 陶簋（仓）M20：2

4. 陶簋（仓）M20：2

5. 镇墓石M20：采1～3

彩版六〇　M20出土遗物

1．M25（北—南）

2．M25墓道及甬道（南—北）

3．M25甬道（北—南）

1. M25墓室（北—南）

2. M25墓室后室（西—东）

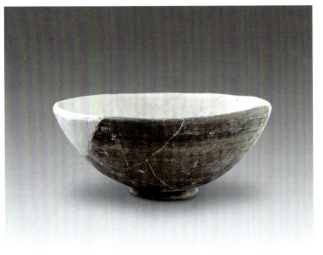

1．陶盏M25：20

2．陶碟M25：11、12

3．陶罐M25：3

4．陶三足奁式炉M25：5、8

5．铁棺钉M25：采

6．M25采集残木块

彩版六三　M25出土遗物

3．M26西棺内帽子原貌

1．M26（南—北）

2．M26墓室后室（南—北）

彩版六四　M26

1. 女侍俑M26：7

2. 陶簋M26：5

3. 陶簠M26：18

4. 双耳陶扁壶M26：6

彩版六五　　M26出土遗物

1．陶盏托M26：3

2．陶仓M26：9及其中粮食遗存

3．黑褐釉瓷罐M26：13

4．"泰定四年"金钱M26：19（正面）

5．镇墓石M26：采1、2

6．帽子-M26：20（修复后）

彩版六六　M26出土遗物

1. M32墓葬全景（北—南）

2. M32墓室（北—南）

3. M32墓室砖铺棺床（北—南）

1. M32墓葬西龛

2. M32墓葬东龛

彩版六八　M32壁龛出土陶器

1．牵鞍马俑组合M32：8

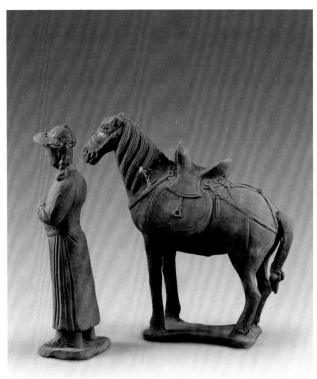

2．牵鞍马俑组合M32：8

3．牵载物马俑组合M32：9

4．牵载物马俑组合M32：9

彩版六九　M32出土牵马俑

1. 女侍俑M32：12、13

2. 女侍俑M32：12、13

3. 陶牛M32：7

4. 陶羊M32：6

5. 陶猪M32：15

彩版七〇　M32出土陶俑与家畜模型

1．陶碗M32：20～22

2．陶碟盏组合M32：26

3．陶碟盏组合M32：27

4．陶碟盏组合M32：28

5．陶盏托M32：29～34

彩版七一　M32出土陶器

1. 陶玉壶春瓶M32:17

2. 陶匜M32:16

3. 陶盒M32:23

4. 陶仓M32:1～5

5. 陶三足奁式香炉M32:14

6. 黑釉瓷罐M32:11

彩版七二　M32出土遗物

1. 镜背织物与土壤接触面

2. 镜背织物

彩版七三　刘元振与郝柔合葬墓出土铜镜附着纺织品出土状况

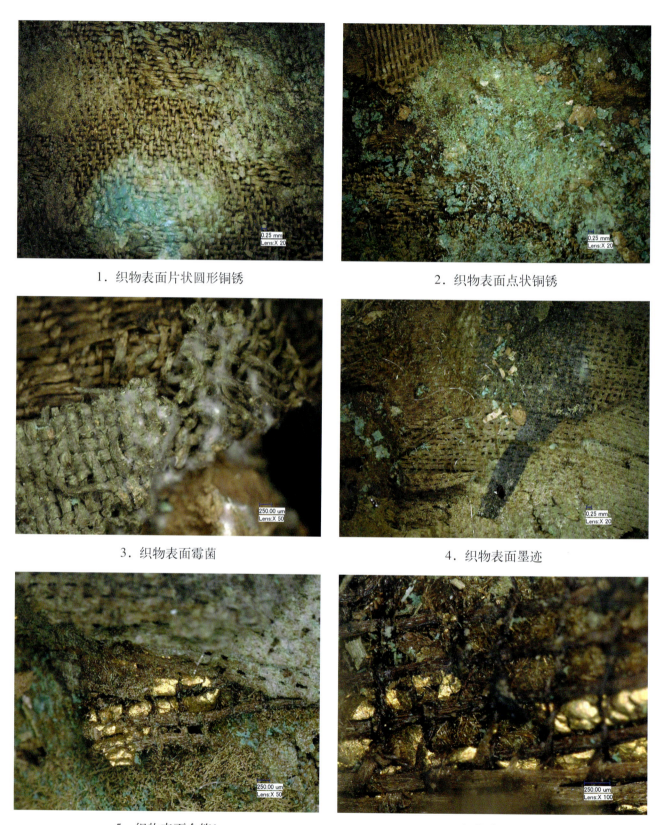

1. 织物表面片状圆形铜锈

2. 织物表面点状铜锈

3. 织物表面霉菌

4. 织物表面墨迹

5. 织物表面金箔1

6. 织物表面金箔2

彩版七四　刘元振与郝柔合葬墓出土铜镜附着纺织品病害及表面金箔

1. 镜面织物表面硬结物

2. 镜面织物表面铜锈

3. 镜面织物

彩版七五　刘元振与郝柔合葬墓出土铜镜镜面织物及其病害

1. 镜背平纹织物1

2. 镜背平纹织物2

3. 镜背平纹纱

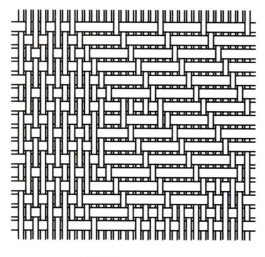

4. 镜背斜纹织物1示意图

5. 镜背斜纹织物1

彩版七六　刘元振与郝柔合葬墓出土铜镜镜背织物及其组织结构

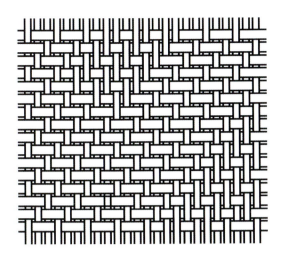

1. 镜背斜纹织物2示意图

2. 镜背斜纹织物2

3. 镜背斜纹织物3

4. 镜背罗织物

5. 镜面平纹织物1

6. 镜面平纹织物2

彩版七七　刘元振与郝柔合葬墓出土铜镜镜背斜纹织物及镜面平纹织物

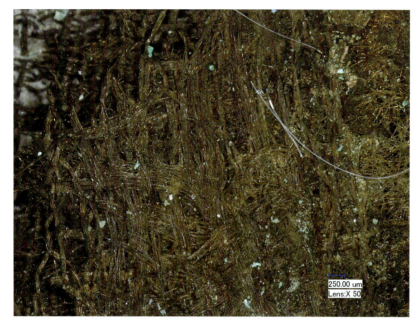

1．镜面平纹织物3

2．镜面斜纹织物示意图

3．镜面斜纹织物

4．镜面罗织物

彩版七八　刘元振与郝柔合葬墓出土铜镜镜面斜纹、平纹、罗织物

1．平纹织物未沾染锈蚀样品1

3．平纹织物锈蚀沾染区域样品1

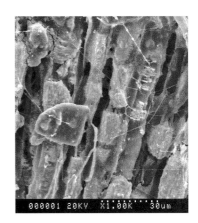

5．平纹织物晕色病害区域样品1

2．平纹织物未沾染锈蚀样品2

4．平纹织物锈蚀沾染区域样品2

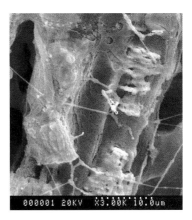

6．平纹织物晕色病害区域样品2

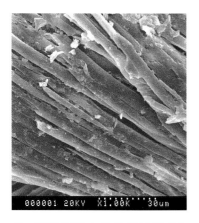

7．斜纹织物未沾染锈蚀样品1

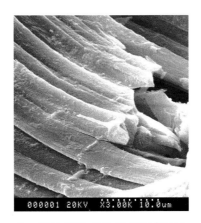

8．斜纹织物未沾染锈蚀样品2

彩版七九　刘元振与郝柔合葬墓出土铜镜附着纺织品纤维劣化形貌（扫描电镜）

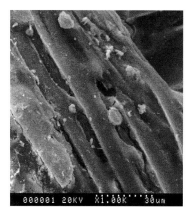

1．斜纹织物沾染锈蚀样品1

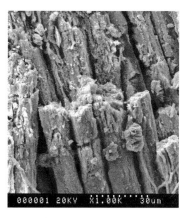

2．斜纹织物沾染锈蚀样品2

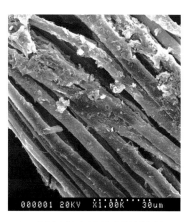

3．罗织物未沾染锈蚀样品1

4．罗织物未沾染锈蚀样品2

5．罗织物沾染锈蚀样品1

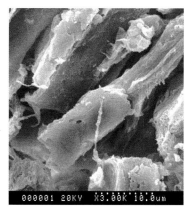

6．罗织物沾染锈蚀样品2

彩版八〇　刘元振与郝柔合葬墓出土铜镜附着纺织品纤维劣化形貌（扫描电镜）